RÉSUMÉ

DE

DROIT INTERNATIONAL PRIVÉ

PAR

Henri BŒUF	**E. BOUTAUD**
Docteur en droit	Docteur en droit
Avocat à la Cour d'appel	Avocat à la Cour d'appel
de Paris	Chargé de Conférences à la Faculté
	de droit de Paris

On trouve à la fin du volume :
des **Tableaux synoptiques**, servant de MEMENTO pour l'examen.

Troisième édition revue et corrigée

LIBRAIRIE

DE LA SOCIÉTÉ DU RECUEIL J.-B. SIREY ET DU JOURNAL DU PALAIS

Ancienne Maison L. LAROSE & FORCEL

22, rue Soufflot, PARIS, 5e Arrond.

L. LAROSE et L. TENIN, Directeurs

1907

RÉSUMÉ

DE

DROIT INTERNATIONAL PRIVÉ

RÉSUMÉ

DE

DROIT INTERNATIONAL PRIVÉ

PAR

Henri BŒUF

Docteur en droit
Avocat à la Cour d'appel
de Paris

E. BOUTAUD

Docteur en droit
Avocat à la Cour d'appel
Chargé de Conférences à la Faculté
de droit de Paris

On trouve à la fin du volume :
des **Tableaux synoptiques**, servant de Mémento pour l'examen.

Troisième édition revue et corrigée

LIBRAIRIE

DE LA SOCIÉTÉ DU RECUEIL J.-B. SIREY ET DU JOURNAL DU PALAIS

Ancienne Maison L. LAROSE & FORCEL

22, rue Soufflot, PARIS, 5ᵉ Arrond.

L. LAROSE et L. TENIN, Directeurs

1907

PRÉFACE

Ce Résumé est surtout destiné aux étudiants. C'est dire que nous nous sommes attachés à dégager les principes posés par la doctrine et la jurisprudence, sans entrer dans les controverses de détail, tout en ne négligeant aucune matière de quelque importance pour l'examen.

Bien que nous ayons analysé avec soin la jurisprudence, qui joue un rôle considérable dans l'élaboration des règles du droit international privé, nous nous sommes, en général, abstenus de renvoyer aux décisions de nos tribunaux, les nomenclatures d'arrêts ne trouvant pas, croyons-nous, leur place dans un livre élémentaire. Pour une raison analogue, nous n'avons pas cru devoir renvoyer aux nombreux ouvrages publiés sur la matière, bien que nous nous en soyons fréquemment inspirés.

Nous avons mis surtout à profit l'excellent Cours professé à la Faculté de droit de Paris par notre éminent maître, M. Lainé.

Nous avons inséré à la fin de ce Résumé des *tableaux sypnotiques*, qui seront d'un grand secours aux étudiants pour la préparation de leur examen.

INTRODUCTION

Le droit international a pour objet l'étude des rapports que font naître entre les Etats leurs intérêts collectifs ou les intérêts privés de leurs nationaux. Selon qu'il s'agit du règlement des intérêts collectifs ou des intérêts privés, cette branche du droit prend le nom de droit international public ou de droit international privé.

Le droit international privé, qui fait seul l'objet de cette étude, suppose, comme le droit international public, la coexistence de peuples divers qui sont répartis entre des Etats dont les législations sont différentes et qui sont en relations les uns avec les autres.

Il comporte l'étude de quatre matières distinctes :

1° *Nationalité.* — Quels sont, pour chaque Etat, ses nationaux et quels sont les étrangers? Question d'une importance capitale à raison de la différence de traitement des étrangers et des nationaux, non seulement au point de vue des droits politiques, mais même des droits privés.

2° *Condition des étrangers.* — Dans quelle mesure les étrangers seront-ils admis, hors de leur pays, à participer à la vie juridique? Quels sont les droits privés qui leur seront reconnus et quels sont ceux dont jouiront exclusivement les nationaux?

3° *Conflit des lois.* — Les étrangers étant admis, dans une certaine mesure, à la jouissance d'un certain nombre de droits, comment les exerceront-ils?

Le mode d'exercice des facultés juridiques conférées aux étrangers par la loi locale sera-t-il déterminé par cette loi ou au contraire par la loi nationale étrangère?

Ainsi, le droit de se marier étant reconnu aux étrangers en France, est-ce la loi française ou la loi étrangère qui réglera les conditions de fond ou de forme auxquelles leur mariage doit satisfaire?

4° *Effets des jugements et des actes publics étrangers.* — Un jugement ayant été rendu par les juges d'un Etat ou un acte ayant été reçu par les officiers publics d'un Etat, quelle autorité ou quelle force sera reconnue à ce jugement ou à cet acte public par l'Etat étranger dans lequel l'exécution en est demandée?

Toutes ces difficultés sont tranchées souverainement par le législateur de chaque Etat : il semble donc que le droit international privé ne soit qu'une branche de la législation interne ou nationale. Il serait international en ce sens seulement qu'il présupposerait l'existence d'hommes de nationalités différentes dont il régirait les rapports; il ne serait pas international, au sens juridique de ce mot, parce qu'il ne réglerait pas les rapports des Etats les uns avec les autres.

Mais cette manière de voir est manifestement inexacte. En effet, si chaque Etat donne aux différents problèmes que nous avons signalés la solution qui lui convient, il est du moins obligé, bien qu'agissant dans la plénitude de sa souveraineté, de tenir compte de l'existence des autres Etats : d'une part, il ne peut, sans exposer ses nationaux à des représailles ou sans s'exposer lui-même à de graves désagréments, légiférer sans se préoccuper des intérêts des autres Etats; il est des convenances internationales que tous les législateurs tendent chaque jour à respecter davantage; — d'autre part, les Etats règlent de plus en plus les difficultés qui forment la matière du droit international privé, non seulement par leur législation positive, œuvre de

. leur seule volonté, mais par des traités ou conventions internationales.

On peut donc définir le droit international privé : « le droit qui, après avoir déterminé la nationalité des personnes, règle les rapports des Etats en ce qui concerne la condition juridique de leurs sujets respectifs, l'efficacité des jugements rendus par leurs tribunaux et des actes reçus par leurs officiers publics, enfin et surtout le conflit des lois (Lainé) ».

Le droit international privé régit donc les rapports entre Etats. Cependant plusieurs différences le séparent du droit international public :

1° Le droit international public règle les rapports des Etats entre eux quant à leurs intérêts généraux et publics. — Le droit international privé n'a trait qu'à des intérêts particuliers ; seule la nationalité est une matière qui relève du droit public autant que du droit privé.

2° Le droit international public n'est un droit positif, comportant une sanction, que dans une mesure encore très restreinte. — Le droit international privé, par cela même qu'il met en jeu des intérêts privés, est sanctionné par des tribunaux, dont les décisions sont, dans une mesure plus ou moins large, exécutoires dans les pays étrangers.

3° Le droit international public est un ensemble de règles à peu près identiques chez tous les peuples civilisés. — Le droit international privé comporte des règles très différentes suivant les Etats et la diversité des solutions adoptées est la source de graves difficultés.

Ces conflits tendent cependant à s'atténuer ou même à disparaître sur certains points.

D'une part, en effet, les efforts des jurisconsultes et de diverses associations de savants (1) tendent à faire prévaloir dans toutes les législations des règles ration-

____

(1) La principale de ces associations est l'Institut de droit international public et privé, fondé à Gand en 1873 et réunissant des jurisconsultes de tous les pays.

nelles identiques (sauf en ce qui concerne la nationalité).

D'autre part, les conventions internationales se multiplient. Il convient, à cet égard, de signaler les heureux résultats des conférences tenues à la Haye en 1893, 1894, 1900 et 1904. Elles ont abouti à différents traités conclus par la France avec plusieurs puissances continentales : convention du 14 novembre 1896 sur diverses questions de procédure, et trois conventions du 12 juin 1902, d'une importance considérable, relatives au mariage, au divorce et à la séparation de corps, à la tutelle des mineurs; enfin des projets de traités sur d'autres matières, notamment sur les successions, ont été élaborés et seront sans doute adoptés à brève échéance.

Nous étudierons spécialement le droit international privé français, c'est-à-dire les règles adoptées par notre législateur et par nos tribunaux ou consacrés dans les traités qui concernent la France.

Ce résumé sera divisé en quatre parties :

1° Nationalité.

2° Condition des étrangers et compétence des tribunaux français à l'égard des étrangers.

3° Conflits des lois.

4° Effet en France des jugements et des actes publics étrangers.

Enfin, nous consacrerons un appendice à l'étude, au point de vue du droit international privé, des principales matières qui dépendent du droit commercial : Sociétés, Lettre de change, Faillite. — Ce sujet n'étant pas enseigné dans tous les cours professés dans les Facultés de droit, nous avons cru devoir le traiter en appendice.

PREMIÈRE PARTIE

NATIONALITÉ

Envisagée à un point de vue politique théorique, la nationalité est le lien qui unit des hommes rattachés entre eux par une communauté d'origine, de race, de mœurs, ou de religion, qu'ils appartiennent ou non à un même État. — Considérée au point de vue juridique, le seul qui nous occupe, c'est le lien qui unit chaque individu à un État déterminé.

Deux faits, alternativement prépondérants, servent à la formation de ce lien. C'est d'abord la filiation qui, en rattachant un individu à ses parents, le rattache également à la nationalité de ses auteurs (*jus sanguinis*) : c'est ensuite le lieu de naissance, qui parfois prévaut sur le lien de filiation et rattache l'individu à l'État sur le sol duquel il a vu le jour (*jus soli*).

Ce lien une fois formé n'est pas en général considéré comme indissoluble : il est permis à chacun de changer de nationalité ; de là les questions relatives à la naturalisation.

Parfois aussi le changement de nationalité se produit comme une conséquence du mariage.

Dans d'autres cas, il résulte d'un démembrement du territoire.

D'autres fois enfin, un État rompt de son côté le lien qui le rattachait à ses membres : certains individus sont déchus de leur nationalité, lorsqu'ils ont accompli certains faits, qui paraissent manifester un oubli de leurs devoirs envers leur patrie.

Le sujet d'un État qui a rompu les liens qui le rattachaient à sa patrie, peut les renouer dans des conditions plus ou moins faciles : il peut recouvrer la nationalité qu'il a perdue.

C'est autour de ces idées que nous grouperons les développements relatifs à la nationalité :

Titre   I. — De la nationalité d'origine.
Titre   II. — Des changements de nationalité (naturalisation, mariage, annexion).
Titre III. — Des déchéances de nationalité.
Titre IV. — Du recouvrement de la nationalité perdue.

TITRE PREMIER

NATIONALITÉ D'ORIGINE

Notions historiques. — La nationalité d'origine se déterminant soit d'après les rapports de filiation, l'enfant suivant la nationalité de ses parents (*jus sanguinis*), soit par le lieu de naissance, l'enfant étant le national du pays où il naît (*jus soli*), aucune difficulté ne peut s'élever lorsque l'enfant naît sur le sol du pays auquel se rattachent ses auteurs.

Mais il arrive fréquemment que la naissance se produit dans un autre pays; quelle est alors l'influence respective du *jus sanguinis* et du *jus soli* pour la détermination de la nationalité de l'enfant?

Les peuples anciens ne paraissent pas avoir tenu compte du lieu de naissance. On se préoccupait uniquement du *jus sanguinis* dans les législations grecque et romaine.

Au Moyen âge, l'influence de la féodalité fait attacher une très grande importance à la condition juridique de la terre pour déterminer l'état des personnes. Le *jus soli* acquiert ainsi une importance prépondérante pour la détermination de la nationalité. Mais il faut observer que les questions de nationalité ne semblent pas avoir préoccupé nos anciens auteurs; pour eux, c'est le domicile et non la nationalité d'une personne qu'il est important de considérer toutes les fois qu'il s'agit de régler un conflit de lois.

Ces idées règnent, d'ailleurs, dans toute l'Europe

féodale; elles sont encore en honneur au xvi° siècle.

Le *jus sanguinis* commence pourtant, à la fin de l'ancien droit, à être pris en considération. Pothier continuait à attribuer la nationalité française à tout individu né sur le territoire français ; mais il l'attribuait aussi à l'enfant né à l'étranger de parents français, si du moins ceux-ci n'avaient pas établi leur domicile à l'étranger, sans esprit de retour.

C'est cependant la doctrine du *jus soli* que consacrent encore les lois révolutionnaires.

Les rédacteurs du Code civil avaient songé à donner la qualité de Français à quiconque naissait en France et en outre à quiconque naissait de parents français, même à l'étranger. C'était la consécration, avec leurs pleins effets, à la fois du *jus soli* et du *jus sanguinis*. Le Tribunat s'étant élevé contre l'attribution de la qualité de Français à celui qui n'avait d'autre lien avec la France que le fait de sa naissance sur notre sol, on ne conféra la nationalité française qu'aux fils de Français, en se bornant à faciliter aux étrangers simplement nés en France l'acquisition de notre nationalité (1).

La part faite au *jus soli*, très modeste dans le Code civil, n'a fait que s'accroître au cours du siècle dernier.

Une loi du 7 février 1851 a d'abord attribué la qualité de Français à l'étranger né en France de parents dont l'un y était lui-même né ; on lui réservait seulement la faculté de réclamer la qualité d'étranger à l'époque de sa majorité. En fait, la plupart des étrangers, qui se trouvaient dans cette situation, usaient du droit de réclamer leur nationalité d'origine, pour échapper au service militaire en France.

Pour leur rendre plus difficile cette option, le légis-

(1) Tout individu né en France d'un étranger, disait l'art. 9, pourra, dans l'année qui suivra l'époque de sa majorité, réclamer la qualité de Français, pourvu que, dans le cas où il résiderait en France, il déclare que son intention est d'y fixer son domicile et que, dans le cas où il résiderait en pays étranger, il fasse sa soum   sion de fixer en France son domicile, et qu'il l'y établisse dans l'année à compter de l'acte de soumission.

lateur a dû plus tard, par une loi du 16 décembre 1874, leur imposer l'obligation de justifier, par une attestation en due forme de leur Gouvernement, qu'ils avaient conservé leur nationalité d'origine.

Un certain nombre d'autres actes législatifs moins importants, parmi lesquels nous citerons la loi du 22 mars 1849, celles du 14 février 1852 et du 28 juin 1883, étaient venus compliquer encore la législation sur la nationalité d'origine.

En 1882, M. Batbie déposa une proposition de loi sur la naturalisation. Renvoyée au Conseil d'Etat, cette proposition s'élargit et embrassa toute une réglementation nouvelle de la nationalité. C'est elle qui est devenue la loi du 26 juin 1889 (1).

Une loi du 22 juillet 1893 a ensuite apporté quelques modifications au régime qu'organisait celle de 1889.

C'est dans ces deux lois que l'on trouve aujourd'hui la législation sur la nationalité : nationalité d'origine, naturalisation, déchéances de la nationalité, recouvrement de la nationalité perdue, etc.

Nous occupant, pour le moment, uniquement de la nationalité d'origine, nous avons à montrer quelle est l'influence respective du *jus sanguinis* et du *jus soli,* dans la législation française actuelle. Nous donnerons ensuite un aperçu sommaire de législation étrangère et nous étudierons les conflits de lois en cette matière.

_____

(1) Cette loi contient 6 articles. L'article 1er modifie 11 articles du Code civil. Elle a été suivie d'un décret du 10 août 1889 et d'une circulaire du Ministre de la Justice du 23 août 1889.

CHAPITRE PREMIER

Influence du jus sanguinis.

« Sont Français, dit l'art. 8 C. civ. :

« 1° Tout individu né d'un Français en France ou à l'étranger.

« L'enfant naturel dont la filiation est établie pendant la minorité, par reconnaissance ou par jugement, suit la nationalité de celui des parents à l'égard duquel la preuve a d'abord été faite. Si elle résulte pour le père ou la mère du même acte ou du même jugement, l'enfant suivra la nationalité du père. »

Le Code commence donc par poser le principe du *jus sanguinis* dans toute son étendue.

Cette disposition ne soulève que quelques difficultés de détail qu'il faut résoudre séparément pour les enfants légitimes et pour les enfants naturels.

A. **Enfants légitimes.** — Lorsque le père et la mère sont l'un et l'autre Français, l'enfant est lui-même Français.

Mais si le père et la mère sont l'un Français, l'autre étranger, auquel va-t-on rattacher l'enfant? Bien que la loi soit muette, on est d'accord pour donner à l'enfant la nationalité du père. On peut remarquer en ce sens : 1° que la loi dit : « Tout individu né d'*un* Français... »; 2° que la loi donne expressément la prépondérance à la nationalité du père, lorsqu'il s'agit d'un enfant naturel; 3° que cette solution est conforme à l'esprit général de notre législation.

Il peut arriver que le père change de nationalité dans l'intervalle qui sépare la conception de la naissance. Quelle nationalité transmet-il, en pareil cas, à son enfant? L'opinion générale est qu'il faut se placer au moment de la naissance de l'enfant plutôt qu'au moment de la conception ; c'est ce que paraît dire le texte, qui parle de l'enfant *né* d'un Français(1).

B. Enfants naturels reconnus. — Le *jus sanguinis* ne peut avoir d'influence sur la nationalité d'un enfant naturel que s'il a été reconnu. S'il n'a pas été reconnu, sa nationalité est réglée par le *jus soli* conformément à l'art. 8-2° C. civ

Il faut en outre observer que la *reconnaissance* doit avoir lieu pendant la *minorité* de l'enfant pour influer sur sa nationalité; si elle intervenait après sa majorité, l'enfant garderait la nationalité qu'il tient du *jus soli*.

En supposant que l'un des auteurs ou tous les deux reconnaissent volontairement l'enfant, ou que celui-ci fasse constater judiciairement sa filiation pendant sa minorité, quelle sera l'influence de cette reconnaissance volontaire ou forcée sur la nationalité de l'enfant?

S'il n'a été reconnu que par un seul de ses parents ou s'il a été reconnu par ses deux auteurs ayant la même nationalité, il prend la nationalité de celui ou de ceux qui l'ont reconnu.

Si l'enfant a été reconnu à la fois par son père et par sa mère et que ceux-ci soient de nationalités différentes, la loi de 1889 fait une distinction :

---

(1) Toutefois, certains auteurs proposent de tempérer la règle par l'application de la maxime *Infans conceptus pro nato habetur quoties de commodis agitur.* Si donc le père était Français lors de la conception et était devenu étranger avant la naissance de l'enfant, celui-ci naîtrait Français, parce qu'on suppose qu'il est de son intérêt d'avoir notre nationalité. Mais ce tempérament parait peu juridique; car, d'une part, la loi n'a considéré l'enfant comme un être vivant du jour de sa conception qu'en matière de successions et de donations: et, d'autre part, la date de la conception est impossible à préciser, la présomption, posée par l'art. 312 C. civ. sur la durée de la gestation, ne devant recevoir son application que pour résoudre la question de filiation

α) Si la reconnaissance a été faite par le même acte ou résulte d'un même jugement, l'enfant prend la nationalité du père.

β) Si la filiation a été établie successivement à l'égard de ses deux auteurs, l'enfant suit la nationalité de celui des parents à l'égard de qui la preuve a d'abord été faite. Si donc l'enfant est d'abord reconnu par sa mère, il prend la nationalité de celle-ci, et sa nationalité ne serait pas changée par la reconnaissance ultérieure du père (1).

(1) La nationalité de celui des auteurs, dont l'enfant naturel suit la condition, doit-elle s'apprécier au moment de la reconnaissance ou au moment de la naissance de l'enfant? La jurisprudence a décidé très exactement qu'il fallait envisager la nationalité de cet auteur au moment de la naissance, parce que la reconnaissance est déclarative et non attributive de filiation.

CHAPITRE II

Influence du jus soli.

Le Code civil avait seulement facilité aux étrangers nés sur notre territoire l'acquisition de la nationalité française.

La loi de 1851 avait attribué la qualité de Français à certains de ces étrangers, mais en leur réservant toujours la faculté d'opter pour leur nationalité d'origine.

La loi de 1889 est venue attribuer à quelques-uns la qualité de Français sans faculté d'option ; elle a réservé à d'autres cette faculté ; aux autres, enfin, elle continue à faciliter seulement l'acquisition de notre nationalité.

Il y a donc trois catégories de personnes naissant en France de parents étrangers, sur lesquels s'exerce l'influence du *jus soli*.

Il faut ajouter les enfants nés de parents inconnus ou dont la nationalité est inconnue, auxquels la loi de 1889 attribue expressément la qualité de Français.

I. — Individus nés en France d'un étranger qui lui-même y est né (art. 8-3°) (1).

La loi de 1889 attribue la qualité de Français à ces individu et ne leur permet plus, comme la loi de 1851, d'opter pour leur nationalité d'origine.

(1) Il y a lieu d'observer à propos des individus compris dans cette première catégorie :
1° Qu'il faut considérer comme nés en France ceux qui sont nés :

1*

On a pensé que la naissance de deux générations sur le sol français devait donner aux étrangers les mœurs et l'esprit français. On a voulu aussi enrayer le scandaleux exemple donné par des familles établies en France depuis de longues années, bénéficiant des avantages de leur séjour sur notre sol, et dont les enfants optaient toujours pour leur nationalité d'origine, afin d'échapper au service militaire. Il est vrai que la loi pourra parfois aboutir à donner la nationalité française à des étrangers qui seront nés en France accidentellement, comme leur père y était lui-même né fortuitement; mais l'hypothèse sera rare. Peut-être eût-il été sage, comme l'o t fait d'autres législations, de ne conférer la nationalité française, qu'à la condition que les parents de l'enfant eussent séjourné en France, d'une façon régulière, jusqu'à sa majorité.

Le texte de l'art. 8-3°, tel qu'il avait été voté par le législateur de 1889, avait donné lieu à une grave difficulté. En attribuant la qualité de Français à « tout individu né en France d'un étranger qui lui-même y est né », la loi ne semblait pas distinguer selon que l'auteur né en France était le père ou la mère : l'emploi du masculin ne paraissait pas, à lui seul, suffisant pour faire

a) dans les colonies françaises, mais non dans les pays de protectorat; *b)* sur les navires français de guerre ou de commerce. Mais nos hôtels d'ambassade à l'étranger ou nos consulats ne sont pas réputés faire partie du territoire français.

2° Que l'enfant né en France d'un étranger, qui était lui-même né sur une partie de territoire rattaché à la France, lors de sa naissance, mais ultérieurement séparé, est Français par application de notre art. 8-3°. On a vainement objecté que le démembrement du territoire se produisait avec effet rétroactif.

3° Que les enfants nés en France d'agents diplomatiques étrangers échappent à l'application de notre art. 8-3°. C'est la solution qui a été nettement affirmée dans les travaux préparatoires. Le ministre de la Justice ayant demandé à la commission du Sénat de viser spécialement cette hypothèse, il lui fut répondu qu'il était inutile de formuler dans un texte l'exception demandée, puisqu'elle résultait de principes certains.

Nos première et troisième observations s'appliquent aux individus visés par l'art. 8-4°, qui forment la deuxième catégorie dont nous allons nous occuper (p. 11).

exiger que l'auteur né en France fût le père. C'était l'opinion que la Cour de cassation avait consacrée dans un arrêt du 7 décembre 1891. Cette décision souleva des récriminations de la part des puissances étrangères. Il n'est pas rare, en effet, de voir une Française, devenue étrangère par son mariage avec un étranger, venir en France, dans sa famille, au moment de son accouchement. L'enfant, auquel elle donnait le jour, était ainsi irrévocablement Français.

Le Gouvernement fit droit aux doléances de nos voisins, en faisant voter la loi du 22 juillet 1893, qui a modifié notre texte de la manière suivante :

« Est Français, dit le nouvel art. 8-3°, tout individu né en France de parents étrangers dont l'un y est lui-même né, sauf la faculté pour lui, si c'est la *mère* qui est née en France, de décliner, dans l'année qui suivra sa majorité, la qualité de Français, en se conformant aux dispositions du § 4 ci-après »

L'individu né en France d'une étrangère, qui elle-même y est née, est donc Français, sauf la faculté d'option que la loi lui réserve, dans l'année de sa majorité, comme aux individus nés en France d'un étranger qui lui-même n'y est pas né et qui sont domiciliés en France à l'époque de leur majorité. Cf. *infrà*, p. 15.

— En ce qui concerne l'enfant naturel né en France et reconnu par ses deux parents, dont l'un seulement est né en France, il pourra également décliner la qualité de Français, quand le parent qui est né en France n'est pas celui dont il devrait prendre la nationalité d'après les règles précédemment posées à propos de l'effet du *jus sanguinis* (art. 8-3°, al. 2, modifié par L. 22 juillet 1893).

II. — **Individus nés en France d'un étranger, qui lui-même n'y est pas né, et domiciliés en France à l'époque de leur majorité (art. 8-4°).**

« Sont Français, dit l'art. 8 : ... 4° Tout individu né en France d'un étranger et qui, à l'époque de sa majorité, est domicilié en France, à moins que, dans l'année qui suit sa majorité, telle qu'elle est réglée par la loi française, il n'ait décliné la qualité de Français et prouvé qu'il a conservé la nationalité de ses parents, par une attestation en due forme de son Gouvernement, laquelle demeurera annexée à la déclaration, et qu'il n'ait en outre produit, s'il y a lieu, un certificat constatant qu'il a répondu à l'appel sous les drapeaux, conformément à la loi militaire de son pays, sauf les exceptions prévues aux traités ».

Le fait qu'un individu naît en France, d'une part, et le fait de son domicile en France à l'époque de sa majorité, d'autre part, ont paru des indices suffisants de son attachement pour notre pays. Aussi le législateur de 1889 lui a octroyé la qualité de Français, mais en lui réservant la faculté d'opter pour sa nationalité d'origine(1).

Nous allons examiner successivement à quelles conditions l'individu visé par l'art. 8-4° est Français, quelle est sa situation juridique pendant sa minorité, à quelles conditions il peut abdiquer sa qualité de Français.

a) **Conditions requises pour invoquer l'art. 8-4°.** — Il faut : 1° être né en France; 2° y être domicilié à l'époque de sa majorité. A cette double condition, l'individu dont nous nous occupons est Français, sans avoir à faire aucune déclaration.

Nous n'avons aucune observation à faire sur le fait de la naissance en France(2).

Quant à la condition de domicile, on s'est demandé si la loi exigeait un domicile au sens juridique du mot, ou si elle se contentait d'une simple résidence de fait, pourvu qu'elle soit habituelle et permanente? C'est

---

(1) C'est le système qu'avait appliqué la loi de 1851, modifiée en 1874, aux individus nés en France d'un étranger qui lui-même y était né et auxquels la loi nouvelle attribue la qualité de Français sans faculté d'option.

(2) Il nous suffit de nous en référer à nos observations précédentes. Cf. *suprá*, p. 9, n. 1.

cette seconde solution qui a triomphé; elle est conforme à l'esprit de la loi et aux travaux préparatoires (1).

b) **Condition juridique de l'individu visé par l'art. 8-4°, pendant sa minorité.** — Cet individu, durant sa minorité, est-il Français ou étranger?

La question présente de l'importance notamment aux points de vue suivants : 1° sa capacité quant aux actes accomplis pendant sa minorité sera-t-elle régie par la loi française ou par la loi étrangère? 2° peut-il être, pendant sa minorité, l'objet d'un arrêté d'expulsion, en vertu de la loi du 3 décembre 1849, qui permet d'expulser de France les étrangers?

On a soutenu que cet individu était Français, mais qu'il n'avait cette qualité que sous condition résolutoire. Il cesserait, en effet, d'être Français : α) si, à l'époque de sa majorité, il n'était pas domicilié en France; β) ou si, y étant domicilié, il abdiquait la qualité de Français conformément à la loi. En faveur de cette opinion, on invoquait : 1° la place de la disposition qui vise notre individu (4° de l'art. 8), l'art. 8 attribuant la qualité de Français dès leur naissance à tous les individus dont il s'occupe; 2° la disposition de l'art. 17, qui considère comme perdant la qualité de Français celui qui a décliné la nationalité française dans le cas prévu par le § 4 de l'art. 8.

Après hésitations, la jurisprudence a abandonné cette manière de voir. Il est inexact, en effet, de déclarer notre individu Français sous condition résolutoire, car la condition est un événement futur et incertain dont on fait dépendre la formation ou la résolution d'un lien juridique. Or l'existence d'un domicile en France, au moment de la majorité, n'est pas une condition à laquelle

(1) Nous allons voir que, dans l'opinion qui a triomphé, cet individu peut, au cours de sa minorité, être l'objet d'un arrêté d'expulsion. S'il a été expulsé, il ne peut, à notre avis, s'il rentre en France au mépris de cet arrêté d'expulsion, y acquérir un domicile lui permettant d'invoquer l'art. 8-4°. Toutefois, la question est discutée (voir *infrà*, p. 19, note 3).

est subordonné le maintien de la qualité de Français, mais un élément même de l'attribution de cette qualité. Notre individu *devient* Français, s'il est domicilié en. France à l'époque de sa majorité. Sa situation doit être rapprochée de celle de l'individu, qui n'y étant pas domicilié à sa majorité y établit son domicile dans l'année (art. 9). Celui-ci devient Français par l'établissement de . son domicile en France; mais auparavant il était certainement étranger, puisque l'art. 9, al. 3 dispose qu'il devient également Français, s'il prend part aux opérations de recrutement sans opposer son *extranéité*.

Vainement on objecte la place qu'occupe notre individu dans l'art. 8. Ce texte, en effet, ne comprend pas seulement, dans son énumération, des Français de naissance, puisqu'il vise dans son 5° les étrangers naturalisés.

Quant à l'argument tiré de l'art. 17, il est facile de le réfuter en faisant observer que l'individu qui décline sa qualité de Français, dans les conditions de l'art. 8-4°, perd la qualité de Français, qu'il venait d'acquérir par le double fait de sa naissance en France et de l'existence d'un domicile en France à sa majorité.

Notre individu n'est donc pas Français sous la condition résolutoire qu'il n'aura pas son domicile en France à l'époque de sa majorité. — Est-ce à dire qu'il soit Français sous cette condition suspensive qu'il sera domicilié en France à l'époque de sa majorité, avec effet rétroactif au jour de sa naissance?

L'observation faite précédemment retrouve ici toute sa valeur. L'existence d'un domicile en France n'est pas une condition de l'acquisition de la nationalité française ; c'est un élément nécessaire pour que notre individu soit Français. S'il est domicilié en France à l'époque de sa majorité, il devient Français sans effet rétroactif.

Ce résultat est d'ailleurs très heureux, car la rétroactivité aurait de graves inconvénients : il en résulterait, par exemple, que l'étrangère, qui se serait mariée avec cet étranger pendant sa minorité, deviendrait Française, sans peut-être l'avoir voulu ; il en résulterait aussi que les actes par lui passés au cours de sa minorité devraient être appréciés, au point de vue de la capacité nécessaire à leur validité, d'après la loi française.

C'est pour éviter ces inconvénients et d'autres semblables que l'art. 20 décide que « les individus, qui acquerront la qualité de Français dans les cas prévus par les art. 9, 10, 18 et 19, ne pourront s'en prévaloir que pour les droits ouverts à leur profit depuis cette époque. » Il est vrai que ce texte ne vise pas l'art. 8-4° ; mais on est d'accord pour décider qu'il s'agit d'un simple oubli du législateur, qui a entendu, par l'art. 20, dénier l'effet rétroactif à toute acquisition de nationalité.

c) A quelles conditions l'individu de l'art. 8-4° peut-il abdiquer la nationalité française? — Pour éviter les abus dont on avait eu à se plaindre sous l'empire de l'ancienne législation, surtout avant la loi de 1874, le législateur a subordonné l'abdication de la qualité de Français à quatre conditions. L'individu, qui se trouve dans le cas de l'art. 8-4° et qui veut abdiquer la nationalité française, doit :

1° *Opter dans l'année qui suit sa majorité.*

Il n'a donc qu'une année pour faire cette option.

La majorité à laquelle se réfère le législateur est la majorité française. Le texte le dit expressément, pour éviter une difficulté qui n'aurait pas manqué de se produire, surtout dans l'opinion que nous avons adoptée, d'après laquelle notre individu reste étranger pendant sa minorité.

2° *Faire son abdication par une déclaration formelle*, soumise aux règles établies par la loi du 22 juillet 1893 pour la réclamation de la qualité de Français dans le cas prévu par l'art. 9 (art. 9, al. 8) (1).

(1) V. le décret du 13 août 1889 (art. 6 et suiv.); l'avis du Conseil

Cette déclaration doit donc être faite devant le juge de paix du canton dans lequel réside le déclarant. Elle est transmise au procureur de la République, qui la fait parvenir au ministère de la Justice, où elle doit être enregistrée à peine de nullité. L'enregistrement peut être refusé, s'il résulte des pièces produites que le déclarant n'est pas dans les conditions requises par la loi, sauf à lui à se pourvoir devant les tribunaux civils, dans la forme prescrite par les art. 855 et ss. C. proc. civ. (art 9, al. 2, C. civ.). La notification motivée du refus doit être faite au déclarant, dans le délai de deux mois à partir de sa déclaration (art. 9, al. 3).

3° *Prouver qu'il a conservé la nationalité de ses parents.*

On a voulu empêcher que, par son abdication de la nationalité française, notre individu se trouvât sans patrie (*heimathlos*).

Il fournira la preuve, qui est exigée de lui, par une attestation en due forme de son Gouvernement. Cette attestation est fournie par l'autorité qui aura été désignée par une convention diplomatique passée avec le pays dont il se réclame (1). A défaut de convention, on reconnaît compétence à cet effet à l'agent diplomatique de son pays.

4° *Prouver qu'il a répondu à l'appel sous les drapeaux, conformément à la loi militaire de son pays.* Cette exigence a pour but d'empêcher que notre individu, qui abdique la qualité de Français pour se soustraire au service militaire en France, n'arrive également à s'y soustraire dans son pays.

Des conventions diplomatiques peuvent intervenir pour modifier les conditions auxquelles l'individu de l'art. 8-4° peut décliner la qualité de Français.

d'Etat du 13 juillet 1890 ; l'art. 9, C. civ., al. 2, 3 et 8 modifié par la loi du 22 juillet 1893.

(1) Il existe une convention de ce genre avec l'Angleterre. (*J. du dr. int. pr.*, 1892, p. 1243).

C'est ainsi que la convention franco-belge du 30 juillet 1891, en décidant que les individus nés en France d'un Belge, qui lui-même n'y est pas né, et qui y sont domiciliés à l'époque de leur majorité ne seront inscrits sur les listes du recrutement belge que s'ils ont abdiqué la qualité de Français dans le courant de leur vingt-deuxième année, permet à ces individus, qui tombent sous l'application de l'art. 8-4°, de décliner la qualité de Français sans justifier de la quatrième condition imposée d'ordinaire pour cette abdication.

L'individu de l'art. 8-4°, qui a satisfait aux conditions requises pour son abdication, cesse d'être Français.

Cette abdication produit-elle un effet rétroactif?

Il est certain que l'individu qui a décliné la qualité de Français, conformément à l'art. 8-4°, n'a jamais été Français. Mais il n'est pas besoin de parler de rétroactivité ni de condition pour expliquer ce résultat. L'existence d'un domicile en France lors de sa majorité avait bien conféré à l'individu né en France la nationalité française; mais cette attribution n'était que provisoire, subordonnée à une abdication régulière dans le délai d'un an. Cette abdication intervenant, l'individu est censé n'avoir jamais été Français.

III. — Individus nés en France d'un étranger qui lui-même n'y est pas né et qui n'y sont pas domiciliés lors de leur majorité (art. 9).

Cet individu n'est pas Français, mais il peut le devenir.

Sous l'empire du Code, c'était un droit pour lui. Il acquérait la nationalité française par le *bienfait de la loi*, à la seule condition de se conformer aux prescriptions légales. On pouvait ainsi voir des étrangers indignes revendiquer la qualité de Français.

Malgré les justes critiques de M. Batbie, qui proposait de les soumettre à une sorte de naturalisation, subor-

donnée, comme telle, à l'appréciation du Gouvernement,
le législateur de 1889 maintint la législation antérieure
sur ce point. Mais, lorsqu'en 1893 on révisa la loi de
1889, on en profita pour donner au Gouvernement son
droit légitime de contrôle : il peut désormais repousser
la réclamation qui lui est adressée pour cause d'indignité, ainsi que nous allons l'expliquer.

Pour devenir Français, notre individu doit remplir
trois conditions prévues par l'art. 9 modifié par la loi de
1893 :

1° *Faire sa soumission de fixer son domicile en
France.* — Cette soumission est faite devant un de nos
agents diplomatiques ou consulaires, ou, si l'individu
se trouve accidentellement en France, devant le juge
de paix du canton (Décret du 13 août 1889, art. 6 et
suiv.).

La loi donne à notre individu, pour faire sa soumission, jusqu'à l'âge de vingt-deux ans accomplis (1),
c'est-à-dire une année à partir de sa majorité telle
qu'elle est fixée par la loi française.

·2° *Etablir son domicile dans l'année de l'acte de
soumission.* — Il ne suffit pas qu'il déclare son intention
d'établir son domicile en France ; il faut qu'il l'y établisse effectivement dans l'année. Le domicile peut
s'entendre ici même d'une résidence habituelle.

—·Si un arrêté d'expulsion avait été pris contre l'é-
tranger né en France, pourrait-il néanmoins faire valablement à sa majorité sa soumission d'établir son domicile en France, et, en l'y établissant, remplir la
condition de domicile qui lui est imposée (2)?

La question est très discutée et a été diversement

(1) Le Code disait : « dans l'année de sa majorité ». On s'était demandé s'il fallait se référer à la majorité française ou à celle fixée par
la loi nationale de l'intéressé. Le législateur de 1889 se réfère formellement à la majorité française, contrairement au principe d'après
lequel la capacité des individus est régie par leur loi nationale.

(2) La question est exactement la même à propos des individus de
l'art. 10. C. civ

résolue. La chambre criminelle de la Cour de cassation décide qu'en rentrant en France, cet étranger commet un délit (1). Au contraire, la chambre civile et les chambres réunies ont décidé que cet individu avait le droit de rentrer en France, d'user de la faculté qui lui est offerte par l'art. 9 et d'acquérir ainsi la qualité de Français (2). A l'appui de cette dernière opinion, les arrêts ont invoqué les arguments suivants : — 1° Le droit d'expulsion, simple mesure de police, ne saurait porter atteinte au droit que l'étranger tient de la loi, d'acquérir la qualité de Français en établissant son domicile en France. — 2° La loi de 1893, en conférant au Gouvernement le droit de rejeter pour cause d'indignité la demande des individus qui réclament la qualité de Français en vertu de l'art. 9, a implicitement reconnu que le Gouvernement n'avait pas le droit de faire obstacle à cette demande par un arrêté d'expulsion (3).

3° *Réclamer la qualité de Français par une déclaration qui sera, à peine de nullité, enregistrée au ministère de la Justice.* — Sa soumission faite, son domicile établi en France, notre individu fait sa réclamation, toujours dans le délai d'un an à compter de sa soumission, c'est-à-dire au plus tard jusqu'à l'âge de vingt-trois ans accomplis. Cette réclamation est formulée dans une déclaration faite devant le juge de paix du canton dans lequel réside le déclarant, en présence de deux témoins qui certifient son identité. Si l'individu qui réclame la qualité de Français est âgé de moins de vingt et un ans

---

(1) Ch. cr., 21 janvier et 30 mars 1898, *Rev. crit.*, 1899, p. 209 et suiv.
(2) Ch. réun., 9 déc. 1896, S. 1897. 1. 297.
(3) Nous avons vu (p. 13, note 1) que l'individu de l'art. 8-4° peut, dans l'opinion générale, être l'objet d'un arrêté d'expulsion au cours de sa minorité. Lorsqu'il rentre en France au mépris de l'arrêté d'expulsion, on se demande également s'il y possède ainsi, lors de sa majorité, un domicile légal qui lui confère de plein droit la qualité de Français. La question est la même que pour l'individu de l'art. 9, avec cette différence que le second des arguments donnés au texte pour l'affirmative ne peut être invoqué, puisque l'individu de l'art. 8-4° devient Français sans une déclaration dont le Gouvernement puisse refuser l'enregistrement.

accomplis, la déclaration est faite en son nom par son père; en cas de décès par sa mère; en cas de décès du père et de la mère ou de leur exclusion de la tutelle, ou dans les cas prévus par les art. 141, 142 et 143 C. civ., par le tuteur autorisé par délibération du conseil de famille (art. 9, al. 10).

La déclaration est dressée en deux exemplaires, qui sont envoyés, avec les pièces justificatives, au Procureur de la République, qui les transmet au ministère de la Justice, où ils sont enregistrés.

La loi de 1889 prescrivait déjà l'enregistrement, mais n'en déterminait pas la sanction. La loi de 1893 dispose expressément que la déclaration doit être enregistrée *à peine de nullité.*

En outre, la loi nouvelle donne formellement au ministre de la Justice le droit de refuser l'enregistrement (art. 9, al. 2 et 4).

Ce refus peut avoir une double cause :

1° Le défaut des conditions requises par la loi. — Le refus doit, en ce cas, être notifié à l'intéressé dans les deux mois de sa déclaration. C'est alors une question d'état qui s'élève. L'intéressé a le droit de la faire trancher par les tribunaux civils, dans la forme prescrite par les art. 855 et suiv. C. proc. civ. (art. 9, al. 2).

2° L'*indignité* du réclamant. — Le refus fondé sur ce motif doit être formulé par décret rendu, sur l'avis conforme du Conseil d'Etat, dans le délai de trois mois (art. 9, al. 4)(1).

On a donné au Conseil d'Etat et non aux tribunaux civils le soin de statuer, parce qu'il ne s'agit pas d'une question d'état, mais de l'exercice d'un droit de police, réservé au Gouvernement(2).

(1) Ce délai de trois mois court à partir de la déclaration, ou, s'il y a eu une contestation portée devant les tribunaux civils sur l'existence des conditions requises par la loi, à partir du jour où le jugement qui a admis la réclamation est devenu définitif.

(2) L'intéressé a d'ailleurs le droit de produire devant le Conseil d'Etat des pièces et des mémoires (art. 9, al. 5), ce qui lui donne une garantie.

En conférant au Gouvernement le droit de refuser l'enregistrement de la déclaration pour cause d'indignité, la loi de 1893 a enlevé à l'étranger de l'art. 9 le droit absolu de devenir Français qu'il avait auparavant en vertu du bienfait de la loi. Ce n'est pourtant pas par une véritable naturalisation qu'il devient Français, car la naturalisation suppose un acte du Gouvernement *conférant* la qualité de Français, tandis que dans notre hypothèse, le déclarant devient encore Français en vertu de la loi, si un décret en Conseil d'Etat ne lui *refuse* pas le droit d'acquérir cette qualité. La loi décide en effet, qu'à défaut de notification du refus d'enregistrement de la demande dans les délais légaux, le déclarant peut exiger qu'il lui soit remis copie de sa déclaration, revêtue de la mention de l'enregistrement : ce qui implique qu'il est devenu Français.

Toutes les formalités ci-dessus une fois remplies, le déclarant devient Français. A partir de quel moment? Le législateur de 1889 a écarté toute rétroactivité (art. 20). Le législateur de 1893 a précisé plus exactement encore le moment où se produit l'acquisition de la qualité de Français. Aux termes de l'art. 9, al. 7, « la déclaration produira ses effets du jour où elle aura été faite, sauf l'annulation qui pourra résulter du refus d'enregistrement ».

— Il existe, pour l'individu de l'art. 9, un autre procédé pour acquérir la nationalité française. Il suffit que, « porté sur les tableaux de recensement, il prenne part aux opérations de recrutement sans opposer son extranéité » (art. 9, *in fine*) (1).

---

(1) Ce procédé sera d'une application très rare, car seuls les Français sont soumis au service militaire (art. 3, L. 21 mars 1905). A la vérité, les individus nés en France d'étrangers et domiciliés en France à l'époque de leur majorité sont inscrits également sur les tableaux de recensement de la classe dont la formation suit l'époque de leur majorité(L. 21 mars 1905, art. 11); mais les individus de l'art. 9 ne sont pas domiciliés en France : si donc ils figurent sur les listes du contingent, ce ne peut être que par suite d'une erreur.

IV. — Enfants nés en France de parents inconnus ou dont la nationalité est inconnue.

Le Code était resté muet sur cette catégorie d'individus. On paraissait cependant d'accord, en doctrine et en jurisprudence, pour leur attribuer la nationalité française. Cette opinion rationnelle pouvait d'ailleurs s'appuyer sur l'ensemble des dispositions du décret du 19 janvier 1811 et notamment sur l'art. 17, aux termes duquel les enfants trouvés ou abandonnés, élevés à la charge de l'État, sont entièrement à sa disposition.

L'art. 8-2° C. civ., modifié par la loi du 26 juin 1889, est aujourd'hui formel; il déclare Français : « Tout individu né en France de parents inconnus ou dont la nationalité est inconnue. »

On considère comme né de parents inconnus l'enfant naturel qui n'a pas été reconnu.

CHAPITRE III

Législations étrangères et conflits des lois
sur la nationalité d'origine.

----

§ 1. Législations étrangères. — On peut diviser
en 4 groupes les législations des divers États en celte
matière.

1ᵉʳ groupe. — Ce premier groupe comprend les législations qui, en principe, déterminent la nationalité
par *le lien de filiation*, tout en facilitant plus ou moins
l'acquisition de la nationalité à ceux qui se rattachent
à leur pays par le *jus soli.* C'est à ce groupe qu'appartient la législation française.

A côté d'elle, nous pouvons signaler les législations
belge (art. 9 et 10 C. civ., modifiés par les lois des 15
août 1881, 16 juillet 1889 et 25 mars 1894); — néer-
landaise (loi du 2 décembre 1892); — danoise (loi du
19 mars 1898); — suédoise (loi du 1ᵉʳ octobre 1894); —
luxembourgeoise (art. 9 et 10 C. civ., modifiés par l'art.
10 de la Constitution et par les lois des 12 novembre
1848 et 28 janvier 1878); — italienne (art. 4 et 8 C.
civ.); — espagnole (art. 17 à 19 C. civ.); — monégasque (art. 8 C. civ.); — russe (V. notamment ukase du
6 mars 1864); — hellénique (art. 14 et 17 à 20, C. civ.);
— turque (loi du 19 janvier 1869).

2° groupe. — Dans ce groupe, nous rangerons les
législations qui font reposer la nationalité d'origine sur
le *seul lien de filiation.*

Telles sont : la législation allemande, contenue dans la loi fédérale du 1er juin 1870, restée en vigueur après la promulgation du Code civil pour l'Empire d'Allemagne qui n'a modifié que les art. 11, 14, 19 et 21 ; — la législation austro-hongroise, contenue dans le Code civil autrichien de 1811 (art. 28) et dans la loi hongroise des 20-24 décembre 1879; — les législations norvégienne (loi du 21 avril 1888, art. 1), suisse (loi du 3 juillet 1876) et roumaine (C. civ. roumain, art. 10).

3e groupe. — A ce groupe appartiennent les législations qui, à l'inverse des précédentes, ne prennent en considération que le *jus soli*.

On trouve principalement ce type de législation dans les Etats de l'Amérique du Sud, notamment dans la loi argentine du 1er octobre 1869 (art. 1), dans les Constitutions du Brésil du 22 juin 1890 (art. 69), de la Bolivie du 15 février 1878 (art. 31), du Chili du 25 mai 1833 (art. 6), des Etats-Unis de Colombie du 4 août 1886 (art. 8), de l'Equateur du 12 janvier 1897, du Pérou, du 13 novembre 1860 (art. 34), etc.

4e groupe. — Enfin on peut faire un quatrième groupe des législations qui, à l'exemple des premières, tiennent compte à la fois du *jus sanguinis* et du *jus soli*, mais qui font produire au *jus soli* son plein effet.

On trouve dans ce groupe notamment les législations anglaise (act du 12 mai 1870), portugaise (C. civ. de 1867 (art. 18) et art. 7 de la Constitution du 29 avril 1825), et celles de la plupart des Etats de l'Amérique du Nord (xive amendement à la Constitution des Etats-Unis, ratifié le 16 juin 1868).

§ 2. Conflits des lois. — L'aperçu sommaire de législation étrangère que nous venons de donner fait apparaître la fréquence des conflits qui peuvent s'élever entre les législations des divers Etats.

Que l'on suppose, par exemple, un individu, appartenant par sa filiation à un pays dont la législation consacre le *jus sanguinis* et naissant sur le territoire d'un État qui revendique comme ses nationaux tous ceux qui naissent sur son sol. Les lois de nationalité étant au premier chef des lois d'ordre public, aucun des deux États ne peut, sans abdiquer sa souveraineté, renoncer à l'application de sa propre loi et accepter l'application de la loi étrangère. Notre individu aura deux nationalités : ce qui pourra faire naître les plus graves difficultés soit au point de vue du service militaire, soit au point de vue de la détermination de la loi nationale, lorsque c'est à cette loi que l'on doit se référer en cas de conflit de lois.

Comme le conflit s'élève généralement entre deux nationalités, dont l'une est celle des magistrats saisis du litige, ceux-ci tiennent un compte exclusif de la loi au nom de laquelle ils rendent la justice, de la *lex fori* (1).

Traités. — Le seul moyen de résoudre ces conflits consiste dans la conclusion de traités qui sont encore très rares. Signalons seulement la convention consulaire franco-espagnole du 7 janvier 1862 et la convention franco-belge du 30 juillet 1891.

Convention franco-espagnole du 7 janvier 1862. — D'après l'art. 5 de cette convention, les Espagnols nés en France et domiciliés à l'âge de vingt ans seront compris dans le contingent militaire français, à moins qu'ils ne produisent, devant les autorités civiles ou militaires compétentes, un certificat établissant qu'ils ont tiré au sort en Espagne. La même règle est établie pour les Français nés et habitant en Espagne, à l'époque du recrutement (2).

(1) Si le conflit s'élève devant le tribunal d'une tierce puissance, on admet d'ordinaire que les juges doivent appliquer la loi de celui des deux États, où la personne réclamée par chacun d'eux a son domicile. — A défaut de domicile dans l'un des deux États, le tribunal statuera conformément à la loi qui se rapproche le plus de la sienne.

(2) Une déclaration du 2 mai 1892 accorde aux Français résidant en Espagne un délai de deux ans pour prouver qu'ils ont satisfait à la loi du recrutement.

Le but de cette convention est d'éviter aux jeunes Français nés en Espagne ou aux Espagnols nés en France le désagrément d'être réclamés par les deux pays pour le service militaire et aussi de les empêcher de se soustraire à cette obligation dans les deux pays (1).

Convention franco-belge du 30 juillet 1891. — Le Code civil français étant en vigueur en Belgique, le conflit entre la loi française et la loi belge était particulièrement aigu, à raison de l'identité des législations. L'enfant né d'un Français en Belgique restait Français aux yeux de la loi française, bien qu'il devînt Belge en optant pour la nationalité belge au cours de sa vingt-deuxième année (art. 9 Code civil belge). Réciproquement, l'enfant né en France d'un Belge restait Belge aux yeux de la Belgique, bien qu'il devînt Français en optant, au cours de sa vingt-deuxième année, pour la nationalité française (art. 9 de notre Code civil).

Une première convention signée en 1879 ne fut pas ratifiée par le Parlement belge. Une affaire retentissante vint rappeler l'attention des deux Etats sur la question. Un sieur Carlier, né de parents français en Belgique le 30 mai 1860, opta le 2 juin 1881 pour la nationalité belge, en vertu de l'art. 9 C. civ. belge, et demanda à être radié des listes de recrutement du département du Nord. Il échoua, parce qu'en effet il était né Français et n'avait pas perdu sa qualité de Français aux yeux de notre loi. Il dut appeler l'attention des pouvoirs publics sur sa situation. La convention de 1879 fut ratifiée par le Parlement belge en 1888 et seulement en 1891 par

---

(1) On peut observer que ce traité n'est pas en harmonie avec nos lois militaires. Les termes généraux visant tout Espagnol né en France ou tout Français né en Espagne sont trop larges. D'une part, en effet, certains individus nés en France de parents espagnols sont Français et sont ainsi soumis au service militaire en France sans pouvoir s'y soustraire. D'autre part, il ne suffit pas d'être né en France pour être compris dans le contingent militaire français; il faut être Français ou du moins être né en France et y être domicilié à 21 ans (art. 3 et 11, L. 21 mars 1905).

le Parlement français, occupé auparavant à l'élaboration d'une loi sur la nationalité.

Cette convention recule jusqu'à la fin de l'année qui suit la majorité l'inscription de l'individu né en Belgique d'un Français ou de l'individu né en France d'un Belge sur les contingents de l'armée active. Dans cette année, l'individu né en Belgique d'un Français peut opter pour la nationalité belge et perdre ainsi régulièrement la qualité de Français conformément à notre nouvel art. 17-1° C. civ. : il sera dégagé, en France, de tout service militaire. — A l'inverse, l'individu né en France de parents Belges qui opte dans ces conditions pour la nationalité française, échappe au service militaire en Belgique (1).

Bien que les termes de cette convention ne visent expressément que le service militaire, on est d'accord pour admettre qu'elle tranche la question de nationalité à tous les points de vue.

(1) Par suite des modifications apportées à la législation française sur la nationalité par la loi de 1889, on a dû s'occuper, dans la convention de 1891, de deux catégories d'individus, qu'on rencontre en France sans les rencontrer en Belgique. Il a été convenu que :

1° En ce qui concerne les individus nés en France d'un Belge qui lui-même y est né et qui sont Français d'après l'art. 8-3° de notre Code, la Belgique les dispense du service militaire, sans pour cela renoncer à les considérer comme ses nationaux;

2° En ce qui concerne les individus nés en France d'un Belge qui lui-même n'y est pas né et qui sont Français si, domiciliés en France à l'époque de leur majorité, ils ne déclinent pas la qualité de Français dans l'année qui suit leur majorité (art. 8-4°), la Belgique ne les porte pas non plus sur les listes de recrutement jusqu'à l'expiration de leur vingt-deuxième année. Ils n'y sont ensuite portés que s'ils ont décliné la qualité de Français au cours de cette vingt-deuxième année.

TITRE II

CHANGEMENT DE NATIONALITÉ

Le lien, qui se forme entre un État et ses nationaux, n'est pas, en principe, indissoluble. On peut en général changer de nationalité.

Ce changement résulte le plus souvent d'une naturalisation obtenue dans un autre pays. Il peut aussi résulter du mariage ou de l'annexion.

Nous étudierons ces trois causes de changement de nationalité dans trois chapitres.

CHAPITRE PREMIER

De la Naturalisation.

———

Définitions. — La naturalisation est l'acquisition par un étranger, sur sa demande, d'une nationalité nouvelle, en vertu d'un acte volontaire et gracieux du Gouvernement qui l'accorde. C'est un véritable contrat.

On donne souvent aussi le nom de naturalisation à tout mode d'acquisition volontaire d'une nationalité étrangère, par un fait postérieur à la naissance.

Dans ce sens, elle embrasserait les cas d'acquisition de la nationalité française prévus par les art. 8-4°, 9 et 10 C. civ.

En ce qui concerne particulièrement les individus visés par l'art. 9, auxquels il faut assimiler, comme nous le verrons (p. 40), les individus de l'art. 10, nous savons que, depuis la loi de 1893, le Gouvernement peut refuser l'enregistrement de leur demande pour cause d'indignité. Par là, cette acquisition de la nationalité française semble se rapprocher de la naturalisation proprement dite. Ce serait une naturalisation de faveur opérant sans condition de stage. — Mais, d'une part, nous avons déjà remarqué que l'acquisition de la nationalité française s'opère en pareil cas par une sorte de bienfait de la loi (V. p. 20-21); d'autre part, l'acquisition de la nationalité française, dans le cas des art. 9 et 10 comme dans le cas de l'art. 8-4°, produit des effets plus étendus que ceux de la naturalisation, puisqu'elle confère toutes les prérogatives attachées à la qualité de Français, même au point de vue politique.

2°

Ces observations faites, nous étudierons dans trois sections : 1° la naturalisation d'un étranger en France ; 2° la naturalisation d'un Français en pays étranger ; 3° les législations étrangères et les conflits de lois.

SECTION I. — Naturalisation d'un étranger en France.

Historique. — Subordonnée, en principe, dans le dernier état de l'ancien droit, à l'obtention de lettres de nationalité délivrées par le roi, qui pouvait toujours les refuser, la naturalisation devint, sous la période révolutionnaire, un droit pour l'étranger qui se soumettait aux conditions imposées par la loi française (loi des 30 avril-2 mai 1790, Constitutions de l'an III et de l'an VIII). Cet étranger devenait même Français malgré lui (1).

Sous le premier Empire, la naturalisation redevint une faveur, comme sous l'ancien droit. C'est le Gouvernement qui l'accordait (décret du 17 mars 1809). Il en a toujours été ainsi depuis cette époque.

Sous la Restauration, la Constitution de 1814 décida que la naturalisation ordinaire ne conférerait plus aux naturalisés l'éligibilité aux assemblées législatives. Seule la grande naturalisation, qui était accordée par une loi, conférait cette éligibilité.

La Constitution de 1848 supprima la grande naturalisation, en donnant à nouveau à tout naturalisé les droits de citoyen français sans restriction.

La loi du 3 décembre 1849 rétablit la grande naturalisation, qui semble avoir été supprimée de nouveau par un décret du 2 février 1852.

____

(1) La Constitution de 1791 avait bien admis une sorte de naturalisation, conférée à titre gracieux par le Gouvernement à ceux qui ne remplissaient pas les conditions légales. Mais cette institution disparut en l'an III et ne fut rétablie que sous le premier Empire.

La loi du 29 juin 1867 vint régler à nouveau les conditions de la naturalisation. Elle n'admit plus qu'une seule naturalisation, qui faisait acquérir tous les droits de citoyen français.

Cette loi est restée en vigueur jusqu'à la loi du 26 juin 1889 sur la nationalité.

Législation actuelle. — La législation sur la naturalisation se trouve aujourd'hui dans l'art. 8-5° C. civ., où elle a été introduite par la loi du 26 juin 1889 et dans les art. 3 et 4 de cette loi.

Nous allons exposer cette législation, en étudiant successivement les conditions et les effets de la naturalisation.

A. Conditions de la naturalisation. — Pour pouvoir être naturalisé Français, il faut avoir prouvé son attachement à la France par un stage plus ou moins prolongé. Ce stage accompli, il faut adresser une demande au ministre de la Justice. Après enquête, le chef de l'Etat statue.

1° Stage. — Le stage n'est pas le même pour tous.

1° Il est de *trois ans*, pour ceux qui ont obtenu leur admission à domicile. L'admission à domicile est accordée, sur la demande de l'intéressé, par un décret du chef de l'Etat rendu après enquête. Les trois ans courent à partir de l'enregistrement de la demande d'admission à domicile.

2° Exceptionnellement, le stage est réduit à *un an*, à la condition qu'il ait obtenu son admission à domicile :

α) Au profit de celui qui a rendu des services importants à la France, y a apporté des talents distingués, ou y a introduit soit une industrie, soit des inventions utiles, ou a créé des établissements industriels ou autres, soit des exploitations agricoles, ou a été attaché, à un titre quelconque, au service militaire dans les colonies et les protectorats français;

β) Au profit de l'étranger qui a épousé une Française.

3° Enfin celui qui n'a pas été admis à domicile peut se faire naturaliser, après *dix ans* de résidence en France. On a très heureusement assimilé à la résidence en France le séjour en pays étranger pour l'exercice d'une fonction conférée par le Gouvernement français.

2° Demande au ministre de la Justice. — Les formes de cette demande sont réglées par les art. 2, 3 et 4 du décret du 13 août 1889 (1).

La loi ne s'est pas expliquée sur l'âge où cette demande pouvait être formée. En considération de l'importance de l'acte, on s'accorde en général pour exiger l'âge de vingt et un ans. On peut remarquer en ce sens que la naturalisation en Algérie et dans les autres colonies ne peut, en vertu des lois spéciales, s'obtenir qu'à l'âge de vingt et un ans ; on ne peut pas se montrer moins exigeant pour la naturalisation en France.

Lorsque la demande est formée par un étranger admis à domicile, elle doit intervenir dans les cinq ans de l'admission à domicile. L'art. 13 al. 2 dispose à cet égard : « L'effet de l'autorisation cessera à l'expiration de cinq années, si l'étranger ne demande pas la naturalisation ou si la demande est rejetée. »

(1) Art. 2. — L'étranger qui veut obtenir sa naturalisation doit, dans tous les cas, adresser au ministère de la Justice une demande sur papier timbré, en y joignant son acte de naissance, un extrait du casier judiciaire, et le cas échéant, son acte de mariage et les actes de naissance de ses enfants mineurs, avec la traduction de ces actes, s'ils sont en langue étrangère. — Dans le cas où les intéressés seraient dans l'impossibilité de se procurer les actes de l'état civil dont la traduction est exigée par le présent décret, ces actes seront suppléés par un acte de notoriété délivré par le juge de paix dans la forme prescrite par l'art. 71 C. civ.

Art. 3. — L'étranger qui a épousé une Française doit, s'il veut obtenir la naturalisation après une année de domicile autorisé, produire l'acte de naissance de sa femme et l'acte de naissance du père de celle-ci, si cet acte est nécessaire pour établir son origine française.

Art. 4. — L'étranger qui sollicite la naturalisation immédiate, après une résidence non interrompue pendant dix ans, doit joindre à sa demande les documents établissant qu'il réside actuellement en France et depuis dix années au moins.

L'étranger admis à domicile a donc deux ans, et par exception quatre ans, pour former sa demande, puisqu'il peut se faire naturaliser après trois ans et exceptionnellement après un an de domicile autorisé.

3° **Décret du chef de l'État.** — Dans son dernier alinéa, l'art. 8 dispose ainsi : « Il est statué par décret sur la demande de naturalisation, après une enquête sur la moralité de l'étranger. »

Ce décret est publié au Bulletin des Lois.

On s'est demandé si l'acquisition de la nationalité française se produirait au jour où le décret est rendu ou bien seulement à la date de sa publication. C'est la seconde opinion qui est généralement admise (1).

B. **Effets de la naturalisation.** — Les effets de la naturalisation doivent être envisagés successivement au point de vue de l'individu à qui elle est accordée et au point de vue de sa famille (femme et enfants).

a) **Au point de vue du naturalisé lui-même.** — Dans l'aperçu historique que nous avons donné sur la naturalisation, nous avons constaté qu'à différentes époques le législateur avait établi deux sortes de naturalisation : la *naturalisation ordinaire* conférant tous les droits civils et politiques, sauf l'éligibilité aux assemblées législatives et la *grande naturalisation*, faisant en outre acquérir cette éligibilité.

La loi de 1889 n'admet qu'une sorte de naturalisation, mais toujours incomplète, en ce sens qu'elle ne fait jamais acquérir immédiatement l'éligibilité. Le naturalisé n'est éligible qu'après un certain délai : en principe, dix ans; exceptionnellement un an,

---

(1) On fait remarquer en ce sens que ce décret, intéressant la nation tout entière, ne peut produire effet qu'après sa publication (art. 1 C. civ.). Cass., 16 juillet 1894, *J. du dr. int. pr.*, 1894, p. 1023. — *Contrd* : Paris, 12 mai 1893, *J. du dr. int. pr.*, 1893, p. 847; M. Lainé, à son cours.

en vertu d'une loi spéciale (L. 26 juin 1889, art. 3) (1).

— Nous verrons que l'ex-Français, qui recouvre cette qualité, en vertu de l'art. 18 C. civ., acquiert immédiatement tous les droits du citoyen, même l'éligibilité aux assemblées législatives.

b) **Au point de vue de la famille du naturalisé** (*femmes et enfants*). — Lorsqu'un étranger se fait naturaliser, sa naturalisation ne produit-elle qu'un *effet individuel* ou bien produit-elle un *effet collectif*, en s'appliquant en même temps à la femme et aux enfants?

En législation, on peut hésiter. On peut prétendre que la nationalité ne doit être acquise, indépendamment de la naissance, que par une volonté librement manifestée. On peut soutenir, à l'inverse, qu'il importe à l'unité de la famille, toujours désirable, que tous ses membres aient la même nationalité.

La loi de 1889, tout en s'inspirant de cette dernière idée, ne l'a pas acceptée avec toutes ses conséquences, qui seraient certainement excessives. Elle distingue entre les enfants mineurs du naturalisé, d'une part, et ses enfants majeurs et sa femme, d'autre part.

Enfants mineurs du naturalisé. — La législation antérieure à 1889 se bornait à leur faciliter l'acquisition de la qualité de Français, lors de leur majorité ou même avant, pour entrer dans l'armée ou dans une Ecole du Gouvernement (loi du 7 février 1851, art. 2; loi du 14 février 1882). Après de sérieuses hésitations, le législateur de 1889 s'est décidé à leur donner de plein droit la qualité de Français, en leur réservant seulement la faculté de la répudier à l'époque de leur majorité. C'est ce que dit l'art. 12 al. 3 actuel du Code civil : « Deviennent Français les enfants mineurs d'un père et d'une mère survivant (2) qui se font natura-

(1) Un évêque doit être Français *originaire* (art. 16 Art. Organiques) : un étranger naturalisé ne peut donc être évêque en France.
(2) En parlant des enfants d'un père ou d'une mère *survivant*, le texte paraît ne viser que les enfants d'un veuf ou d'une veuve qui se ferait naturaliser en France. Mais cette interprétation serait ridicule

liser Français, à moins que, dans l'année qui suivra leur majorité, ils ne déclinent cette qualité en se conformant aux dispositions de l'art. 8, § 4. »

Enfants majeurs du naturalisé. — La loi du 7 février 1851 leur avait déjà facilité l'acquisition de la nationalité de leur père, en leur permettant de devenir Français par une simple déclaration faite dans l'année de la naturalisation de leur auteur. Aux termes de l'art. 12 al. 2 C. civ., tel qu'il a été modifié par la loi de 1889, «... les enfants majeurs de l'étranger naturalisé pourront, s'ils le demandent, obtenir la qualité de Français, sans condition de stage, soit par le décret qui confère cette qualité au père ou à la mère, soit comme conséquence de la déclaration qu'ils feront dans les termes et sous les conditions de l'art. 9. »

Les enfants majeurs de l'étranger naturalisé ne sont donc jamais Français de plein droit. Mais ils peuvent le devenir, sur leur demande, sans condition de stage, par le décret qui confère cette qualité à leur père ou à leur mère. S'ils ne se font pas comprendre dans ce décret, ils gardent encore le droit d'acquérir la nouvelle nationalité de leur père, sans stage préalable, pendant un an, en se conformant aux dispositions de l'art. 9.

Cet art. 9 s'appliquant à l'individu né en France d'un étranger et qui réclame la qualité de Français dans l'année qui suit sa majorité, on a prétendu et il a été jugé que le renvoi à ce texte impliquait, pour les enfants majeurs du naturalisé qui veulent devenir Français, l'obligation de réclamer la qualité de Français dans l'année qui suit leur majorité. Ainsi interprétée, la loi ne s'appliquerait qu'à ceux qui seraient âgés de vingt et un à vingt-deux ans au moment de la naturalisation de leur père. Telle n'a pu être la volonté du législateur qui, par le renvoi à l'art. 9, a entendu, semble-t-il, donner un délai d'un an, à tout enfant majeur, quel que

en ce qui concerne le père, car l'art. 12 al. 3 s'applique certainement aux enfants mineurs d'un étranger qui serait marié. L'épithète « survivant » ne concerne que la mère.

fût son âge, pour se conformer aux prescriptions de ce texte (1). C'est d'autant plus certain que le texte vise en même temps la mère qui aura généralement plus de vingt-deux ans.

Femme du naturalisé. — La naturalisation du mari produit à l'égard de sa femme les mêmes effets qu'à l'égard de ses enfants majeurs. L'art. 12, al. 2, vise la femme à côté des enfants majeurs dans les mêmes termes.

La proposition, qui avait été faite au cours des travaux préparatoires, de donner nécessairement et de plein droit à la femme la nouvelle nationalité de son mari a été, à bon droit, abandonnée. Il ne peut dépendre du mari de modifier à son gré la nationalité de sa femme. — Bien que l'art. 12 s'occupe uniquement des effets de la *naturalisation* du chef de famille à l'égard de sa femme et de ses enfants, on décide généralement que ses dispositions doivent être étendues au cas d'acquisition de la nationalité française par un chef de famille, en vertu du *bienfait de la loi,* dans les hypothèses des art. 8-4°, 9 et 10, C. civ.

SECTION II. — **Naturalisation d'un Français à l'étranger.**

Nous nous occuperons successivement des conditions et des effets de cette naturalisation (2).

A. Conditions de la naturalisation. — La loi française, en permettant à nos nationaux de rompre le lien qui les unit à la France, subordonne cette rupture à un certain nombre de conditions. L'art. 17 s'exprime à cet égard de la manière suivante :

« Perdent la qualité de Français :

(1) M. Lainé, à son cours.
(2) Il s'agit bien entendu des conditions imposées *par la loi française* pour la rupture du lien national et des effets que cette loi y attache. Un Français peut être devenu national d'un autre pays aux yeux de la loi de ce pays, sans l'observation de ces conditions; mais, en pareil cas, il reste Français au point de vue de la loi française. Il a deux nationalités.

« 1° Le Français naturalisé à l'étranger ou celui-qui acquiert sur sa demande la nationalité étrangère par l'effet de la loi; — S'il est encore soumis aux obligations du service militaire pour l'armée active, la naturalisation à l'étranger ne fera perdre la qualité de Français que si elle a été autorisée par le Gouvernement français... »;

La perte de la nationalité française par la naturalisation à l'étranger se trouve donc subordonnée aux conditions suivantes :

1° *Il faut que le Français acquière une nationalité étrangère.* — Cette formule signifie, d'une part, que le Français ne peut pas abdiquer purement et simplement sa nationalité; d'autre part, qu'il ne cesse d'être Français que s'il acquiert une véritable nationalité étrangère.

Ainsi, le Français, qui n'obtiendrait qu'un simple droit de bourgeoisie dans un des Etats de l'Empire d'Allemagne ou dans un canton suisse ou qui bénéficierait de la *denization* en Angleterre (1), ne perdrait pas la qualité de Français.

2° *Il faut que la naturalisation ait été demandée.* — Si donc une loi étrangère conférait de plein droit à un Français une autre nationalité, il resterait Français. Mais, par cela seul que cette naturalisation suppose une demande de notre national, l'art. 17 reçoit son application. On ne distingue donc pas entre la naturalisation proprement dite et l'acquisition d'une nationalité étrangère par une sorte de bienfait de la loi, du moment où une demande a dû être formulée par le Français. Le texte nouveau ne laisse aucun doute à cet égard.

3° *Il faut que le Français soit capable.* — Les incapa-

---

(1) La *denization* est une concession révocable permettant au denizen de se prévaloir de la loi anglaise sur le territoire de la Grande-Bretagne seulement. Elle se perd par une absence non autorisée de deux mois. Elle était très recherchée autrefois, alors que les étrangers ne pouvaient être, en Angleterre, ni propriétaires d'immeubles, ni locataires à long terme.

bles, dans notre droit, sont : le mineur, l'interdit, la personne pourvue d'un conseil judiciaire, la femme mariée.

En ce qui concerne le *mineur*, il est certain qu'il ne peut pas se faire naturaliser seul à l'étranger avant l'âge de vingt et un ans. Mais le pourrait-il avec l'assistance de ses représentants légaux? La négative est également certaine. Il est vrai, ainsi que nous le verrons, que la loi a permis à des mineurs étrangers de devenir Français avec l'assistance de leurs représentants. Mais elle ne l'a fait que dans des cas déterminés, et, en dehors de ces hypothèses spéciales, un mineur étranger ne peut se faire naturaliser Français. *A fortiori*, le mineur Français ne peut-il se faire naturaliser étranger, étant donné le but de la loi de 1889.

Les *interdits*, étant frappés d'une incapacité générale, ne peuvent pas davantage se faire naturaliser à l'étranger.

Les *personnes pourvues d'un conseil judiciaire* n'étant incapables que dans les limites fixées par les art. 499 et 513 C. civ. et l'acquisition d'une nationalité étrangère ne figurant pas dans ce texte, il faut leur donner la faculté de se faire naturaliser à l'étranger.

Quant aux *femmes mariées*, elles ne peuvent se faire naturaliser à l'étranger qu'avec l'autorisation du mari ou de justice. — Toutefois, depuis la loi du 6 février 1893, la femme séparée de corps, recouvrant sa pleine capacité, n'a besoin d'aucune autorisation (1).

4° Enfin, dans un cas, *le Français doit obtenir l'autorisation de son Gouvernement*. — Sous l'empire de la législation antérieure à 1889, l'autorisation était toujours nécessaire. Celui qui se faisait naturaliser à l'étranger, sans l'avoir obtenue, cessait bien d'être Français, mais encourait les plus graves déchéances, si du

______

(1) La question avait été discutée avant cette loi, notamment à propos de la célèbre affaire de la princesse de Bauffremont. Voir sur cette affaire les études de M. Labbé dans le *J. du dr. int. pr.*, 1877, p. 5 et suiv., et de M. Renault, *ibid.*, 1880, p. 178.

moins l'on admettait que le décret du 26 août 1811, qui les avait édictées, fût encore en vigueur, ce qui était très discuté.

Aujourd'hui, cette autorisation n'est plus requise que des Français qui sont encore soumis aux obligations du service militaire pour l'armée active (y compris sa réserve). Mais elle est, en pareil cas, une condition de validité de la naturalisation à l'étranger : faute de l'obtenir, le Français qui s'est fait naturaliser à l'étranger reste Français; il aura peut-être deux nationalités (1).

B. — **Effets de la naturalisation d'un Français à l'étranger.** — Le Français, valablement naturalisé à l'étranger, perd sa qualité de Français.

La loi de 1889 a abrogé le décret du 6 avril 1809, qui défendait à l'ex-Français, sous peine de mort, de porter les armes contre la France.

— L'effet de la naturalisation est *individuel.* Les enfants et la femme de l'ex-Français gardent leur nationalité.

On a bien prétendu que, notre loi conférant la nationalité française aux enfants mineurs d'un étranger devenu Français, il fallait, par réciprocité, admettre que les enfants mineurs du Français naturalisé à l'étranger devenaient étrangers. Mais cette opinion, en

(1) L'autorisation du Gouvernement, qui est requise de la part du Français qui se fait naturaliser à l'étranger, lorsqu'il est soumis aux obligations du service militaire dans l'armée active, l'est-elle aussi de la part de celui qui acquiert, sur sa demande, la nationalité étrangère par l'effet de la loi ? L'al. 1 de l'art. 17-1° paraît assimiler ces deux individus; et l'al. 2 qui impose la nécessité de l'autorisation débute par ces mots « s'il est encore soumis... », qui grammaticalement s'appliquent aux deux catégories d'individus visés par l'al. 1.
Mais la suite du texte ne vise expressément que celui qui se fait naturaliser. D'autre part, les mots « *encore soumis* » paraissent ne s'appliquer qu'à celui qui, ayant déjà fait son service militaire, est encore dans l'armée active ou sa réserve; or, les individus qui acquièrent la nationalité étrangère par le bienfait de la loi, n'ont pas encore fait leur service militaire, puisqu'ils doivent faire leur option dans l'année de leur majorité. Remarquons enfin que, dans les travaux préparatoires, on ne paraît avoir eu en vue que ceux qui se faisaient naturaliser. D'où l'on peut conclure que ces derniers seuls seraient soumis à la nécessité de l'autorisation du Gouvernement.

contradiction avec le but de la loi de 1889, qui est d'augmenter le nombre de nos nationaux, est en outre contredite par les travaux préparatoires; d'ailleurs le silence de la loi commande de l'écarter.

Si, d'après la loi étrangère, ces enfants acquièrent la nationalité de leur père, ils auront deux nationalités.

Quant à la femme, s'il est vrai que le mariage d'une Française avec un étranger lui fasse acquérir la nationalité de son mari dans les conditions que nous aurons à préciser, on ne saurait admettre que, sans un fait volontaire de sa part, elle devienne étrangère, par cela seul que son mari se fait naturaliser à l'étranger.

— Bien que l'ex-Français devenu étranger ait définitivement cessé d'être Français, on tient compte cependant de son ancienne qualité pour lui faciliter le recouvrement de la nationalité française (Cf. *infrà*, p. 60).

D'autre part, ses enfants nés en France ou à l'étranger après sa naturalisation, tout en naissant étrangers, peuvent devenir Français par une sorte de bienfait de la loi, en se conformant aux prescriptions de l'art. 9. C'est ce que dit l'art. 10 ainsi conçu : « Tout individu né en France ou à l'étranger de parents dont l'un a perdu la qualité de Français pourra réclamer cette qualité *à tout âge*, aux conditions fixées par l'art. 9, à moins que, domicilié en France et appelé sous les drapeaux, lors de sa majorité, il n'ait revendiqué la qualité d'étranger(1). »

Nous avons déjà dit que l'acquisition de la qualité de Français, dans l'hypothèse de l'art. 10, comme dans

(1) La disposition finale de ce texte soulève de graves difficultés. L'individu né d'un ci-devant Français et domicilié en France à sa majorité est Français de plein droit, s'il est né en France; l'art. 10 ne s'applique donc pas à lui. — Quant à l'enfant né hors de France d'un ci-devant Français, il ne peut être inscrit sur le tableau de recrutement que si son père a recouvré la qualité de Français alors qu'il était lui-même mineur, conformément à l'art. 18, puisque, en dehors de cette hypothèse, il est étranger. Il faut donc supposer qu'un individu né à l'étranger d'un ci-devant Français a été, *par erreur*, porté sur les listes du contingent.

celle de l'art. 9, différait de la naturalisation en ce qu'elle produisait des effets plus complets : l'enfant d'un ci-devant Français, qui devient Français, en vertu du bienfait de la loi, dans les termes de l'art. 10 C. civ., est immédiatement éligible aux assemblées législatives françaises (Cf. *suprà*, p. 29).

Nous avons également fait remarquer que, dans l'opinion généralement suivie, l'acquisition de la nationalité française dans les termes de l'art. 10 produit l'*effet collectif* attribué par l'art. 12 à l'acquisition de la nationalité française par la naturalisation (Cf. *suprà*, p. 36).

Naturalisation frauduleuse. — La naturalisation à l'étranger produit ses effets, quel que soit le mobile auquel a obéi le Français en se faisant naturaliser. La jurisprudence y apporte seulement un tempérament, d'ailleurs contesté, lorsque la naturalisation est frauduleuse.

La naturalisation à l'étranger est considérée comme frauduleuse, lorsqu'elle a été recherchée et obtenue dans le but de se soustraire aux charges de la loi française ou à certaines dispositions prohibitives ou restrictives de nos lois.

En pareil cas, elle produit, en principe, tous ses effets ; mais elle ne peut être invoquée à l'encontre des intérêts français d'ordre public ou privé.

Cette jurisprudence s'est formée à l'occasion d'une naturalisation obtenue en Suisse par un Français, qui voulait divorcer, alors que notre loi n'admettait pas encore le divorce. S'étant fait naturaliser en Suisse et ayant obtenu le divorce, il se remaria. A son décès, les enfants de sa première femme demandèrent à faire écarter de sa succession, comme adultérins, les enfants nés du nouveau mariage, le premier mariage n'étant pas dissous aux yeux de la loi française. Ils obtinrent gain de cause.

Une fraude du même genre peut encore se concevoir aujourd'hui de la part d'un époux, qui se ferait naturaliser à l'étranger pour obtenir le divorce dans un cas où la loi française ne l'accorderait pas.

De même, un Français, actionné en nomination d'un conseil judiciaire, s'étant fait naturaliser en Angleterre où cette institution n'existe pas, nos tribunaux ont néanmoins fait droit à la demande dirigée contre lui.

SECTION III. — Aperçu des législations étrangères, conflits de lois et traités en matière de naturalisation.

I. Législations étrangères. — Il y a lieu d'étudier les règles de la naturalisation dans les principales législations, soit au point de vue du pays qui la confère, soit au point de vue du pays d'origine du naturalisé.

I. — Au point de vue du pays qui confère la naturalisation. — Il faut examiner les conditions et les effets de la naturalisation.

Conditions. — A ce point de vue, il existe trois groupes principaux de législations :

α) La plupart considèrent la naturalisation comme une faveur accordée, sous des conditions plus ou moins rigoureuses, soit par le pouvoir législatif, soit par le Gouvernement (Belgique, Italie, Angleterre, Allemagne, Suisse, Luxembourg).

Certains de ces pays subordonnent la naturalisation d'un étranger à l'observation de toutes les conditions requises par son pays d'origine pour sa dénationalisation (Suisse, Luxembourg).

D'autres, tout en permettant la naturalisation d'un étranger malgré sa loi nationale, ne le protègent plus à l'encontre de son pays d'origine, s'il y est revenu (Angleterre).

ϐ) Quelques législations considèrent la naturalisation

comme un droit pour celui qui a rempli les conditions légales (Etats-Unis).

γ) Enfin certains Etats de l'Amérique du Sud imposent la naturalisation aux étrangers qui se trouvent sur leur sol dans certaines conditions, à ceux notamment qui y ont acquis un immeuble ou qui y résident depuis un certain temps (Bolivie, Brésil, Vénézuéla).

Effets. — Considérées au point de vue de l'effet collectif ou individuel attribué à la naturalisation, les législations se divisent également en plusieurs groupes.

Les unes ne donnent à la naturalisation qu'un effet purement individuel et conservent aux enfants mineurs du naturalisé leur nationalité antérieure (Portugal, Roumanie, Russie, Turquie).

D'autres font produire au changement de nationalité un effet collectif et soumettent de plein droit les enfants mineurs à la nouvelle allégeance de leur père (Allemagne, Autriche-Hongrie, Suisse, Italie, Grande-Bretagne, Etats-Unis d'Amérique, etc.).

Dans d'autres pays, les enfants du naturalisé se voient seulement faciliter, à leur majorité, l'accès de la nouvelle nationalité de leur père (Belgique, Grèce, République Argentine, Brésil).

II. — Au point de vue du pays d'origine du naturalisé. — Les législations étrangères peuvent se diviser en trois groupes, selon la facilité avec laquelle elles permettent à leurs nationaux de se faire naturaliser à l'étranger.

α) Un très grand nombre de législations laissent aujourd'hui toute latitude à leurs nationaux pour choisir une nouvelle nationalité (Belgique, Italie, Suisse, Espagne, Grèce, Portugal, Angleterre, Autriche-Hongrie, Suède, Norvège, Danemark, etc.).

β) Certaines législations, tout en permettant à leurs nationaux de devenir étrangers, apportent cependant à cette faculté certaines restrictions. C'est ce qui a lieu en

France où, depuis 1889, un Français, s'il est encore soumis aux obligations du service militaire dans l'armée active, ne peut pas devenir étranger sans l'autorisation de notre Gouvernement.

La loi allemande du 1ᵉʳ juin 1870 décide que l'Allemand, qui veut se faire naturaliser à l'étranger, doit obtenir un congé de l'autorité supérieure et quitter le sol allemand dans les six mois. — La perte de la nationalité suisse est également soumise à certaines conditions précisées par la loi fédérale du 3 juillet 1876.

γ) Pays d'*allégeance perpétuelle*. La doctrine de l'allégeance perpétuelle, c'est-à-dire de l'indissolubilité du lien de sujétion qui unit un individu à l'Etat dont il fait partie, a régné jusqu'à une époque récente en Angleterre, aux États-Unis (1) et dans quelques cantons suisses; elle persiste encore dans les législations russe, vénézuélienne et argentine.

—On peut remarquer, au point de vue des effets de la dénationalisation, que certains pays, qui admettent l'effet collectif de la naturalisation par eux conférée, refusent de reconnaître un effet collectif à la dénationalisation de leurs nationaux, même si la loi du pays qui a conféré la naturalisation au chef de famille donne aux enfants mineurs la nouvelle nationalité du père : à côté de la France, on peut citer le Luxembourg.

II. **Conflits de lois.** — La divergence des législations en matière de naturalisation a fait naître de fréquents conflits de lois. Ils se sont produits notamment :

1° Entre los pays qui imposent aux étrangers leur na-

(1) Les Etats-Unis, qui ouvrent largement leurs portes aux éléments étrangers, n'ont pas prévu dans leurs lois l'expatriation de leurs sujets. Pendant longtemps, ils ont admis la règle de l'allégeance perpétuelle; mais ils y ont dérogé dans beaucoup de traités et, à l'heure actuelle, il paraît qu'un citoyen des Etats-Unis peut perdre sa nationalité par une renonciation expresse ou tacite. Voir *J. du dr. int. pr.*, 1890, p. 533.

tionalité et ceux qui n'admettent pas la naturalisation forcée de leurs sujets. — La France a eu des difficultés à cet égard avec le Vénézuéla et le Brésil.

2° Entre les pays d'allégeance perpétuelle ou ceux qui soumettent la dénationalisation de leurs sujets à certaines restrictions et les pays qui confèrent la naturalisation aux étrangers, sans se préoccuper de la loi nationale de ceux-ci.

C'est ainsi que les sujets allemands qui, sans avoir obtenu de permis d'expatriation, immigraient aux Etats-Unis et s'y faisaient naturaliser, avaient deux nationalités. Le traité du 22 février 1868 est venu mettre fin à cette situation, en décidant que les Allemands, naturalisés citoyens des Etats-Unis d'Amérique et y ayant habité pendant cinq années consécutives, seront traités par l'Allemagne elle-même comme citoyens américains.

3° Entre les pays qui font produire un effet collectif à la naturalisation et ceux qui ne reconnaissent qu'un effet individuel à la naturalisation de leurs sujets en pays étranger.

Le juge d'un des deux pays intéressés au conflit ne peut appliquer que sa propre loi, les lois sur la naturalisation étant, dans chaque Etat, d'ordre public.

Les conflits disparaîtraient, si tous les pays avaient pris, comme la Suisse et le Luxembourg, la sage précaution d'insérer dans leurs lois une disposition subordonnant la naturalisation d'un étranger à la perte de sa nationalité au regard de son pays d'origine.

Il serait également à souhaiter que le vieux principe de l'allégeance perpétuelle disparût dans les quelques pays où il subsiste encore et que la liberté d'expatriation fût partout consacrée.

Des conventions entre les différents Etats pourraient d'ailleurs atténuer ces conflits.

III. **Traités.** — La France a passé des conventions de ce genre notamment avec la Suisse et avec la Belgique.

Convention franco-suisse du 23 juillet 1879. — Cette convention est intervenue pour régler le conflit résultant de l'effet attaché à la naturalisation par diverses lois cantonales suisses, aux termes desquelles les enfants mineurs d'un étanger, qui se fait naturaliser Suisse, acquièrent eux-mêmes la nationalité suisse. Les enfants mineurs d'un Français naturalisé Suisse devenaient donc Suisses, bien qu'aux yeux de la loi française ils restassent Français.

A la vérité, la loi fédérale du 3 juillet 1876, en disposant que la naturalisation ne serait pas accordée aux étrangers en Suisse, si elle devait faire naî're des conflits avec la loi de l'impétrant, avait bien atténué l'importance du conflit; néanmoins, il pouvait encore se produire au cas où le Conseil fédéral, chargé de statuer sur le sort de la naturalisation accordée contrairement à la loi de 1876, n'en aurait pas prononcé la nullité.

La convention du 23 juillet 1879 est venue décider que l'enfant mineur d'un Français naturalisé Suisse reste Français; toutefois, il peut, dans l'année de sa majorité, opter pour la nationalité suisse. A défaut de cette option, il est soumis au service militaire en France à l'expiration de sa vingt-deuxième année. — Même durant sa minorité, il peut s'engager dans l'armée française, à condition de renoncer, avec le consentement de ses représentants, à son droit d'option pour la nationalité suisse.

Convention franco-belge du 30 juillet 1891. — Avant notre loi du 26 juin 1889, la législation française et la législation belge faisaient produire à la naturalisation le même effet, relativement aux enfants du naturalisé. Ceux-ci pouvaient, dans chaque pays, acquérir par une simple déclaration la nationalité de leur père, sans que l'ancienne patrie reconnût effet à cette déclaration.

La loi de 1889 a atténué le conflit, en tant qu'elle permet aux enfants mineurs du Français naturalisé en Belgique d'acquérir la nationalité de leur père qui leur est offerte par la loi belge (nouvel art. 17-1°, C. civ.); mais elle l'a aggravé en faisant acquérir de plein droit aux enfants mineurs de l'étranger naturalisé la nationalité de leur père, sous réserve de leur droit d'option pour leur nationalité d'origine dans l'année de leur majorité (nouvel art. 12, al. 3).

La convention du 30 juillet 1891 l'a fait disparaître au point de vue du service militaire. Elle dispose :

1° qu'on n'inscrira pas d'office, avant l'âge de vingt-deux ans, sur les listes du recrutement belge, les individus nés d'un Belge naturalisé Français pendant leur minorité;

2° qu'à l'inverse on n'inscrira pas en France, avant vingt-deux ans, sur les listes de recrutement, les individus nés d'un Français naturalisé Belge, qui peuvent acquérir la nationalité belge d'après la loi belge de 1881 (art. 12); ni les individus qui peuvent décliner la nationalité française dans les termes de l'art. 12, al. 3, de notre Code civil (enfants nés d'un Belge naturalisé Français pendant leur minorité), à moins qu'ils n'aient régulièrement renoncé à leur option pendant leur minorité.

A l'âge de vingt-deux ans, ces individus feront leur service dans le pays dont ils sont définitivement sujets.

CHAPITRE II

Changement de nationalité par le mariage.

Le désir d'assurer l'unité dans la famille a amené presque tous les législateurs à conférer à la femme la nationalité de son mari.

Les art. 12 et 19 C. civ. prévoient successivement l'hypothèse d'une femme étrangère épousant un Français et celle d'une Française épousant un étranger.

I. Mariage d'une étrangère avec un Français. — Elle devient Française, d'après l'art. 12, al. 1 C. civ.

— On s'est demandé quelle serait l'influence de son mariage sur le sort des enfants qu'elle aurait eus d'un premier lit.

Si elle obtenait une naturalisation ordinaire, ses enfants mineurs deviendraient Français, sous réserve de leur faculté d'option à leur majorité, conformément à l'art. 12, al. 3. L'acquisition de la nationalité française par l'effet de son mariage produit-elle le même effet?

On le conteste, sous prétexte que le désir d'établir l'unité dans la famille ne se rencontre guère ici, puisque les enfants du premier lit ne sont pas appelés à faire partie de la nouvelle famille.

L'objection n'est pas décisive, car les enfants du premier lit sont bien frères et sœurs utérins des enfants qui naissent du second mariage. D'autre part, si le texte de l'art. 12, al. 3, ne paraît viser que la naturalisation ordinaire, l'esprit de la loi n'est pas douteux : elle a voulu faciliter l'acquisition de la qualité de Français et établir l'unité de la famille (1).

II. **Mariage d'une Française avec un étranger.** — L'ancien art. 19 lui faisait toujours perdre la qualité de Française. Cette disposition présentait un grave inconvénient, parce qu'il existe des pays qui ne confèrent pas aux femmes étrangères, qui épousent un de leurs nationaux, la nationalité du mari : en pareil cas, la femme Française se trouvait être sans patrie.

Aussi l'art. 19 a-t-il été heureusement corrigé par la loi du 26 juin 1889. Le nouveau texte dispose que « la femme française qui épouse un étranger suit la condition de son mari, à moins que son mariage ne lui confère pas la nationalité de son mari, auquel cas elle reste française».

— On retrouve des dispositions analogues dans la plupart des législations étrangères, notamment dans le Code civil italien (art. 9 et 14), dans la loi fédérale allemande du 1ᵉʳ juin 1870 (art. 5 et 13), dans la loi fédérale suisse du 3 juillet 1876 (art. 3 et 8), dans la loi danoise du 19 mars 1898 (art. 5).

La même disposition existe aujourd'hui dans la loi anglaise : après avoir longtemps dénié toute influence au mariage sur la nationalité, cette loi avait conféré la nationalité britannique à l'étrangère qui épousait un Anglais, mais sans faire perdre à l'Anglaise, qui se mariait avec un étranger, sa nationalité d'origine (act du 6 août 1844) ; elle s'est enfin ralliée au système généralement admis (act du 12 mai 1870).

— *La nationalité du mari* n'est pas, au contraire, affectée par son mariage avec une étrangère. Toutefois, certaines législations facilitent à l'étranger, qui épouse une de leurs nationales, l'acquisition de leur nationalité. C'est ce qui se produit en France, où l'art. 8, 5°-4° C. civ., dispose que l'étranger qui a épousé une Française peut se faire naturaliser Français, après une année seulement de domicile autorisé. Cf. *suprà*, p. 31-32.

____

(1) En ce sens : M. Lainé à son cours.

CHAPITRE III

Changement de nationalité par l'annexion.

La théorie de l'annexion dépend avant tout du droit international public. Cependant, comme elle influe sur la nationalité des sujets du pays démembré, qui se rattachent par l'origine ou par le domicile au territoire cédé, nous devons dire quelques mots de cette matière.

Lorsqu'un pays est démembré, il est universellement admis que ceux des sujets qui appartiennent au territoire détaché de ce pays et annexé à un autre perdent la nationalité du pays démembré, pour prendre celle de l'Etat annexant, sous réserve d'un droit d'option qui leur est, en général, accordé.

I. **Personnes atteintes par l'annexion.** — Théoriquement, on peut considérer comme atteints par l'annexion, parmi les sujets de l'Etat démembré (1) :

Soit ceux qui sont domiciliés sur le territoire annexé (2);

Soit les originaires de ce pays, c'est-à-dire, dans l'opinion générale, ceux qui y sont nés et non ceux qui se rattachent à ce territoire par le lien de filiation;

---

(1) Il est bien entendu que les seuls individus atteints par l'annexion sont les *sujets* de l'Etat démembré et non les nationaux d'un autre pays, qui se rattacheraient au territoire annexé soit par leur domicile, soit par leur origine.

(2) C'est la solution consacrée par l'art. 1 du protocole du 31 octobre 1877, annexé à la convention franco-suédoise du 10 août 1877; par laquelle la Suède a cédé à la France l'île de Saint-Barthélemy.

Soit ceux qui sont tout ensemble domiciliés et originaires;

Soit, enfin, à la fois les originaires et les domiciliés.

En fait, les traités d'annexion passés par la France résolvent la question de différentes façons. Il y a lieu de faire connaître les solutions qui ont été consacrées par le traité de Turin et par celui de Francfort.

I. *Traité de Turin du 24 mars 1860 relatif à l'annexion à la France de la Savoie et du comté de Nice.* — D'après l'art. 6 de ce traité, deviennent Français : 1° les originaires domiciliés ; 2° les originaires non domiciliés ; 3° les domiciliés non originaires.

On considère généralement le mot « originaire » comme signifiant né dans la Savoie ou le comté de Nice (1).

II. *Traité de Francfort du 10 mai 1871, portant annexion à l'Allemagne de l'Alsace-Lorraine.* — Pris à la lettre, le texte de l'art. 2 n'englobe dans l'annexion que les individus qui sont tout ensemble originaires des territoires cédés et domiciliés sur ces territoires. L'Allemagne a prétendu que le traité s'appliquait aussi, d'une part, aux domiciliés non originaires et, d'autre part, aux originaires non domiciliés. La France a cédé sur le second point seulement, dans la convention additionnelle de Francfort du 11 déc. 1871. Quant aux Français domiciliés en Alsace-Lorraine lors de l'annexion et non originaires, qui n'ont pas eu soin d'opter pour la France, ils sont Allemands aux yeux de l'Allemagne, bien que Français aux yeux de la France.

On considère, au moins en principe, comme originaires ceux qui sont nés sur le territoire alsacien-lorrain.

(1) Un décret du 30 juin 1860 a permis aux sujets sardes majeurs, domiciliés dans les territoires annexés, de se faire naturaliser Français sans formalité et aux mineurs nés dans ces territoires de réclamer la qualité de Français en se conformant à l'art. 9 C. Civ. Ce décret semble viser des individus atteints déjà par l'annexion en vertu du traité. On a tenté, pour lui trouver un champ d'application, diverses explications, qui toutes ont été reconnues insuffisantes (voir notamment Pillet, note dans Sirey, 97, I, 227). Il paraît être le résultat d'une bévue du Gouvernement.

II. Faculté d'option. — Les personnes atteintes par l'annexion peuvent en général s'y soustraire, et conserver, ou plutôt recouvrer avec effet rétroactif, leur ancienne nationalité.

A cet égard, bien que le traité de Turin et le traité de Francfort paraissent exiger à la fois une déclaration d'option des annexés et le transport de leur domicile hors du territoire cédé, on a décidé que les Sardes et les Alsaciens-Lorrains pourraient recouvrer leur ancienne nationalité, savoir :

1° Les originaires non domiciliés, par une déclaration d'option pour leur ancienne patrie;

2° Les domiciliés non originaires, par le transport de leur domicile hors des territoires annexés;

3° Les domiciliés originaires, par le transport de leur domicile et une déclaration d'option.

Option des femmes mariées. — En théorie, on paraît d'accord pour reconnaître à la femme mariée le droit personnel d'opter pour l'Etat démembré, avec l'autorisation du mari ou de justice, l'option du mari étant d'ailleurs sans effet sur la nationalité de la femme.

Cette solution a été admise lors du traité de Turin de 1860.

Mais, à la suite du traité de Francfort, tandis que la France reconnaissait à la femme un droit d'option personnel, l'Allemagne, au contraire, le lui déniait et décidait qu'elle avait nécessairement la nationalité de son mari, que celui-ci eût ou non opté pour la France.

Option des mineurs. — En théorie, trois systèmes sont soutenus :

α) L'enfant mineur n'a pas un droit personnel d'option et doit suivre la nationalité de son père, quelle qu'elle soit;

β) L'enfant mineur a un droit personnel d'option, qu'il exercera, lors de l'annexion, avec l'assistance de ses représentants;

γ) L'enfant mineur a un droit personnel d'option, qu'il exercera à sa majorité (1).

Pour l'interprétation du traité de Turin, c'est la première opinion qu'a adoptée la jurisprudence française et la troisième qui a été consacrée par la jurisprudence italienne.

Le traité de Francfort est interprété sur ce point en Allemagne, par suite d'une décision du Président supérieur d'Alsace-Lorraine du 16 mars 1872, de la manière suivante :

Seuls les mineurs émancipés domiciliés en Alsace-Lorraine, sans en être originaires, ont un droit personnel d'option.

Au contraire, n'ont pas un droit personnel d'option et prennent la nationalité de leur père, qu'il ait ou non opté :

1° les mineurs non émancipés domiciliés en Alsace-Lorraine, sans en être originaires ;

2° les mineurs émancipés ou non, nés en Alsace-Lorraine ou au dehors d'Alsaciens-Lorrains non domiciliés, ces mineurs, même s'ils sont nés en dehors des territoires annexés, étant Allemands, d'après une interprétation abusive du mot originaire ;

3° les mineurs émancipés ou non, nés en Alsace-Lorraine de parents français domiciliés, et non originaires d'Alsace-Lorraine.

La jurisprudence française décide, au contraire, d'une part, que l'enfant mineur, né hors d'Alsace-Lorraine d'un père Alsacien-Lorrain non domicilié, n'a pas cessé d'être Français et n'a même pas besoin d'opter ; d'autre part, que tous les mineurs atteints par l'annexion ont un droit propre d'option.

(1) C'est la solution consacrée à propos de la cession de l'île Saint-Barthélemy par la Suède à la France (art. 2 du protocole du 31 octobre 1877).

TITRE III

DES DÉCHÉANCES DE LA NATIONALITÉ

Notions préliminaires. — Le législateur, qui autorise les nationaux à rompre le lien qui les unit à leur pays d'origine, rompt parfois lui-même ce lien, lorsqu'ils ont manifesté par certains actes leur peu d'attachement pour leur patrie. On dit alors qu'il y a *déchéance de la nationalité.*

Ce qui caractérise la déchéance, c'est que la perte de la nationalité se produit, sans qu'il y ait nécessairement acquisition corrélative d'une nationalité nouvelle. En pareil cas, l'individu qui perd sa nationalité devient un sans patrie (*heimathlos*). Les législateurs se préoccupent de restreindre l'*heimathlosat*, parce que, d'une part, les individus sans patrie vont souvent grossir l'armée internationale des criminels; et que, d'autre part, en présence de la diminution de la natalité, les États tiennent à garder leurs nationaux, même les moins zélés.

Il existait, avant la loi du 26 juin 1889, quatre causes de déchéance. L'une de ces causes a été supprimée et deux autres ont été rendues moins rigoureuses par la loi de 1889.

La cause de déchéance disparue est *l'établissement à l'étranger sans esprit de retour.* Le Code, qui édictait cette déchéance, en tempérait déjà la rigueur, en disposant que les « établissements de commerce ne pourraient jamais être considérés comme ayant été faits sans esprit de retour ». La jurisprudence n'avait presque jamais eu à faire l'application de cette déchéance, parce qu'il était très difficile de caractériser l'établissement sans esprit de retour et qu'elle répugnait à rejeter hors de notre patrie un Français, qui n'avait peut-être acquis aucune autre nationalité (1).

Il reste actuellement trois causes de déchéance dans la législation française, savoir :

1° Le refus de résigner une fonction publique conférée par un Gouvernement étranger (art. 17-3°);

2° La prise de service militaire à l'étranger (art. 17-4°);

3° La possession et le trafic d'esclaves (lois des 27 avril 1848 et 17 mai 1858).

I. Refus de résigner une fonction publique conférée par un Gouvernement étranger. — Sous l'empire du Code civil, l'acceptation non autorisée de fonctions publiques conférées par un Gouvernement étranger suffisait à faire perdre de plein droit la qualité de Français (ancien art. 17-2°).

Cette disposition était rigoureuse. Il y a des cas où l'acceptation de fonctions publiques à l'étranger, loin de témoigner des sentiments d'indifférence ou d'hostilité à l'égard de la France, est de nature à rehausser notre prestige et à étendre notre influence. Aussi, à l'imitation de plusieurs législations étrangères (2), le législa-

---

(1) Quelques législations maintiennent encore cette déchéance; mais elles en précisent généralement mieux les conditions. C'est ainsi que la loi allemande du 1er juin 1870 (art. 21, al. 1) fait perdre leur nationalité aux Allemands qui se sont établis à l'étranger depuis dix ans, sans se faire immatriculer sur le registre du consul allemand. On trouve des dispositions analogues dans la loi norvégienne du 21 avril 1888. dans la loi suédoise du 1er oct. 1894 (art. 7), dans la loi danoise du 19 mars 1898 (art. 7), etc.

Le législateur russe ne fait pas perdre au sujet russe, qui s'expatrie, sa nationalité, mais lui refuse le droit de se prévaloir des avantages qui y sont attachés, après cinq ans de résidence à l'étranger (ukase du 6 mars 1864).

D'après le Code civil italien, il est permis de renoncer à sa nationalité, en faisant une déclaration à cet effet devant l'officier de l'état civil et en transportant effectivement son domicile à l'étranger.

(2) Loi allemande du 1er juin 1870 (art. 22), Code civil italien (art. 11).

leur de 1889 a-t-il attaché la déchéance de la nationalité, non plus à l'acceptation de fonctions publiques conférées par un Gouvernement étranger, mais au fait par l'intéressé de les conserver, nonobstant l'injonction du Gouvernement français de les résigner dans un délai déterminé (art. 17-3°).

II. Prise de service militaire à l'étranger sans autorisation du Gouvernement français. — Le Français, qui prend du service militaire à l'étranger, manifeste, à l'égard de sa patrie, une indifférence coupable; d'autant plus qu'il augmente la puissance militaire d'une nation rivale et s'expose à porter les armes contre la France. Aussi rien n'est plus naturel que la déchéance de la nationalité française prononcée contre lui par notre loi. On rencontre une disposition analogue dans la plupart des législations étrangères(1).

L'ancien art. 21 C. civ. faisait perdre la qualité de Français à quiconque, sans autorisation, prenait du service militaire à l'étranger ou s'affiliait à une corporation militaire étrangère. Le nouvel art. 17-4° ne parle plus de l'affiliation à une corporation militaire étrangère.

La déchéance édictée par ce texte est subordonnée à plusieurs conditions :

1° *Il faut que le Français ait agi volontairement.* — C'est ce qui résulte de l'esprit de la loi et aussi de son texte, qui ne vise que celui qui *prend* du service militaire à l'étranger. L'incorporation forcée dans une armée étrangère serait donc sans effet sur la nationalité. Il existe des cas nombreux où un Français peut être incorporé malgré lui dans une armée étrangère : ainsi en est-il dans tous les cas où la nationalité étrangère a été conférée à un Français, sans qu'il ait perdu la nationalité française(2).

(1) Loi allemande du 1er juin 1870 (art. 22), Code civil italien (art. 11), Code civil espagnol (art. 20).
(2) Cette situation s'est présentée fréquemment pour des Alsaciens-

C'est en parlant de l'idée que la prise de service militaire à l'étranger doit, pour entraîner la déchéance, être volontaire, que nous résoudrons la question discutée de savoir si un *mineur*, qui prend du service militaire à l'étranger, perd sa nationalité. Puisque la déchéance, en effet, est la conséquence d'un acte volontaire, elle ne doit se produire que si l'acte émane d'une personne capable d'avoir une volonté personnelle : il semble que la déchéance de la nationalité soit trop grave pour qu'on puisse permettre au mineur de s'y exposer par un acte irréfléchi (1).

Subsidiairement, on peut se demander si le mineur, qui ne perd pas la qualité de Français par son engagement dans une armée étrangère, ne s'expose pas à la déchéance, lorsqu'il arrive à sa majorité. Il semble qu'il soit équitable de résoudre la question par une distinction : la déchéance sera encourue, s'il lui était possible d'abandonner librement le service militaire; elle ne le sera pas, si cet abandon l'exposait à des pénalités.

. 2° *Il faut que le Français ait été incorporé dans une armée régulière étrangère.* — L'expression « service militaire » de l'art. 17-4°, ne doit pas être prise dans son sens le plus large. Des distinctions sont nécessaires.

Ce que la loi a visé directement, c'est l'incorporation dans une armée régulière permanente.

S'il s'agit, au contraire, du service dans une garde nationale, il n'y a pas lieu à l'application de l'art. 17-4°. Il

Lorrains, considérés comme Français par la loi française et comme Allemands par la loi allemande. — La convention franco-espagnole de 1862 donne lieu à une observation analogue. Il est dit, dans l'art. 5, que l'individu né en France de parents espagnols est assujetti au service militaire en France, s'il ne justifie avoir servi en Espagne et réciproquement. Il est bien certain que si, par application de cette convention, un Français est incorporé dans l'armée espagnole, il ne perd pas sa nationalité.

(1) On a bien prétendu, en sens contraire, que, la déchéance étant une pénalité, le mineur pouvait l'encourir, par cela seul qu'il avait seize ans accomplis ou qu'il avait agi avec discernement. Mais cette manière de voir ne paraît pas acceptable : on ne peut pas appliquer les règles du droit pénal à une déchéance, qui ne produit que des effets civils.

est tout naturel que le Français, qui habite à l'étranger, participe à l'organisation d'un service destiné à assurer la sécurité intérieure du pays.

On s'est demandé s'il fallait appliquer la déchéance dans le cas où le Français, sans être immédiatement incorporé, était à la disposition des autorités militaires étrangères ainsi que cela se produit, par exemple, en Italie, où le contingent est divisé en trois portions, la troisième n'étant appelée à servir qu'en temps de guerre. La jurisprudence est hésitante.

La question est également délicate, lorsqu'un Français prend part à une guerre civile.

La Cour de cassation laisse aux tribunaux le soin de rechercher, selon les circonstances, s'il y a ou non « service militaire » entraînant la déchéance. Il semblerait pourtant plus juridique que la Cour suprême se réservât un droit de contrôle (1).

3° *Il faut que le Français n'ait pas été autorisé par notre Gouvernement.* — Cette nécessité d'une autorisation est de nature à créer des difficultés à notre Gouvernement, surtout lorsqu'il s'agit d'autoriser l'entrée dans l'armée d'un Etat en guerre avec un autre. Aussi le Gouvernement s'abstiendra-t-il en pareil cas.

L'autorisation doit régulièrement être donnée par un décret du Chef de l'Etat. Mais, en fait, on se contente de l'autorisation du ministre de la Guerre.

III. Possession et trafic d'esclaves. — En abolissant l'esclavage dans toutes les colonies françaises,

(1) La jurisprudence ne se montre pas sévère. Elle a eu à statuer sur la participation de Français à la guerre de Sécession, à l'expédition des Mille, sur l'entrée de plusieurs de nos compatriotes dans l'armée des zouaves pontificaux. En général, elle s'est refusée à prononcer la déchéance, bien qu'en droit strict il semble bien que la déchéance fût encourue.

La question s'est également présentée devant la Chambre des députés, chargée de statuer sur les élections de députés qui avaient pris part à la guerre de Sécession (général Cluseret), à l'expédition des Mille (M. Lockroy). La Chambre n'a fait aucune difficulté pour prononcer la validation, repoussant par conséquent l'application de la déchéance de l'art. 17-4°.

le décret-loi du 27 avril 1848 décida, pour assurer l'efficacité de la mesure qu'il prenait, que celui qui continuerait à trafiquer des esclaves ou qui n'aurait pas libéré ceux qu'il possédait dans un délai de trois ans, perdrait la qualité de Français. Une loi du 11 février 1851 dut proroger de sept ans le délai donné par le décret de 1848 pour permettre aux Français de se débarrasser des esclaves qu'ils possédaient. Enfin, une loi du 17 mai 1858 décida que la déchéance ne s'appliquerait pas, lorsque la possession des esclaves remonterait à une date antérieure à 1848, ou qu'ils auraient été acquis depuis par succession, donation ou testament, ou par contrat de mariage.

Lors des travaux préparatoires de la loi de 1889, on proposa de remplacer la déchéance édictée par le décret de 1848 par une peine afflictive plus efficace ; le projet n'aboutit pas. Le décret de 1848 reste en vigueur. Il en est fait de très rares applications.

TITRE IV

DU RECOUVREMENT DE LA NATIONALITÉ FRANÇAISE

Le Français qui a perdu sa nationalité, soit en se faisant naturaliser à l'étranger, soit par l'effet d'une déchéance, soit même, dans l'opinion générale, par l'effet d'un démembrement de territoire, peut obtenir sa réintégration dans la qualité de Français.

I. Conditions de la réintégration. — Toutes les législations se montrent favorables au recouvrement de la nationalité première. Elles font bon accueil à l'enfant prodigue, en lui rendant plus facile qu'aux étrangers ordinaires sa naturalisation. La loi française supprime pour lui la condition de stage. Elle ne lui impose qu'une double condition :

a) Fixer son domicile en France;

b) Obtenir un décret le réintégrant dans sa qualité de Français (art. 18).

Cette double condition est imposée même à l'ex-Française devenue étrangère par son mariage avec un étranger et dont le mariage a été dissous par la mort du mari ou le divorce (art. 19). Avant 1889, au contraire, la jurisprudence rendait à cette femme sa qualité de Française, par cela seul qu'après le décès de son mari elle résidait en France, imposant ainsi, par dérogation aux principes, notre nationalité, sans manifestation de volonté.

Il y a pourtant un cas où la loi se montre plus sévère : c'est celui où la perte de la qualité de Français est résultée de la prise de service militaire à l'étranger. On ne rend ses droits à l'ex-Français qu'après qu'il a satisfait aux conditions requises d'un étranger ordinaire pour sa naturalisation. La loi n'autorise même cet ex-Français à rentrer en France, qu'après qu'il en a obtenu l'autorisation par décret (art. 21).

II. **Effets de la réintégration.** — Il y a lieu d'examiner les effets de la réintégration à l'égard du réintégré, de ses enfants mineurs ou majeurs et de sa femme.

A. **A l'égard du réintégré.** — L'ancien Français, réintégré dans sa nationalité première, recouvre en principe tous ses droits sans délai et sans aucune exception, les droits politiques comme les droits civils (art. 3, al. 2, L. 26 juin 1889). Seul l'ex-Français, qui a perdu sa nationalité en prenant du service militaire à l'étranger, est à ce point de vue, traité comme un naturalisé ordinaire, c'est-à-dire qu'il n'est éligible aux assemblées législatives qu'après un délai de dix ans.

B. **A l'égard des enfants mineurs.** — Sous l'empire du Code civil, la réintégration du père dans sa qualité de Français ne modifiait pas la situation de ses enfants mineurs. Ceux-ci avaient seulement, comme les enfants mineurs de tout ex-Français, la faculté de réclamer la qualité de Français dans l'année de leur majorité dans les termes de l'ancien art. 9. Cependant une loi du 14 février 1882 leur permit d'opter pour la qualité de Français, pendant leur minorité, avec les autorisations légales. Peu après, une loi du 28 juin 1883 donna la même faculté aux enfants d'une femme française devenue étrangère par son mariage et redevenue française après le décès de son mari, mais à la condition qu'ils fussent nés en France.

La loi de 1889 a modifié ces dispositions.

La situation des enfants mineurs d'un ex-Français réintégré est identique à celle des enfants mineurs d'un étranger naturalisé : ils deviennent Français, sauf à décliner cette qualité à leur majorité conformément à l'art. 8-4° (art. 18).

Cependant, lorsqu'il s'agit d'une femme française, qui est devenue étrangère par son mariage avec un étranger et qui redevient Française après la mort de son mari, ses enfants mineurs ne deviennent pas Français de plein droit. On a dit qu'en pareil cas, le chef de famille n'ayant jamais été Français, les enfants devaient en principe garder la nationalité de celui-ci. Aussi l'art. 19, al. 2, dispose que, « dans le cas où le mariage est dissous par la mort du mari, la qualité de Français peut être accordée par le même décret de réintégration aux enfants mineurs, sur la demande de la mère, ou par un décret ultérieur, si la demande en est faite par le tuteur avec l'approbation du conseil de famille ».

Le texte ne prévoit pas l'hypothèse où la femme redevient Française après son divorce. En pareil cas, ses enfants restent des étrangers ordinaires. C'est qu'en effet, le père étant encore vivant, les enfants doivent de préférence garder la nationalité de celui-ci.

C. A l'égard des enfants majeurs et de la femme. — Lorsqu'un chef de famille se fait réintégrer dans la qualité de Français, cette qualité peut être accordée par le même décret à la femme et aux enfants majeurs, s'ils en font la demande (art. 18). L'assimilation avec la naturalisation n'est pas complète, puisque, dans ce dernier cas, les enfants majeurs et la femme de l'étranger naturalisé peuvent, d'après l'art. 12, obtenir la qualité de Français non seulement par le décret de naturalisation de leur père ou mari, mais en outre par une déclaration faite dans les termes de l'art. 9.

— Nous rappelons qu'aux termes de l'art. 10, les enfants d'un ex-Français, qui a perdu la qualité de Français par sa naturalisation à l'étranger ou pour toute autre cause et qui n'est pas réintégré, peuvent, à tout âge, acquérir la qualité de Français en se conformant à l'art. 9 C. civ. Cf. *suprà*, p. 40-41.

Descendants de Français émigrés pour cause de religion. — Il faut rapprocher des ex-Français, qui bénéficient de la réintégration, les descendants des familles proscrites lors de la révocation de l'édit de Nantes.

Une loi des 9-15 décembre 1790 leur avait accordé une réintégration de plein droit dans la qualité de Français, à la condition de revenir en France, d'y fixer leur domicile et de prêter le serment civique.

La loi du 26 juin 1889 assimile ces descendants, à quelque degré que ce soit, des proscrits pour cause de religion aux ex-Français qui se font réintégrer dans leur ancienne qualité. Ils doivent se fixer en France et obtenir un décret spécial pour chacun d'eux.

Cette sorte de naturalisation diffère d'une naturalisation ordinaire aux points de vue suivants :

1° Aucune condition de stage n'est exigée (art. 4, L. 1889);

2° L'acquisition de la nationalité française est purement individuelle, puisque la loi de 1889 exige un décret spécial pour chaque demandeur;

3° Les effets de cette acquisition de la nationalité française sont plus pleins que ceux d'une naturalisation ordinaire, en ce sens qu'elle confère la plénitude des droits politiques, comme l'acquisition de la nationalité française dans les hypothèses des art. 9 et 10.

Au second point de vue que nous venons d'indiquer, elle diffère aussi de la réintégration ordinaire.

APPENDICE I

De la condition juridique des individus qui peuvent décliner la qualité de Français.

Nous avons rencontré, au cours de nos explications sur la nationalité, un certain nombre d'individus auxquels notre loi attribue la qualité de Français, en leur réservant la faculté d'opter, dans l'année de leur majorité, pour une nationalité étrangère.

Ce sont :

1° Les individus nés en France d'un étranger qui lui-même n'y est pas né, et qui, à l'époque de leur majorité, sont domiciliés en France (art. 8-4°) ;

2° Les individus nés en France d'une mère étrangère, qui elle-même y est née, si le père n'y est pas né (nouvel art. 8-3°, modifié par la loi du 22 juillet 1893) ;

3° Les enfants naturels nés en France d'étrangers qui eux-mêmes y sont nés, quand le parent qui est né en France n'est pas celui dont ils devraient suivre la nationalité (nouvel art. 8-3°, modifié par la loi du 22 juillet 1893) ;

4° Les enfants mineurs d'un étranger naturalisé en France (art. 12) ;

5° Les enfants mineurs d'un ex-Français réintégré (art. 18).

Nous devons nous demander si ces individus peuvent, durant leur minorité, consolider leur qualité de Français, en renonçant au droit qui leur appartient, à leur majorité, de décliner cette qualité.

La loi du 16 décembre 1874, visant une catégorie d'individus qui se trouvaient à cette époque dans la même situation que ceux dont nous nous occupons, à savoir les enfants mineurs nés en France d'un étranger qui lui-même y était né (ils sont aujourd'hui Français définitivement, si c'est le père qui est lui-même né en France (art. 8-3°, al. 1) décidait qu'ils pourraient, avec le consentement de leurs représentants légaux, renoncer au droit d'abdiquer la qualité de Français et acquérir irrévocablement cette qualité.

La convention franco-suisse du 23 juillet 1879 donna la même solution pour les enfants mineurs d'un Français naturalisé en Suisse, lesquels restaient Français, sauf à opter à leur majorité pour la nationalité helvétique.

La loi du 14 février 1882 appliqua un système analogue aux enfants mineurs d'un étranger naturalisé en France et aux enfants mineurs d'un ex-Français réintégré : ces enfants qui, à cette époque, restaient étrangers, mais pouvaient à leur majorité devenir Français, purent opter pour la France durant leur minorité, lorsqu'ils voulaient entrer dans les Ecoles militaires françaises ou s'engager dans notre armée.

Ce même système fut étendu par la loi du 28 juin 1883 aux enfants mineurs nés en France d'une femme française devenue étrangère par son mariage, soit que cette femme devenue veuve fût redevenue Française, soit qu'après sa mort ses enfants restés orphelins et résidant en France demandassent la qualité de Français.

La loi du 26 juin 1889 a formellement consacré un droit d'option pour la nationalité française, au cours de la minorité : 1° pour les enfants nés en France d'un étranger qui lui-même n'y est pas né (art. 9); 2° pour les enfants nés en France ou à l'étranger de parents dont l'un a perdu la qualité de Français (art. 10). Les uns et les autres sont étrangers, mais peuvent, même durant leur minorité, opter pour la nationalité française.

Au contraire, la loi de 1889 ne s'est pas expliquée sur la situation en minorité des cinq catégories d'individus, ci-dessus énumérés, qui, Français, en principe, peuvent décliner cette qualité dans l'année qui suit leur majorité. Le législateur s'en est remis sur ce point à un règlement d'administration publique, pour déterminer « les formalités à remplir et les justifications à faire relativement à la renonciation à la qualité de Français dans les cas prévus par les art. 8-4°, 12 et 18 » (L. 26 juin 1889, art. 5).

Le décret du 13 août 1889 rendu en exécution de cette loi dispose (art. 11) : « La renonciation du mineur à la faculté qui lui appartient, par application des art. 8, § 4, 12 et 18 du Code civil, de décliner, à sa majorité, la qualité de Français, est faite en son nom par les personnes désignées dans l'art. 9, § 2 C. civ. »

On peut s'étonner de voir figurer, dans ce décret, à côté des individus des art. 12 et 18, ceux de l'art. 8-4°; ceux-ci, en effet, n'étant pas Français pendant leur minorité (*suprà*, p. 13), on ne voit pas comment on peut renoncer pour eux au droit d'abdiquer la qualité de Français qu'ils n'ont pas.

Par contre, l'art. 11 du décret ne vise pas les mineurs de l'art. 8-3°, à qui il est permis de décliner, à leur majorité, la qualité de Français : c'est qu'en effet, cette faculté ne leur a été donnée que par la loi du 22 juillet 1893. On a pourtant proposé de leur appliquer le décret par voie d'analogie.

— D'ailleurs la légalité de ce décret de 1889, très discutée n'a pas été reconnue par la jurisprudence :

En effet, au lieu de se borner à déterminer les formalités de la renonciation à la qualité de Français dans les cas prévus par les art. 8-4°, 12 et 18, c'est-à-dire lorsque cette renonciation est faite à la majorité, le décret est allé jusqu'à autoriser cette renonciation au cours de la minorité (Cass. req., 26 juill. 1905).

On a cependant observé, en faveur de la légalité

du décret que les art. 9 et 10, C. civ., donnent le pouvoir d'opter pour la qualité de Français aux représentants légaux de mineurs, qui sont étrangers, mais peuvent devenir Français à leur majorité; dès lors, semble-t-il, on devrait *a fortiori* reconnaître aux représentants de mineurs qui sont Français, le droit de renoncer pour ceux-ci, pendant leur minorité, à la faculté qu'ils ont de répudier cette qualité lors de leur majorité. Mais à cet argument, la Cour de cassation a répondu que la loi doit être appliquée telle qu'elle est et qu'elle ne peut être modifiée que par une loi nouvelle (1).

Jusqu'à présent cependant l'Administration accepte les renonciations faites dans les termes du décret. Elle se croit même autorisée à l'*exiger* des mineurs, lorsqu'ils veulent être admis dans l'armée ou dans une école spéciale du Gouvernement : elle veut ainsi empêcher qu'après s'être instruits dans nos Ecoles ou dans notre armée, ils optent pour la nationalité étrangère et fassent bénéficier un pays étranger du fruit de leurs études.

(1) La loi militaire du 21 mars 1905 paraît cependant admettre la possibilité de ces renonciations faites en minorité à la faculté de répudier la qualité de Français (art. 11, *in fine* : lorsqu'il n'aura pas été renoncé en leur nom et pendant leur minorité à l'exercice de cette faculté). Mais il est douteux que ce texte purement énonciatif, voté sans discussion, ait pu modifier les dispositions de la loi sur la nationalité.

APPENDICE II

De la rétroactivité
des lois du 26 juin 1889 et du 22 juillet 1893.

———

La loi de 1889 a profondément modifié la législation antérieure sur la nationalité et sur la naturalisation. La loi du 22 juillet 1893 a elle-même modifié la loi de 1889. Ces lois sont-elles rétroactives?

L'intérêt de la question s'affaiblit de jour en jour, mais subsiste cependant. Il importe donc de la résoudre brièvement.

Le principe est que les lois n'ont pas d'effet rétroactif (art. 2 C. civ.). On précise d'ordinaire cette formule, en disant que le principe de non-rétroactivité concerne les droits acquis, non les simples expectatives. La difficulté consiste à distinguer les droits acquis des expectatives ou des droits simplement éventuels.

L'application du principe de non-rétroactivité est d'ailleurs tempérée par une importante exception, qui concerne les lois d'ordre public, auxquelles on reconnaît un effet rétroactif.

Enfin le législateur peut toujours faire rétroagir une loi.

C'est en tenant compte de ces divers points de vue que nous allons examiner les principales difficultés qu'a fait naître la question de la rétroactivité des lois du 26 juin 1889 et du 22 juillet 1893, relativement à quatre catégories d'individus :

1° Les individus nés en France d'un étranger qui y est lui-même né ;

2° Les individus nés en France de parents étrangers nés hors de France;

3° Les étrangers naturalisés;

4° Les étrangers devenant Français par déclaration.

I. Individus nés en France d'un étranger qui y est lui-même né. — Avant la loi de 1889, ils étaient Français sous réserve du droit d'opter pour leur nationalité d'origine, dans l'année de leur majorité.

La loi de 1889 leur donne la qualité de Français et supprime la faculté d'option (art. 8-3°).

Cette disposition a-t-elle un effet rétroactif?

Incontestablement ceux qui avaient opté lors de la promulgation de la loi ont conservé le bénéfice de leur option. C'était pour eux un droit acquis.

Mais quelle a été et quelle est encore aujourd'hui la situation de ceux qui n'avaient pas opté?

L'opinion générale est qu'ils ont perdu, dès la promulgation de la loi, la faculté d'option. La faculté de décliner la qualité de Français, dit la Cour de cassation, ne peut constituer un droit acquis que si l'individu à qui elle est accordée en a usé.

Dans une autre opinion, on soutient que tous les individus, nés en France, avant la promulgation de la loi du 26 juin 1889, d'un individu qui lui même y était né, ont conservé leur faculté d'option dans les termes de la loi ancienne. — Cette opinion, qui conduit à renvoyer l'application d'une loi sur la nationalité à vingt et un ans après sa promulgation, est inacceptable.

Enfin, quelques décisions judiciaires ont consacré une opinion intermédiaire consistant à refuser la faculté d'option aux mineurs nés à l'époque de la promulgation de la loi et à l'accorder, au contraire, aux individus majeurs à cette époque. — On peut objecter que les majeurs avaient bien la faculté d'opter, mais que, ne l'ayant pas exercée, ils n'avaient pas de droit acquis.

— La loi du 26 juillet 1893 est venue rendre la faculté d'option, dans l'année de leur majorité, aux individus dont nous nous occupons, savoir : lorsqu'il s'agit d'enfants légitimes, si c'est leur mère seule qui est née en France ; lorsqu'il s'agit d'enfants naturels, si c'est celui de leurs auteurs dont ils ne doivent pas suivre la nationalité (nouvel art. 8-3°, al. 2 et 3).

En supposant que ces individus eussent dépassé l'âge de vingt-deux ans, lors de la promulgation de cette loi, avaient-ils perdu la faculté d'option? L'art. 2 de la loi du 22 juillet 1893 résolvant la question dispose : « les individus, auxquels l'art. 8 C. civ. § 3 modifié réserve la faculté de réclamer la qualité d'étrangers et qui auront atteint leur majorité à l'époque de la promulgation de la présente loi, pourront réclamer cette qualité, en remplissant les conditions prescrites dans le délai d'un an à partir de cette promulgation. »

Cette disposition transitoire était destinée à assurer à tous ceux qu'elle visait et qui jusqu'alors étaient Français sans option, un délai d'un an pour user de la faculté d'option qui leur était accordée désormais.

II. Individus nés en France de parents étrangers nés hors de France. — Leur situation a été profondément modifiée par la loi du 26 juin 1889, s'ils sont domiciliés en France à l'époque de leur majorité. En effet, la loi de 1889 leur attribue la qualité de Français, sous réserve de leur option pour leur nationalité d'origine, dans l'année de leur majorité. Auparavant, ils étaient étrangers et n'avaient que la faculté de réclamer la qualité de Français dans l'année de leur majorité.

Quelle est la situation de l'individu né en France avant 1889 d'un étranger né hors de France?

Il faut faire des distinctions :

Ou il était mineur lors de la loi de 1889. Il est tombé purement et simplement sous l'application de cette loi.

Ou il avait dépassé l'âge de vingt-deux ans, sans avoir réclamé la qualité de Français : il était étranger.

Il est resté tel après la promulgation de la loi de 1889.

Ou il était âgé de vingt et un à vingt-deux ans. — Avant la loi de 1889, il n'avait qu'à laisser s'écouler sa vingt-deuxième année, sans réclamer la qualité de Français, pour rester étranger. C'est l'inverse aujourd'hui. Si donc il a laissé s'écouler l'année de sa majorité sans exercer son droit d'option, est-il Français ou étranger? L'opinion générale est qu'il est étranger, parce que, si la loi de 1889 avait voulu lui attribuer la qualité de Français, elle aurait visé son cas et lui aurait donné un délai pour opter; s'il avait été soumis à cette loi, il aurait pu n'avoir que quelques jours pour exercer son option.

III. Etrangers naturalisés. — Avant la loi du 26 juin 1889, ils étaient investis de tous les droits civils et politiques. La loi du 26 juin 1889 ne leur donne le droit d'éligibilité aux Chambres législatives qu'après dix ans. Il paraît certain que les étrangers, naturalisés avant la loi du 26 juin 1889, ont gardé tous leurs droits politiques, y compris l'éligibilité (1).

IV. Etrangers devenant Français par déclaration. — La loi du 22 juillet 1893, qui confère au Gouvernement un pouvoir de contrôle sur ceux qui optent pour la nationalité française par voie de déclaration (art. 9 et 10), s'applique à toute déclaration intervenue après la loi. Le déclarant n'avait pas de droit acquis. Le droit de contrôle conféré au Gouvernement par le nouvel art. 9 est d'ailleurs d'ordre public.

(1) La Chambre s'est prononcée en ce sens, en validant, à la fin de l'année 1889, le député Mac-Adaras naturalisé peu avant la loi du 26 juin 1889. — M. Lainé soutient cependant que ceux-là seuls qui avaient été pourvus d'un mandat législatif ont pu le conserver, mais que les autres ont dû attendre dix ans depuis leur naturalisation pour être éligibles.

DEUXIÈME PARTIE

CONDITION DES ÉTRANGERS

L'étude de la condition des étrangers est le préliminaire nécessaire de l'étude des conflits de lois, qui forme la partie essentielle du droit international privé. Avant de rechercher, en effet, par quelle loi doit être régi tel ou tel droit invoqué par un étranger devant nos tribunaux, il y a lieu de se demander si l'étranger est investi de ce droit. Quand la réponse est négative, il ne peut surgir de conflit. Ce n'est qu'au cas où la loi française admet l'étranger à la jouissance d'un droit qu'il faut savoir quelle est la loi qui gouverne l'exercice de ce droit.

Ex. Un étranger veut adopter en France. Si la loi française lui refuse le droit d'adoption, tout conflit est évidemment impossible. Si, au contraire, elle le lui accorde, il y a lieu de se demander par quelle loi est régie l'adoption pratiquée en France par un étranger. Cf. *infrà*, p. 171.

L'étude de la condition des étrangers présente donc une grande importance; d'autant plus que le nombre des étrangers augmente progressivement en France.

Droits politiques et droits publics. — Nous n'insisterons pas sur la condition des étrangers au point de vue politique. Il est certain qu'une nation ne peut pas accorder les droits politiques ou civiques aux étrangers : la législation française est d'accord sur ce point avec les lois étrangères.

La situation de l'étranger, au point de vue des droits individuels ou libertés publiques, est également inférieure à celle de nos nationaux à plusieurs égards. Notons à ce sujet :

1° Qu'il peut être expulsé du territoire français, si sa présence paraît dangereuse pour l'ordre public.

L'arrêté d'expulsion est pris par le ministre de l'Intérieur, et, en outre, dans les départements frontières, par le préfet (Loi 11 déc. 1849, art. 7 et 8).

2° Que tout étranger non admis à domicile, qui se propose d'établir sa résidence en France, doit, dans le délai de 15 jours à partir de son arrivée, faire à la mairie de la commune où il veut fixer son domicile une déclaration, accompagnée de pièces justificatives (art. 1, D. 2 oct. 1888) (1).

Les infractions à ces formalités sont punies des peines de simple police, sans préjudice du droit d'expulsion qui appartient au ministre de l'Intérieur en vertu de la loi du 3 décembre 1849, art. 7 (art. 5).

Une loi du 2 juin 1890 contient des dispositions analogues sur le séjour des étrangers en Algérie.

3° Qu'en vertu d'une loi du 8 août 1893, relative au séjour des étrangers en France et à la protection du travail national, « tout étranger non admis à domicile, arrivant dans une commune pour y exercer une profession, un commerce ou une industrie, doit faire à la mairie une déclaration de résidence, en justifiant de son identité dans les huit jours de son arrivée » (art. 1).

Toute personne, qui emploie sciemment un étranger non muni du certificat d'immatriculation, est passible des peines de simple police (art. 2).

---

(1) Ces pièces doivent énoncer : 1° ses nom et prénom, ceux de ses père et mère; 2° sa nationalité; 3° le lieu et la date de sa naissance; 4° le lieu de son dernier domicile; 5° sa profession et ses moyens d'existence; 6° le nom, l'âge et la nationalité de sa femme ou de ses enfants mineurs lorsqu'il est accompagné par eux.

Droits privés. — C'est de la condition des étran
gers en droit privé que nous allons nous occuper.

Nous étudierons successivement :

1° L'histoire de la condition des étrangers ;

2° La condition actuelle des étrangers au point de
vue de la jouissance de droits privés ;

3° La compétence des Tribunaux français à l'égard
des étrangers.

TITRE I

HISTOIRE DE LA CONDITION
DES ÉTRANGERS

I. **Ancien droit.** — Dans notre ancien droit, les
étrangers appelés *aubains* (1) étaient dans une situation
des plus précaires : parfois ils étaient considérés comme
serfs; ailleurs, on leur laissait la liberté, mais on les
soumettait à certaines redevances variables avec les
coutumes (droit de chevage, droit de formariage et
surtout droit d'aubaine).

La condition de l'aubain se précisa, au xvie siècle,
par la combinaison des règles coutumières avec les
règles empruntées au droit romain, alors en pleine
faveur. L'idée essentielle, que les légistes puisèrent dans
le droit romain, est que l'étranger ne doit être admis
à jouir des droits que confère la législation du territoire
où il se trouve qu'en tant que ces droits appartiennent
au *jus gentium* et ne font pas partie du *jus civile*
réservé aux seuls citoyens. Mais l'emprunt au droit
romain ne fut pas complet, puisque le pérégrin qui ne
jouissait que des règles du *jus gentium* du droit romain
pouvait en outre invoquer sa législation nationale. Les
légistes, au contraire, refusèrent en principe à l'étranger
le droit de se prévaloir de sa loi nationale et ne lui ap-
pliquèrent, parmi les dispositions des coutumes, que

(1) Étymologie : pour les uns *alibi natus;* pour d'autres. *Alta-
nus*, mot désignant une catégorie d'étrangers alors très nombreuse en
France, les Ecossais.

celles qui leur parurent devoir être rangées dans le droit des gens.

La difficulté consista précisément à classer les différents droits dans le *jus gentium* ou dans le *jus civile*.

L'accord paraît s'être fait sur les points suivants :

Faisaient partie du *droit des gens :*

1° La faculté de contracter mariage, sauf quelques vestiges du droit de formariage (droit pour le seigneur d'autoriser, moyennant finance, le mariage d'un étranger avec une Française);

2° L'aptitude à être titulaire de droits réels, portant sur des meubles ou des immeubles, ou de droits de créance;

3° Le droit de contracter à titre onéreux;

4° La faculté de recevoir à titre gratuit par donation entre-vifs;

5° Le droit de plaider relativement à ces droits.

Rentraient au contraire dans le *jus civile* et étaient, à ce titre, refusés aux étrangers :

1° Dans le domaine des droits patrimoniaux, la faculté de recevoir et de transmettre par testament et, en même temps, la faculté soit de recueillir, soit de laisser une succession *ab intestat.*

C'est l'ensemble de ces incapacités en matière de succession testamentaire ou *ab intestat* que l'on désignait d'ordinaire du nom de *droit d'aubaine.* D'ailleurs, dans un sens plus large, on entendait par droit d'aubaine l'ensemble des règles concernant la condition des étrangers; et, au contraire, dans un sens plus étroit, le droit d'aubaine désignait spécialement l'incapacité pour l'étranger de *transmettre* sa succession *ab intestat* ou par testament et le droit corrélatif du seigneur ou du roi de s'en emparer.

La succession laissée par un étranger, autrefois attribuée au seigneur, fut, en effet, revendiquée dans la suite par le roi.

En passant au roi, le droit d'aubaine resta d'abord aussi rigoureux que par le passé. Cependant, on reconnut assez rapidement à l'étranger le droit de laisser sa succession à ses enfants légitimes régnicoles (nés sur le territoire du royaume) et, en outre, de faire des legs au profit de l'église jusqu'à concurrence de cinq sols pour obtenir son enterrement en terre sainte.

De bonne heure aussi, le droit d'aubaine fut supprimé, dans un but commercial, dans certaines provinces, et au profit des sujets de certaines puissances, soit en vertu de traités, soit par un acte du pouvoir royal.

Plusieurs de ces traités remplaçaient le droit d'aubaine par un *droit de détraction*, sorte d'impôt sur la succession laissée par un étranger, variant de $1/20^e$ à $1/5^e$ de la succession.

2° Dans le domaine des droits de famille, les droits de puissance paternelle, de tutelle et d'adoption, rangés dans le *jus civile* par une imitation servile du droit romain ;

3° Dans le domaine de la procédure, les étrangers étaient soumis à trois règles exceptionnelles :

a) En cas de procès entre un Français demandeur et un étranger défendeur, le Français pouvait assigner l'étranger devant le tribunal de son propre domicile, par dérogation à la règle *actor sequitur forum rei*. C'est l'origine de notre art. 14 C. civ.;

b) L'étranger demandeur était astreint, sauf en matière commerciale, à fournir la caution *judicatum solvi*, s'il n'avait pas de propriétés suffisantes en France. C'est l'origine de notre art. 16 C. civ.;

c) Enfin l'étranger était passible de la contrainte par corps pour l'exécution de toute condamnation prononcée contre lui, sans qu'il pût s'en affranchir par la cession de biens.

II. Droit intermédiaire. — Pénétrée des idées d'égalité et de fraternité, mises en honneur par la philosophie du XVIII° siècle, l'Assemblée constituante crut devoir supprimer le droit d'aubaine (Loi du 6 août 1790).

Comme on paraissait vouloir entendre cette abolition dans son sens le plus restreint, c'est-à-dire comme relative seulement à l'incapacité pour l'étranger de transmettre ses biens par succession ou testament, la loi du 8 avril 1791 déclara les « étrangers capables de recueillir en France les successions de leurs parents même Français ».

Le droit d'aubaine, au sens intermédiaire que nous avons donné précédemment à ce mot (*suprà*, p. 76), était donc aboli. Mais les autres incapacités de droit privé subsistèrent, notamment au point de vue de la procédure et de la contrainte par corps.

III. Code civil et loi du 14 juillet 1819. — L'exemple des législateurs de la Révolution, qui avaient aboli le droit d'aubaine, n'avait pas été suivi par les autres nations. Aussi le Code civil de 1804 posa-t-il comme principe que les étrangers ne jouiraient des droits civils qu'en vertu d'une réciprocité diplomatique (art. 11). Nous verrons bientôt que l'expression « droits civils » doit s'entendre au sens que lui donnaient nos anciens auteurs.

Spécialement, les art. 726 et 912 subordonnaient le droit pour les étrangers de recueillir une succession, une donation ou un legs, au droit pour le Français de succéder ou de recevoir à titre gratuit dans le pays de cet étranger, conformément au principe de l'art. 11.

C'était un retour partiel à l'ancien droit, sauf en ce qui concerne le droit d'aubaine *stricto sensu* qui restait aboli, puisque l'étranger pouvait désormais laisser une succession et disposer de ses biens à titre gratuit comme un Français. — Le Code était même plus rigoureux que notre ancienne législation à l'égard des étrangers, puisqu'il les déclarait incapables, sauf ceux qui pouvaient se prévaloir de la réciprocité diplomatique, de recevoir une donation entre-vifs, alors que notre ancien droit n'avait jamais édicté contre eux cette incapacité.

Peu de temps après la mise en vigueur du Code civil, une loi du 14 juillet 1819 est venue abroger les art. 726 et 912. Cette loi est intitulée à tort « *loi abolitive des droits d'aubaine et de détraction* », puisque ces droits, supprimés par la Constituante, n'avaient pas été rétablis. Ce qu'elle abolit, c'est l'incapacité de recueillir une succession ou de recevoir à titre gratuit, qui frappait l'étranger appartenant à un pays où les Français étaient privés de ces droits. Encore établit-elle, en matière successorale, au profit de l'héritier français, un droit de prélèvement, destiné à rétablir entre héritiers l'égalité qui pourrait être rompue à son détriment par la loi étrangère (V. l'étude de ce droit de prélèvement dans le titre des Conflits de lois relatifs aux Successions).

TITRE II

CONDITION ACTUELLE DES ÉTRANGERS

QUANT A LA JOUISSANCE DES DROITS PRIVÉS

On peut diviser en trois groupes les étrangers au point de vue de la condition qui leur est faite par notre droit :

1° Les étrangers ordinaires soumis au droit commun ;

2° Les étrangers admis à domicile ;

3° Les étrangers appartenant à des pays avec lesquels la France a un traité réglant leur condition.

Nous consacrerons une section à chacune de ces catégories. Dans une quatrième section, nous donnerons un rapide aperçu de législation comparée.

SECTION I. — Étrangers soumis au droit commun.

I. Textes formels. — Un certain nombre de textes accordent ou refusent expressément certains droits aux étrangers.

On peut citer parmi les textes conférant expressément un droit à l'étranger :

1° L'art. 15 C. civ., qui lui permet de poursuivre, devant nos tribunaux, un Français, pour des obligations contractées par celui-ci en pays étranger ;

2° L'art. 3 du décret du 16 janvier 1808, qui donne à

l'étranger le droit d'acquérir des actions de la Banque de France;

3° Le décret du 5 février 1810 (art. 40), qui lui reconnaît un droit de propriété sur ses productions artistiques ou littéraires publiées en France, le même droit lui étant reconnu sur les ouvrages publiés à l'étranger par le décret du 28 mars 1852;

4° La loi du 21 avril 1810 (art. 13), qui lui permet d'être concessionnaire de mines situées en France;

5° La loi du 14 juillet 1819, qui lui permet de recueillir une succession, de recevoir et de disposer à titre gratuit de la même manière que les Français;

6° La loi du 5 juillet 1844, qui l'autorise à obtenir en France un brevet d'invention (art. 27);

7° La loi du 23 juin 1857, qui protège sa marque de fabrique pour le produit de ses établissements exploités en France (art. 5) (*adde*, art 9 L. 26 nov. 1873);

8° La loi du 12 juin 1861 (art. 3), qui l'admet à faire des versements à la Caisse des retraites pour la vieillesse;

9° La loi du 9 avril 1898 sur les accidents du travail, applicable, sauf certaines réserves, aux ouvriers étrangers et à leurs représentants (art. 3, *in fine*).

A l'inverse, un certain nombre de textes leur refusent certains droits reconnus aux Français ou du moins leur imposent des obligations qui n'existent pas pour des Français.

1° L'art. 14 permet au Français de poursuivre l'étranger, même non domicilié ni résidant en France, devant un tribunal français;

2° L'art. 16 oblige l'étranger demandeur contre un Français à fournir la caution *judicatum solvi;*

3° L'art. 105 du Code forestier exclut l'étranger de toute participation au droit d'affouage;

4° L'art. 11 de la loi du 9 juin 1845 ne permet pas aux étrangers d'acquérir en entier un navire français, dont la moitié au moins doit appartenir à des Français;

5° Une circulaire du garde des Sceaux du 4 novembre

1857 leur refuse le droit d'obtenir en France l'assistance judiciaire(1).

II. Interprétation de l'art. 11 C. civ. — En dehors des
textes que nous venons de citer, la condition des étrangers est régie par la disposition fondamentale de l'art. 11
C. civ., ainsi conçu : « L'étranger jouira en France des
mêmes droits civils que ceux qui sont ou seront accordés
aux Français par les traités de la nation à laquelle cet
étranger appartiendra. »

L'interprétation de ce texte a soulevé de très sérieuses
difficultés. Quatre opinions au moins ont été proposées,
qui toutes prennent leur point de départ dans le sens
qu'elles attribuent aux mots « *droits civils* ».

A. Les uns, interprétant les mots « droits civils » dans
leur sens le plus large, considèrent cette expression
comme synonyme des mots « droits privés », par op-
position aux droits politiques.

1er Système. — Partant de là, une première opinion
soutient que, d'après l'art. 11, les étrangers ne jouissent en principe d'aucun droit privé, sauf de ceux qu'un
traité passé par la France avec le pays auquel ils appartiennent conférerait aux Français dans ce pays.

Toutefois, comme le législateur français ne s'est pas
interdit de leur attribuer bénévolement certains droits,
les étrangers, indépendamment de tout traité, jouissent
non seulement de tous les droits qu'un texte formel leur
reconnaît, mais aussi de tous ceux qu'une disposition
de notre loi leur confère implicitement. Ainsi l'art. 7
C. civ., qui suppose qu'un étranger peut avoir des
meubles ou des immeubles en France, leur reconnaît
l'aptitude à être propriétaires. Les art. 15 et 16, qui
supposent qu'un étranger peut poursuivre un Français,

<hr>

(1) D'après le Code civil et des lois postérieures de 1832 et de 1848,
les étrangers étaient contraignables par corps plus facilement que les
Français; mais la loi du 22 juillet 1867 ayant aboli la contrainte par
corps et ne l'ayant laissé subsister qu'en matière pénale, les étrangers
sont désormais, à ce point de vue, traités comme les Français.

pour l'exécution des obligations contractées par celui-ci envers lui, confèrent à l'étranger la faculté d'être créancier. Les art. 12 et 19 lui reconnaissent l'aptitude à fonder une famille en France, en réglant le sort d'une femme étrangère qui épouse un Français, ou d'une Française qui épouse un étranger, etc. (en ce sens, Demolombe).

Les exceptions à la règle sont ainsi tellement nombreuses que, dans son application, cette opinion se confond avec d'autres qui paraissent plus favorables à l'étranger. — Elle est pourtant inadmissible. On ne conçoit pas que le législateur ait procédé, comme on le prétend, en refusant formellement, dans l'art. 11, des droits qu'il accorde tacitement dans une série d'autres textes. D'ailleurs, le législateur n'a pu, à l'imitation des législations primitives, poser comme principe la règle qui refuse tous droits à l'étranger, alors que, depuis des siècles, les étrangers étaient admis à la jouissance de la plupart des droits privés.

2ᵉ Système. — Aussi, prenant le contre-pied de ce système, certains auteurs, qui donnent aux mots « droits civils » le même sens large, soutiennent que le législateur a voulu dire, dans l'art. 11, que l'étranger jouissait de tous les droits privés, mais que, quelques textes ayant expressément retiré certaines facultés de droit privé aux étrangers, un traité était nécessaire pour les leur rendre. Ce sont ces droits civils qu'un texte retire aux étrangers que viserait l'art. 11.

Cette opinion, qui sera peut-être la formule du droit futur, est en contradiction trop manifeste avec le texte de l'art. 11 pour qu'il soit utile de la réfuter plus longuement.

B. Les deux autres opinions donnent aux mots « droits civils » de l'art. 11, le sens restreint que leur donnaient traditionnellement nos anciens auteurs, en les opposant aux mots « droits des gens ».

L'intention du législateur de leur donner ce sens

étroit paraît bien s'être manifestée au cours des travaux
préparatoires, où l'on a insisté sur la différence entre
les droits civils et les droits privés. Les étrangers jouiraient donc des droits des gens, tandis qu'ils ne parti-
ciperaient aux droits civils qu'en vertu de la réciprocité
diplomatique : le Code aurait suivi notre ancien droit.

Mais les partisans de cette interprétation se divisent,
lorsqu'il s'agit de classer tels ou tels droits dans la catégorie du *jus civile* ou dans celle du *jus gentium*.

3° Système. — Certains auteurs récents prétendent
qu'on ne peut reconnaître le caractère de droits civils *stricto sensu* qu'à ceux qu'un texte formel refuse
aux étrangers. Le Code en contient quelques exemples
dans les art. 14, 16, 726 et 912. La loi du 14 juillet 1819
ayant supprimé ces deux dernières dispositions, il ne
resterait donc aujourd'hui, dans notre loi, à peu près
aucun droit civil refusé comme tel aux étrangers (en
ce sens, Weiss). Ce système conduit, en réalité, aux
mêmes conséquences pratiques que le second.

4° Système. — La jurisprudence, au contraire, décide plus justement que, le législateur n'ayant pas fait
l'énumération limitative des droits civils, il faut s'en
rapporter aux tribunaux du soin de dire quels droits
sont accessibles aux étrangers et quels autres sont, au
contraire, réservés à nos seuls nationaux. Telle est
aussi l'opinion de la majorité des auteurs.

Pour la solution des difficultés d'application, la jurisprudence adopte le critérium suivant : sont accessibles
aux étrangers, comme faisant partie du droit des gens,
tous les droits que l'on peut considérer comme des
facultés de droit naturel et que l'on trouve consacrés
dans les législations comme une sorte de droit commun
des peuples civilisés.

C'est en partant de ce criterium que la jurisprudence
range dans le *droit des gens* :

1° La faculté de se marier;

2° La faculté d'être propriétaire de biens mobiliers

ou immobiliers; — d'avoir sur ces biens tous les droits réels organisés par la loi; — d'acquérir et de transmettre ces biens et ces droits dans les formes légales;

3° La faculté de s'obliger et de devenir créanciers par tous les moyens reconnus comme des sources d'obligation;

4° La faculté de s'adresser aux tribunaux Français pour la solution des litiges concernant les droits réels portant sur des biens situés en France ou des litiges commerciaux.

La jurisprudence considère, au contraire, comme des *droits civils* réservés à nos seuls nationaux :

1° L'adoption;

2° L'hypothèque légale de la femme mariée, du mineur et de l'interdit;

3° Le droit de jouissance légale du père sur les biens de ses enfants mineurs;

4° Le droit d'avoir un domicile (1). La jurisprudence reconnaît cependant qu'un étranger peut avoir un domicile de fait, auquel elle attribue un peu arbitrairement certains effets du domicile légal;

5° Le droit d'accès devant nos tribunaux, en matière purement personnelle, lorsque le litige s'élève entre étrangers;

6° Les fonctions de la tutelle (tuteur, curateur, conseil

(1) Pour étayer son opinion sur ce point, la jurisprudence s'appuie sur l'art. 102 du C. civ., qui dit que « le domicile de *tout Français* est au lieu où il a son principal établissement ». Mais ce texte est purement énonciatif, et, en ne parlant que du Français, il n'exclut pas l'étranger.

La jurisprudence se fonde, en outre, sur un avis du Conseil d'État du 30 prairial an XI, aux termes duquel « dans tous les cas où l'étranger veut s'établir en France, il est tenu d'obtenir une permission gouvernementale ». Mais cet avis est loin d'avoir la portée qu'on lui attribue, car il a pour objet de déterminer les conditions de domicile requises pour la naturalisation.

Les tribunaux invoquent enfin l'art. 13 du Code civil, qui n'a seulement pour objet de déterminer les effets d'une admission à domicile, sans qu'il refuse à l'étranger le droit d'avoir un domicile non autorisé. D'ailleurs, logiquement, on ne conçoit pas qu'un domicile, qui n'est que le lieu du principal établissement, ne puisse pas être acquis par un étranger.

judiciaire, membre d'un conseil de famille). Toutefois la juri-prudence admet aujourd'hui un étranger à exercer les fonctions de la tutelle, lorsque le pupille est son descendant ou même simplement son parent ou un allié (1).

SECTION II. — Étrangers admis à domicile.

. Les étrangers qui veulent s'établir en France ont le plus grand intérêt à obtenir du Gouvernement l'autorisation d'y fixer leur domicile.

Il faut examiner les conditions, les effets et la cessation de cette admission à domicile.

I. **Conditions de l'admission à domicile.** — Il faut :

1° Une demande adressée par l'étranger au ministre de la Justice (2);

2° Un décret autorisant l'impétrant à fixer son domicile en France ;

3° La fixation effective de son domicile en France.

II. **Effets de l'admission à domicile.** — Outre qu'elle précède généralement la naturalisation, ainsi que nous

(1) Les quatre opinions qui se sont formées pour l'interprétation de l'art. 11, quoique partant de principes différents, aboutissent, dans la plupart des cas, au même résultat ; car les facultés de droit des gens, attribuées par la jurisprudence aux étrangers, sont le plus souvent : ou les droits privés que le premier système reconnaît *exceptionnellement* aux étrangers sous la condition qu'ils soient consacrés explicitement ou implicitement par des textes ; ou les droits privés qui, d'après le second système, ou les droits des gens qui, d'après le troisième système, appartiennent aux étrangers parce qu'ils ne leur auront pas été expressément retirés par la loi. Toutefois, le second et le troisième systèmes accordent aux étrangers en l'absence d'un texte les droits que la jurisprudence leur refuse comme étant des droits civils *stricto sensu* reservés aux seuls Français.

(2) La demande adressée au ministre de la Justice est suivie d'une enquête administrative sur la moralité et les ressources du postulant; une proposition est ensuite faite, s'il y a lieu, en sa faveur par le ministre de la Justice au Président de la République (D. 13 août 1889). L'impétrant doit payer un droit de sceaux de 175 francs (Loi du 14 août 1850). Remise de ce droit peut lui être accordée, eu égard à son état de fortune.

l'avons expliqué, l'admission à domicile a pour effet de conférer à l'étranger toutes les prérogatives de droit privé réservées aux Français.

C'est ce que dit l'art. 13 ainsi conçu : « L'étranger qui aura été autorisé par décret à fixer son domicile en France y jouira de tous les droits civils. » — Il peut donc adopter et être adopté, exercer les fonctions de tutelle, user du droit de jouissance légale, plaider en France contre un étranger en matière purement personnelle; il n'est pas tenu de fournir la caution *judicatum solvi* et peut l'exiger d'un étranger demandeur; il échappe à l'art. 14 et peut l'invoquer à son profit, etc.

Il n'est pourtant pas assimilé à un Français, car il n'a pas les droits politiques et il peut être expulsé. Mais, du moins, l'expulsion prononcée contre lui cessera d'avoir effet après un délai de deux mois, si l'autorisation de domicile ne lui a pas été retirée dans ce délai (L. 3 déc. 1849, art. 7, al. 2).

Effets de l'admission à domicile quant à la femme et aux enfants mineurs. — On s'était demandé, sous l'empire du Code civil, si l'admission à domicile était purement individuelle ou si elle profitait aussi à sa femme et aux enfants mineurs de celui qu'un décret avait autorisé à établir son domicile en France.

Beaucoup d'auteurs ne lui donnaient qu'un effet individuel, sous prétexte que l'admission à domicile, étant accordée par décret individuel, ne pouvait profiter qu'à celui qui l'avait obtenue et que, d'autre part, la naturalisation, dont l'admission à domicile était le préliminaire, ne produisait qu'un effet individuel.

L'argumentation n'était pas décisive. On comprend que la naturalisation ne produise que des effets individuels et que néanmoins l'admission à domicile profite à la femme et aux enfants, qui ont de droit le domicile du père; d'autant plus que, si la naturalisation peut être préjudiciable, l'admission à domicile ne produit que des effets avantageux.

La loi du 26 juin 1889 paraît avoir tranché la controverse dans le sens de l'effet collectif. L'art. 13 al. 3, dispose en effet : « En cas de décès avant la naturalisation, l'autorisation et le temps de stage qui a suivi profiteront à la femme et aux enfants qui étaient mineurs au moment du décret d'autorisation. »

A la vérité, on a prétendu que, la loi n'ayant fait bénéficier expressément la femme et les enfants mineurs de l'admission à domicile qu'au point de vue de la naturalisation, on ne devait pas leur en accorder le bénéfice quant à la jouissance des droits privés.

Mais il vaut mieux raisonner *a fortiori* et dire que la loi, en permettant à la femme et aux enfants mineurs d'invoquer le principal effet de l'admission à domicile, leur reconnaît implicitement le droit de bénéficier des autres avantages qu'elle confère (1).

Fin de l'admission à domicile. — L'admission à domicile cesse de produire ses effets :

1° Si l'étranger quitte la France ;

2° S'il est expulsé ;

3° Si, au bout de cinq ans, il n'a pas demandé sa naturalisation ou si sa demande est rejetée. — Cette disposition est une innovation heureuse de la loi de 1889. Avant cette loi en effet, l'étranger, pouvant bénéficier indéfiniment des avantages de l'admission à domicile, ne se faisait pas naturaliser.

SECTION III. — Étrangers pouvant invoquer un traité.

Nous avons déjà remarqué que l'art. 11, en refusant aux étrangers la jouissance des droits civils, réservait les dispositions contraires des traités conclus par la France avec la nation à laquelle ces étrangers appar-

____

(1) M. Lainé, à son cours.

tiennent. Cet article consacre donc le principe de la *réciprocité diplomatique*.

On observera que le Code ne donne pas aux étrangers la jouissance en France des droits civils dont nos nationaux jouissent chez eux en vertu de la législation locale. Ce système, dit de la *réciprocité législative*, présenterait, en effet, un inconvénient grave, car il suffirait qu'un législateur étranger concédât aux Français certains droits pour que ses nationaux pussent invoquer en France les mêmes droits. Il est cependant suivi dans plusieurs pays, notamment en Allemagne, en Autriche-Hongrie, en Suisse.

Le système de la réciprocité diplomatique permet, au contraire, de ne concéder qu'en connaissance de cause la jouissance des droits aux étrangers.

Les traités qui interviennent en cette matière sont de plusieurs sortes.

A. **Traités accordant en bloc la jouissance de tous les droits civils aux sujets d'un pays.** — On ne peut guère citer que deux traités de ce genre : ce sont deux *traités de commerce*, l'un du 6 février 1882 *entre la France et l'Espagne*, l'autre du 18 juin 1883 *entre la France et la Serbie*.

L'art. 3 du traité franco-espagnol et l'art. 4 du traité franco-serbe contiennent une disposition accordant aux Espagnols ou aux Serbes la jouissance de tous les droits dont jouissent nos nationaux, sauf les droits politiques.

Ces traités, ayant été dénoncés comme traités de commerce en 1892, sont-ils maintenus en tant qu'ils règlent la jouissance des droits civils? Le Gouvernement français avait songé, lors de la dénonciation de nos traités de commerce, à introduire une réserve relative au traitement des étrangers, dans tous les cas où le traité dénoncé contiendrait une clause relative à la jouissance des droits civils. Il omit de le faire; néanmoins, la jurisprudence semble considérer que les dispositions sur la jouissance des droits civils sont maintenues, bien que le traité qui les contenait ait été dénoncé.

B. Traités accordant aux sujets d'un pays la jouissance d'un droit déterminé. — La France a de nombreuses conventions de ce genre, apportant des dérogations aux règles de compétence de l'art. 14, ou dispensant de la caution *judicatum solvi*, ou concédant l'hypothèque légale à la femme ou au mineur étrangers, etc. — Nous les retrouverons à propos de chacune de ces matières.

La France avait également, avant 1819, divers traités concédant aux étrangers la faculté de recueillir par succession, donation ou testament. La loi du 14 juillet 1819 leur a enlevé presque toute leur utilité. Ils ont cependant pour effet de mettre les étrangers, qui peuvent les invoquer, à l'abri d'un revirement législatif. Aussi trouve-t-on, dans des traités postérieurs à 1819, une clause reconnaissant aux étrangers le droit de recueillir en France par succession, donation ou testament.

C. Traités contenant la clause de la nation la plus favorisée. — Si ces traités sont relatifs à la jouissance des droits civils, la clause de la nation la plus favorisée, qui y est contenue, confère aux nationaux des pays contractants la jouissance de tous les droits civils qui ont pu être conférés par traité à d'autres étrangers.

Si le traité a un autre objet, s'il s'agit notamment d'un traité de commerce, on admet généralement que la clause de la nation la plus favorisée est sans effet au point de vue de la jouissance des droits civils.

— Une autre difficulté se présente, lorsque les traités qui contiennent des dispositions favorables aux étrangers sont dénoncés : ces dispositions continuent-elles à pouvoir être invoquées par les sujets d'un autre pays, avec lequel nous avions un traité contenant la clause de la nation la plus favorisée? La négative paraît certaine, par application de l'adage « *accessorium sequitur principale* » (1).

_____

(1) M. Lainé à son cours.

SECTION IV. — Aperçu de législation comparée.

Une tendance très marquée à assimiler les étrangers aux nationaux se dessine dans la plupart des législations européennes. L'*Institut de droit international* a émis un vœu en faveur de cette assimilation dans sa session d'Oxford en 1880.

L'égalité entre les étrangers et les nationaux, au point de vue de la jouissance des droits privés, a été consacrée notamment par le Code civil italien, dont l'art. 3 dispose : « L'étranger est admis à jouir des droits civils attribués aux citoyens ».

La même règle se retrouve dans le Code civil espagnol (art. 27), dans la République Argentine et dans le nouveau Code civil allemand.

Elle a également été adoptée par les rédacteurs du projet de Code civil belge. En attendant le vote de ce projet, le Code actuel contient la règle de notre art. 11, et les art. 726 et 912, abrogés en France en 1819, l'ont été en Belgique par une loi du 27 avril 1865 ; mais la loi hypothécaire belge du 16 déc. 1851 a conféré à la femme et au mineur étrangers le bénéfice de l'hypothèque légale, qui leur est refusé en France par la jurisprudence.

Autrefois, la législation anglaise était rigoureuse à l'égard des étrangers. Un étranger qui acquérait la propriété d'un immeuble en Angleterre s'exposait à ce qu'il fût revendiqué par la Couronne à son décès, s'il n'avait obtenu la denization ; de même, il ne pouvait pas prendre en location un immeuble pour plus de vingt et un ans. Mais une loi du 6 août 1844 a fait disparaître l'incapacité relative à la location ; d'autre part, un act du 12 mai 1870 a conféré aux étrangers le droit d'acquérir un immeuble en Angleterre, d'en jouir et d'en disposer comme les nationaux. — Ainsi les étrangers sont aujourd'hui mieux traités en Angleterre qu'en France ;

car ils peuvent avoir en Angleterre un domicile légal,
y exercer les fonctions de jurés; ils ne sont tenus de
fournir la caution *judicatum solvi* que s'ils n'y ont pas
de domicile ni de résidence, etc.

— L'interdiction faite aux étrangers d'*acquérir un
immeuble* se rencontre encore dans certains pays. Ainsi,
aux Etats-Unis, des mesures contre l'accaparement des
terres par les étrangers ont été prises par la loi du 3 mars
1887. — En Russie, un ukase du 14 mars 1887 défend
aux étrangers d'acquérir un droit de propriété sur les
immeubles situés dans les dix provinces polonaises. —
En Norvège, un étranger ne peut acquérir un immeuble sans l'autorisation du Gouvernement (Loi du
21 avril 1888, art. 8 et suiv.).

— Malgré la tendance de notre jurisprudence à élargir le domaine du droit des gens, la législation française, si l'on fait abstraction des restrictions relatives
à la possession des immeubles, qui subsistent dans quelques pays où elles s'expliquent par des circonstances
particulières, est moins libérale que la plupart des législations étrangères.

Notre art. 11 devrait donc être remplacé par une
disposition analogue à celle du Code civil italien. On
supprimerait ainsi la distinction très délicate et nécessairement arbitraire entre le droit civil et le droit des
gens. On éviterait aussi les mesures de rétorsion que
prennent contre nous les législations même les plus
libérales (1).

La réforme avait été proposée lors de la discussion
de la loi du 26 juin 1889. Il est regrettable qu'elle n'ait
point abouti.

---

(1) Indépendamment des mesures de rétorsion contenues dans le
Code civil belge (art 14), et dans le Code de procédure italien (art. 105),
en matière de compétence et de procédure (V. *infrà*, p. 106), on peut
signaler l'art. 30 de la loi d'introduction du Code civil allemand de 1900
qui dispose : « Avec l'assentiment du Conseil fédéral, il peut être décidé, par ordonnance du chancelier de l'Empire, que des mesures de
rétorsion seront prises contre un Etat étranger, ainsi que contre ses
nationaux et leurs ayants droit. »

TITRE III

COMPÉTENCE DES TRIBUNAUX FRANÇAIS A L'ÉGARD DES ÉTRANGERS

Pour étudier dans son ensemble cette matière, il faut distinguer trois hypothèses :

1° Débat entre un Français demandeur et un étranger défendeur;

2° Débat entre un étranger demandeur et un Français défendeur;

3° Débat entre étrangers.

Mais, avant d'entrer dans le détail des questions soulevées dans chacune de ces hypothèses, il importe de signaler qu'il n'existe aucune difficulté pour la compétence des tribunaux français, lorsqu'il s'agit d'*actions réelles immobilières*.

En pareil cas, le tribunal compétent est toujours celui du lieu où l'immeuble est situé, *forum rei sitæ*, quelle que soit la nationalité des plaideurs. La raison en est facile à découvrir : ce tribunal est le mieux placé pour connaître des différends qui peuvent surgir, pour procéder aux mesures d'instruction que peut faire naître le procès, telles que visites des lieux ou expertises. L'art. 59 al. 3 C. proc. civ. doit donc être appliqué en droit international, comme en droit interne.

Nous verrons que le traité franco-suisse de 1869 a formellement consacré cette règle.

Lorsqu'il s'agit d'*actions mixtes*, telles que l'action en nullité d'une vente d'immeuble, l'art. 59 al. 4 C. proc.

donne au demandeur le choix entre le tribunal do la situation de l'immeuble et le tribunal du domicile du défendeur. En droit international, le demandeur peut bien toujours assigner devant le tribunal français du lieu de la situation ; mais, s'il s'en tient au caractère personnel de l'action, il doit se conformer aux règles que nous allons exposer pour les actions personnelles.

Restent les *actions réelles mobilières*, les *actions personnelles* et les *actions d'état*. C'est pour elles qu'il faut faire la distinction entre les trois hypothèses que nous avons précédemment formulées.

CHAPITRE PREMIER

Procès entre un Français demandeur et un étranger défendeur.

———

Nous étudierons : 1° la règle posée par l'art. 14 C. civ. ; 2° les traités qui dérogent à cette règle ; 3° les solutions des principales législations étrangères en cas de procès entre un national demandeur et un étranger défendeur.

I. Règle de l'art. 14 C. civ. — L'art. 14 C. civ dispose : « L'étranger, même non résidant en France, pourra être cité devant les tribunaux français, pour l'exécution des obligations par lui contractées en France avec un Français ; il pourra être traduit devant les tribunaux de France, pour les obligations par lui contractées en pays étranger envers des Français ».

Le commentaire de ce texte comporte l'examen des questions suivantes :

1° En quoi l'art. 14 déroge-t-il au droit commun? Quel est le tribunal compétent?

2° Qui peut s'en prévaloir? Peut-on renoncer au bénéfice de cet article?

3° Contre qui peut-il être invoqué?

4° Dans quelles contestations?

A. Dérogation apportée par l'art. 14 au droit commun. — **Tribunal compétent.** — De droit commun, le tribunal compétent *ratione personæ* est, en matière personnelle (actions personnelles, actions réelles mobilières, actions d'état), le tribunal du domicile du défendeur (art. 59 C. proc. civ.). C'est ce qu'on formule dans l'adage : *actor sequitur forum rei* (*rei* = génitif de *reus*, défendeur).

L'art. 14, au contraire, donne compétence au tribunal français pour connaître d'un procès contre un étranger, quel que soit le domicile de cet étranger. Si l'étranger a son domicile en France, le Code ne déroge pas au droit commun. Mais si l'étranger réside hors de France, il doit venir plaider devant un tribunal français.

Pourquoi cette dérogation à la règle si rationnelle, qui attribue compétence au tribunal du domicile du défendeur? — Elle trouve son explication dans un esprit de défiance du législateur français à l'égard des tribunaux étrangers ; on craint que nos nationaux n'obtiennent pas d'eux justice impartiale.

Quel est, parmi les tribunaux français, celui qui sera appelé à connaître du différend? Aucune difficulté n'existe si l'étranger réside en France ou si l'on se trouve dans l'un des cas où un tribunal Français serait compétent soit d'après l'art. 59, soit d'après l'art. 420 C. proc. civ. (1). Il faut décider aussi que, si l'étranger résidant hors de France est assigné en même temps qu'un étranger résidant en France, le débat devra être porté devant le tribunal de la résidence de ce dernier. En dehors de ces cas, l'opinion générale est que le demandeur doit assigner son adversaire étranger devant le tribunal de son propre domicile.

B. **Qui peut invoquer l'art. 14? Peut-on y renoncer?** — Le texte de l'art. 14 ne déroge au droit commun qu'en faveur des seuls Français. Tout Français peut d'ailleurs

---

(1) L'art. 59 C. proc. civ. après avoir posé le principe de la compétence du tribunal du domicile du défendeur, y apporte certaines exceptions. — L'art. 420 C. proc. civ. donne compétence en matière commerciale, non seulement au tribunal du domicile du défendeur, mais encore à celui où la promesse a été faite et la marchandise livrée et à celui du lieu du paiement.

invoquer l'art. 14, même s'il n'a ni domicile, ni résidence en France.

Un étranger demandeur ne peut donc pas, en principe, se prévaloir de l'art. 14.

Ne faut-il pas cependant faire exception au profit de l'étranger admis à domicile? La jurisprudence l'admet. La raison en est que l'art. 14 confère aux Français une faculté de droit civil, dont peuvent bénéficier, d'après l'art. 13, les étrangers autorisés par décret à fixer leur domicile en France (1).

— Une grave difficulté s'élève dans le cas où l'obligation, contractée à l'origine au profit d'un étranger, passe sur la tête d'un Français. La question peut se poser, soit que le créancier étranger se fasse naturaliser Français, soit qu'il meure laissant des héritiers ou des légataires français, soit qu'enfin il cède entre-vifs sa créance à un Français. Doit-on, en pareil cas, permettre au Français titulaire de la créance d'invoquer l'art. 14?

La réponse à cette question paraît dépendre du motif que l'on donne à la règle de l'art. 14. Certains auteurs, pour lesquels cette règle se justifie par une convention présumée, intervenue au moment du contrat pour attribuer compétence au tribunal français, décident que l'art. 14 ne peut pas être invoqué dans notre hypothèse. On peut faire remarquer, en faveur de cette opinion, que le texte parle d'*obligation contractée* et paraît, par conséquent, se référer à la qualité des parties au moment de la conclusion du contrat. — Les auteurs qui voient, plus justement à notre avis, dans la disposition de l'art. 14, une règle de droit édictée pour protéger les Français contre la partialité des tribunaux étrangers doivent se prononcer pour l'application de l'art. 14.

La jurisprudence ne donne pas une solution uniforme dans tous les cas.

Elle admet que le Français, héritier ou légataire d'une

____

(1) L'étranger admis à domicile peut même, dans l'opinion générale, se prévaloir de l'art. 14 pour les créances nées à son profit antérieurement à son admission à domicile.

créance née au profit d'un étranger, peut se prévaloir de l'art. 14. Mais elle refuse cette faveur au Français cessionnaire de cette créance, à moins toutefois qu'il ne s'agisse d'une créance à ordre destinée à circuler, parce qu'en pareil cas l'étranger débiteur a pu envisager l'éventualité de la cession au profit d'un Français. Enfin dans l'hypothèse où le créancier, d'abord étranger, se fait naturaliser Français, la jurisprudence décide aujourd'hui que l'art. 14 est applicable.

Ces distinctions sont difficilement acceptables. Les règles de compétence sont, en effet, déterminées par le législateur sans égard à la volonté des parties. Il n'y a pas de droit acquis à la compétence d'un tribunal déterminé. L'art. 14 devrait donc recevoir son application dans toutes ces hypothèses.

Si nous envisageons l'hypothèse inverse d'un Français, créancier d'un étranger, devenant lui-même étranger, nous n'éprouverons aucune difficulté à écarter l'application de l'art. 14.

— La disposition de ce texte ne paraît d'ailleurs pas impérative. En accordant une faveur au Français, la loi ne la lui impose pas. Il peut donc y renoncer, soit au moment du contrat, soit postérieurement, d'une manière expresse ou même tacite. Ainsi, le fait par un Français de poursuivre son débiteur devant un tribunal étranger pourra, suivant les circonstances, être considéré comme une renonciation tacite au bénéfice de l'art. 14, empêchant le demandeur de se désister de l'instance introduite devant le tribunal étranger pour se prévaloir ensuite de la règle établie par ce texte.

Il n'est pas rare qu'une renonciation expresse ou tacite se rencontre en pratique. L'art. 14 ne présente en effet un avantage sérieux que si l'étranger domicilié à l'étranger a des biens en France. Si sa fortune est à l'étranger, le jugement obtenu en France contre lui restera le plus souvent lettre morte, car les tribunaux étrangers refuseront de donner l'*exequatur* à un jugement rendu au mépris des règles de compétence généralement suivies.

C. Contre qui peut être invoqué l'art. 14? — Tout étranger peut se voir opposer l'art. 14, à moins qu'il ne soit autorisé à fixer son domicile en France.

Ce que nous disons de l'étranger s'applique également aux personnes morales étrangères privées, telles que les sociétés.

Faut-il appliquer aussi l'art. 14 aux personnes qui jouissent de l'immunité diplomatique? La jurisprudence ne l'admet pas. — Nous croyons qu'il vaut mieux distinguer selon que l'agent diplomatique est poursuivi à l'occasion d'actes qu'il a faits comme simple particulier, par exemple, la location d'une maison de campagne, l'achat de fournitures, etc., ou selon qu'au contraire il est actionné à raison d'actes qui rentrent dans l'exercice de ses fonctions. Dans le premier cas seulement, il pourrait se voir opposer l'art. 14.

C'est la distinction que fait la jurisprudence relativement aux souverains étrangers.

Quant aux États étrangers, elle décide qu'ils échappent toujours à l'application de l'art. 14.

D. Dans quelles contestations l'art. 14 peut-il être invoqué? — L'art. 14 prévoit deux hypothèses : celle d'une obligation contractée par un étranger en France avec un Français et celle où la même obligation est contractée à l'étranger. Mais, tout en les distinguant, il donne pour les deux cas la même solution. Ce vice de rédaction s'explique par les travaux préparatoires. Le projet réglait différemment les deux hypothèses; dans la seconde, l'étranger ne pouvait être poursuivi devant un tribunal français que s'il était rencontré en France. La restriction disparut dans la rédaction définitive; on aurait dû refondre le texte; on a omis de le faire.

A s'en tenir aux termes de l'art. 14, il semble que la compétence exceptionnelle établie par ce texte ne s'applique qu'aux contestations qui surgissent à propos des *obligations nées de contrats ;* et, comme cet article édicte une règle d'exception, il faudrait la restreindre aux seules hypothèses qu'il prévoit.

Telle n'est pourtant pas la solution qui a prévalu. On remarque très justement que l'esprit de défiance qui motive la règle de l'art. 14 existe, quelle que soit la source de l'obligation. On applique donc sa disposition à toutes les obligations, qu'elles soient contractuelles, quasi-contractuelles, délictuelles, quasi-délictuelles ou légales, et même à tous les droits quelconques qu'un Francais peut faire valoir contre un étranger, pourvu qu'il ne s'agisse pas d'actions réelles immobilières.

II. Traités écartant l'application de l'art. 14. — Deux traités seulement écartent en termes formels l'application de l'art. 14. Ce sont : 1° le traité franco-suisse du 15 juin 1869 ; 2° le traité franco-belge du 8 juillet 1899. Nous allons faire connaître leurs dispositions sur ce point et rechercher dans quelle mesure les pays, qui ont avec la France des conventions contenant la clause de la nation la plus favorisée, peuvent s'en prévaloir.

A. Traité franco-suisse du 15 juin 1869. — Ce traité est l'une des conventions les plus importantes qui soient intervenues en matière de droit international privé. Il est intitulé : *Convention sur la compétence judiciaire et l'exécution des jugements étrangers en matière civile.* Conclu pour dix ans, il se renouvelle chaque année par tacite reconduction, jusqu'à sa dénonciation par l'une des parties, et restera en vigueur un an après cette dénonciation.

Aux termes de l'art. 1, « dans les contestations en matière mobilière et personnelle, civile ou de commerce, qui s'élèveront soit entre Français et Suisses, soit entre Suisses et Français, le demandeur sera tenu de poursuivre son action devant les *juges naturels* du défendeur. Il en sera de même pour les actions en garantie, quel que oit le tribunal où la demande originaire sera pendante. »

La rédaction de ce texte n'est pas heureuse.

On s'est d'abord demandé quel était le sens des mots

« les juges naturels du défendeur ». Bien que cette expression ne soit pas usuelle, on est d'accord pour admettre qu'elle désigne le tribunal du domicile du défendeur.

Quelles sont exactement les actions dont la connaissance appartient à ce tribunal? Le traité cite les actions *personnelles* et *mobilières*.

Il n'y a pas de difficulté pour les actions purement personnelles, telles que l'action en paiement d'une créance (1).

Mais, en parlant des actions mobilières, le texte vise-t-il non seulement les actions personnelles, mais aussi les actions réelles mobilières? (2)

En droit interne, la connaissance des actions réelles mobilières appartient certainement au tribunal du domicile du défendeur. Nous n'hésitons pas à donner la même solution au sujet de l'interprétation de notre traité.

L'article que nous venons de citer ne dit rien des *actions d'état*. La majorité des auteurs pense que ces actions doivent être soumises au même tribunal que les actions personnelles. C'est la règle en droit interne. Logiquement d'ailleurs, c'est ce tribunal qui est le mieux placé pour les juger.

En principe, la règle *actor sequitur forum rei* se trouve donc rétablie dans les rapports entre Suisses et Français.

Elle comporte cependant, aux termes mêmes du traité, un certain nombre d'exceptions ou tempéraments.

« 1° Si le Français ou le Suisse défendeur n'a point de domicile ou de résidence connus en France ou en Suisse, il pourra être cité devant le tribunal du domicile du demandeur » (art. 1).

Cette exception s'applique non seulement au cas où le

---

(1) Il existe cependant une controverse dans le cas de pluralité de défendeurs. L'art. 59 C. proc. civ. permet au demandeur d'assigner tous les défendeurs devant le tribunal du domicile de l'un d'eux. Si un Suisse est de ce nombre, peut-on le soustraire, par application de ce texte, à son juge naturel? Il y a divergence dans la jurisprudence.

(2) On sait que le nombre en est très restreint en droit français, à cause de la règle de l'art. 2279 C. civ.

défendeur n'a ni domicile ni résidence connus, mais aussi au cas où il a un domicile ou une résidence dans un pays tiers, c'est-à-dire autre que la France ou la Suisse. Sur ce point, le traité peut être critiqué.

2° Aux termes du même art. 1er, *in fine :* « Si l'action a pour objet l'exécution d'un contrat consenti par le défendeur dans un lieu situé, soit en France, soit en Suisse, hors du ressort de la juridiction des juges naturels, elle pourra être portée devant le juge du lieu où le contrat a été passé, si les parties y résident au moment où le procès sera engagé. »

Il a été entendu, dans le protocole qui accompagne le traité, que, pour l'application de cette exception, la résidence devait avoir une certaine durée.

3° « Au cas d'élection de domicile dans un lieu autre que celui du domicile du défendeur, dit l'art. 3, les juges du lieu du domicile élu seront seuls compétents pour connaître des difficultés auxquelles l'exécution du contrat pourra donner lieu. »

C'est l'application entre Français et Suisses des règles du droit interne (art. 111, C. civ. et 59-9° C. proc. civ.).

4° Enfin, d'après l'art. 4, « en matière réelle ou immobilière, l'action sera suivie devant le tribunal du lieu de la situation de l'immeuble. Il en sera de même d'une action personnelle concernant la propriété ou la jouissance d'immeuble ».

Cette disposition ne concerne pas seulement les actions réelles immobilières, car elle ne ferait que reproduire une règle de droit commun ; d'après le protocole annexé au traité, elle vise également les actions personnelles immobilières, qui sont très rares, et aussi les actions personnelles mobilières pouvant exiger certaines vérifications matérielles à faire à un immeuble, par exemple, l'action d'un entrepreneur à raison des constructions ou réparations par lui faites, ou l'action du locataire d'un immeuble troublé dans sa jouissance.

Nous devons ajouter que les art. 5, 6 et 10 du traité posent des règles de compétence, que nous retrouverons. en matière de succession, de tutelle et de faillite.

— Les règles de compétence établies dans le traité de 1869 sont-elles d'ordre public? La question revient à se demander : α) si l'exception d'incompétence doit être proposée *in limine litis* ou si elle peut l'être en tout état de cause ; β) si elle doit être soulevée par le défendeur ou si le tribunal peut se dessaisir d'office.

L'art. 11 du traité dispose que « le tribunal français ou suisse, devant lequel est portée une demande qui n'est pas de sa compétence, doit d'*office,* et même en l'absence du défendeur, renvoyer les parties devant les juges appelés à connaître du procès ».

Ce texte paraît favorable à l'idée d'une incompétence absolue et d'ordre public, puisqu'il en consacre une conséquence. Mais il vaut mieux admettre que la compétence établie par le traité l'a été dans l'intérêt des particuliers. Il rétablit, en effet, en principe, entre Suisses et Français la règle de droit commun, *actor sequitur forum rei*, règle qui n'est pas d'ordre public et dépend uniquement de la compétence *ratione personæ*. Il est donc permis aux parties de ne pas soulever l'incompétence; ou, si elles veulent le faire, elles doivent la soulever *in limine litis.*

Quant aux mots « même en l'absence du défendeur », qui paraissent laisser supposer que le juge doit se dessaisir surtout si le défendeur est présent, ils sont probablement la conséquence d'une inadvertance. On a voulu dire, sans doute, que le juge doit se dessaisir d'office si le défendeur est absent, parce que celui-ci est alors dans l'impossibilité d'opter pour la compétence ou l'incompétence.

B. **Traité franco-belge du 8 juillet 1899.** — La législation belge ne fait plus de distinction entre les nationaux et les étrangers au point de vue de la compétence. L'art. 14 de notre Code civil, qui était en vigueur en Belgique, a été abrogé par une loi du 25 mars 1876.

Toutefois, l'étranger assigné en Belgique par un Belge

ne peut soulever l'exception d'incompétence, s'il appartient à un pays dont les nationaux peuvent assigner leurs adversaires étrangers devant leur propre tribunal : en vertu de cette disposition les Français, assignés en Belgique et domiciliés hors de ce pays, ne pouvaient décliner la compétence des tribunaux belges.

Pour mettre fin à cet état de choses, le traité du 8 juillet 1899, entré en vigueur le 30 juillet 1900, dispose : « Les Français et les Belges sont régis, en matière civile et de commerce, par les mêmes règles que les nationaux. »

Cette formule un peu elliptique signifie que les Belges ne pourront être traduits devant les tribunaux français que dans les cas où les Français eux-mêmes peuvent y être traduits et réciproquement. — Elle ne signifie pas que les Belges puissent invoquer en France, à l'égard d'autres étrangers, la règle de notre art. 14 C. civ. Le § 2 de l'art. 1er du traité a pris soin de le dire : « Les Belges ne pourront invoquer en France l'art. 14 du Code civil français que s'ils ont été autorisés par le Gouvernement français à établir leur domicile en France et tant qu'ils continuent à y résider. »

Si on compare le traité franco-suisse au traité franco-belge, on remarquera : 1° que ce dernier, rédigé plus simplement, ne soulève pas les difficultés qu'a fait naître la rédaction un peu embarrassée de l'art. 1er du traité franco-suisse au sujet de son étendue d'application ; 2° que, de l'avis général, la compétence établie par le traité franco-belge est d'ordre purement privé, et que, par conséquent, l'incompétence doit être soulevée *in limine litis*, sans que le juge puisse se déclarer *d'office* incompétent.

C. **Traités contenant la clause de la nation la plus favorisée.** — Les nationaux des pays, qui ont avec la France un traité contenant cette clause, peuvent-ils, en invoquant les traités franco-suisse et franco-belge, échapper à l'application de notre art. 14 ?

Nous croyons, ainsi que nous l'avons déjà expliqué, que le bénéfice de cette clause ne peut être invoqué que pour les dispositions favorables des traités ayant un objet similaire à celui du traité qui la contient.

La question s'est posée pour le traité franco-allemand du 10 mai 1871. Comme ce traité a pour objet les relations commerciales des deux pays et qu'il n'y est pas question de compétence judiciaire, nous estimons que les Allemands ne peuvent pas se prévaloir des dispositions favorables des traités franco-suisse et franco-belge.

Il faut, au contraire, considérer comme écartant l'application de l'art. 14 les conventions qui admettent les sujets des États signataires au libre accès près des tribunaux aux mêmes conditions que les nationaux, ou encore celles qui confèrent la plénitude des droits privés aux ressortissants des États contractants.

III. Aperçu de législation comparée. — Critique de la loi française. — La plupart des législations étrangères consacrent purement et simplement la règle *actor sequitur forum rei*, à propos des contestations entre un de leurs nationaux demandeur et un étranger défendeur.

On ne trouve de dispositions analogues à notre art. 14 que dans les législations hollandaise (art. 127) et polonaise (art. 13). Les autres législations qui procèdent de la nôtre ont répudié la règle de notre art. 14.

Certaines lois étrangères permettent bien à leurs nationaux d'assigner un étranger, en matière personnelle, devant un tribunal local, autre que celui de son domicile, mais ce n'est, en général, que dans le cas où il s'agit de contestations relatives à une convention passée dans le pays (C. proc. civ. allemand de 1877, art. 12 et 13; C. proc. civ. italien, art. 105, 106 et 107; lois belges des 25 mars, 26 avril 1876, sur la procédure, art. 52, 53, 54; C. proc. civ. monégasque de 1896, art. 5).

Dans quelques rares pays, spécialement en Angleterre et aux États-Unis, l'étranger peut être assigné devant les tribunaux locaux, lorsqu'il se trouve dans le pays au moment de la poursuite.

Mais si la plupart des pays appliquent la règle *actor sequitur forum rei*, quelques-uns l'écartent, par mesure de rétorsion, contre les étrangers dont la loi nationale contient une disposition analogue à notre art. 14. C'est ce qu'admet la jurisprudence autrichienne et ce que décide expressément l'art. 105 C. proc. civ. italien, d'après lequel les tribunaux italiens sont compétents dans les cas où cela peut avoir lieu en vertu de la réciprocité : un Français domicilié en France peut donc être assigné en Italie par un Italien. Il en était de même en Belgique, comme nous l'avons dit (p. 103-104), jusqu'au traité de 1899.

On peut conclure de ces observations que l'art. 14 a fait son temps. Seule la règle *actor sequitur forum rei* est rationnelle. La loi française s'inspire d'un esprit de méfiance, difficile à concilier avec le développement des relations internationales. Elle provoque, d'ailleurs, ainsi que nous venons de le voir, des mesures de rétorsion dont souffrent nos nationaux.

CHAPITRE II

Procès entre un étranger demandeur
et un Français défendeur.

Le Code s'est occupé de l'hypothèse où un étranger est demandeur contre un Français dans deux textes (art. 15 et 16), l'un relatif à la compétence, l'autre à la caution *judicatum solvi*.

I. Compétence (art. 15 C. civ.). — Un Français peut être assigné par un étranger devant le tribunal de son domicile, conformément à la règle *actor sequitur forum rei*. Mais, par dérogation à cette règle, l'étranger peut assigner devant un tribunal français même le Français défendeur qui n'a pas son domicile en France. C'est ce qui résulte de l'art. 15 C. civ. ainsi conçu : « Un Français pourra être traduit devant un tribunal de France, pour des obligations par lui contractées en pays étranger même avec un étranger. »

On a dit, dans les travaux préparatoires, que c'était une compensation accordée à l'étranger, obligé par l'art. 14 de venir plaider devant un tribunal autre que celui de son domicile. Mais on ne saisit pas bien en quoi consiste cette compensation, puisque d'ordinaire l'étranger est domicilié à l'étranger et le Français domicilié en France. Il vaut mieux dire que cette disposition a été introduite dans l'intérêt bien entendu du Français, qui trouvera plus facilement à traiter à l'étranger, si ses cocontractants savent qu'ils peuvent le poursuivre devant les tribunaux de notre pays, où ses biens se trouvent ordinairement situés. Il ne peut d'ailleurs pas se plaindre d'une disposition qui a pour résultat de le soumettre à ses juges nationaux.

L'art. 15 ne statue pas du reste pour les seuls procès où un étranger est demandeur. Un Français créancier d'un autre Français, qui n'aurait pas son domicile en France, pourrait l'invoquer. C'est ce qui résulte des mots « même avec un étranger ».

Le texte ne parle que des obligations *contractées*. Il faut en élargir la portée et l'appliquer à toutes les actions régies par la règle *actor sequitur forum rei*, c'est-à-dire aux actions personnelles, aux actions réelles mobilières et aux actions d'état.

La loi ne dit pas devant quel tribunal le Français pourra être traduit. Aucune difficulté ne s'élève, si le Français a son domicile ou sa résidence en France. On applique alors le droit commun; mais au cas où l'on ne trouverait pas en France de tribunal compétent par application des règles générales, il semble qu'on doive laisser le choix à l'étranger demandeur, pourvu qu'il n'abuse pas de ce droit par pur esprit de chicane.

— L'art. 15 n'est pas d'ordre public. On peut donc y renoncer. La renonciation peut être expresse ou tacite : elle peut résulter de ce qu'un Français a pris des conclusions au fond devant une juridiction étrangère, ou de son adhésion aux statuts d'une société étrangère qui attribuent compétence aux juges du siège social, etc.

Traités. — L'application de l'art. 15 peut être écartée par les traités.

Ainsi, d'après l'art. 1 du traité franco-suisse de 1869, le Suisse demandeur doit assigner le Français défendeur devant ses juges naturels, c'est-à-dire devant les tribunaux suisses, si le Français est domicilié en Suisse.

De son côté, le traité franco-belge de 1899 abroge l'art. 15 dans les rapports entre les nationaux des deux pays.

II. Caution judicatum solvi (art. 16 C. civ). — Aux termes de l'art. 16 du Code civil de 1804, « en toutes matières, autres que celles de commerce, l'étranger demandeur sera tenu de donner caution pour le paiement des frais et dommages-intérêts résultant du procès, à moins qu'il ne possède en France des immeubles d'une valeur suffisante pour assurer ce paiement ». Une loi du 5 mars 1895 a supprimé les mots « autres que celles de commerce ».

Cette caution, que doit l'étranger demandeur, est destinée à garantir le paiement des frais et dommages-intérêts résultant du procès, auxquels le demandeur pourra être condamné. Elle n'a donc rien de commun que le nom avec la caution *judicatum solvi* du droit romain (1).

On l'explique par le désir d'empêcher les étrangers, qui n'ont en France aucun bien saisissable, d'introduire impunément contre des Français des procès vexatoires. Elle n'en a pas moins pour résultat de fermer l'accès de nos tribunaux aux étrangers peu fortunés.

Nous examinerons : 1° la caution *judicatum solvi*, dans la loi française ; 2° les traités qui l'écartent ; 3° la solution des principales législations étrangères en cette matière.

A. Loi française (art. 16 C. civ). — L'étude de la caution *judicatum solvi* comporte l'examen des questions suivantes :

1° *Qui peut exiger la caution judicatum solvi ?* — Le Français seul a ce droit. L'art. 16 suppose, en effet (cela résulte de sa place après l'art. 15), que le procès s'élève entre un étranger et un Français. Le droit d'exiger la caution *judicatum solvi* est un droit civil *stricto sensu*.

—————

(1) En droit romain, la caution *judicatum solvi* était fournie par le *défendeur* à certaines actions, notamment aux actions réelles, même lorsqu'il comparaissait, et à toutes actions, lorsqu'il se faisait représenter. La caution s'engageait à payer le montant de la condamnation prononcée contre le défendeur.

Toutefois, il faut reconnaître ce droit à l'étranger admis à domicile et aussi à l'étranger à qui un traité confère le droit de la demander.

Mais ce droit n'appartient pas à l'étranger ordinaire(1).

2° *Qui doit la caution judicatum solvi?* — Tout étranger demandeur; c'est ce qui résulte des art. 16 C. civ. et 166 C. proc. civ. Pour qu'elle soit due, il faut :

a) Que le demandeur soit étranger. — La qualité d'étranger doit être envisagée au moment où s'ouvre le procès.

Tout étranger la doit. Il ne faut même pas faire exception pour les souverains et les agents diplomatiques, qui ne peuvent se plaindre de cette obligation, puisque c'est d'eux que vient l'initiative du procès.

Le Français et l'étranger admis à domicile pouvant l'exiger ne la doivent jamais. Il en est de même de l'étranger qui peut invoquer un traité.

b) Que l'étranger soit demandeur. — On n'a pas voulu entraver le droit de défense : d'autant plus qu'on peut avoir à se défendre contre un procès injuste.

Tout demandeur doit la caution, qu'il soit demandeur principal ou intervenant (art. 166 C. proc. civ.). On ne l'impose pas, au contraire, à l'étranger demandeur reconventionnel.

L'étranger défendeur, qui interjette appel, ne la doit

---

(1) Vainement on soutient que nos anciens auteurs lui permettaient de la demander. Ils ne lui accordaient cette faculté que s'il la fournissait lui-même; or, aujourd'hui le défendeur ne la fournit jamais.

On allègue encore que les art. 16 C. civ. et 166 C. proc. civ. l'imposent au demandeur étranger, sans se préoccuper de la nationalité du défendeur. Mais l'art. 16, qui est fondamental, ne peut être séparé des art. 14 et 15 : or, l'art. 14 suppose le Français demandeur, l'art. 15 le Français défendeur ; l'art. 16 se place dans la même hypothèse d'un Français défendeur. L'art. 166 n'est que la mise en œuvre, au point de vue de la procédure, de la règle formulée par l'art. 16. On ne s'expliquerait d'ailleurs pas, étant donné le but de la loi, que la caution *judicatum solvi*, établie pour la protection des Français, pût être exigée par un étranger. La jurisprudence est depuis longtemps fixée en ce sens.

pas non plus, bien qu'il soit demandeur dans son appel, parce qu'il n'a pas l'initiative du procès. — Mais on l'impose à l'étranger originairement demandeur, qui est intimé en appel. La question est pourtant débattue.

Il faut appliquer ces distinctions au pourvoi en cassation et à la requête civile.

D'ailleurs, l'étranger demandeur ne la doit pas, s'il possède en France des immeubles suffisants pour couvrir les frais et dommages-intérêts pouvant résulter de sa demande (art. 16, *in fine*). La même dispense est accordée à l'étranger demandeur, qui consignera somme suffisante pour répondre des frais et dommages-intérêts (art. 167 C. proc. civ.).

3° *Dans quels cas est due la caution judicatum solvi?* « En toute matière », dit l'art. 16 modifié par la loi du 5 mars 1895.

La caution est donc due en matière commerciale, administrative ou pénale (1), comme en matière civile. Le Code ne l'avait pas imposée en matière commerciale ; mais, nos commerçants s'étant plaints d'avoir à la fournir eux-mêmes à l'étranger, la loi du 5 mars 1895 a supprimé l'exception.

Elle est due devant toutes les juridictions (2).

4° *Comment doit être demandée la caution?* — La caution *judicatum solvi* ne peut pas être imposée d'office. Le défendeur doit la demander. Il doit même le faire *in limine litis* (art. 166 C. proc. civ.) (3).

______

(1) Ainsi l'étranger, qui, victime d'une infraction pénale, se porte partie civile, doit la caution.

(2) Même en justice de paix ; — même en référé, bien que l'urgence et la célérité des débats soulevés en référé aient amené certains auteurs à ne pas l'exiger devant cette juridiction.

(3) Cette obligation imposée au défendeur d'opposer l'exception de caution *in limine litis* a fait naître une sérieuse difficulté, lorsqu'on rapproche l'art. 166 de l'art. 169 C. proc. civ., qui veut que l'on présente d'abord l'exception d'incompétence, et de l'art. 173 qui édicte la même règle pour l'exception de nullité. L'opinion qui a triomphé est que l'exception de caution doit être présentée la première. C'est conforme aux travaux préparatoires et aussi à la logique, car la loi veut que le défendeur puisse se refuser à faire aucun frais, même sur un incident de procédure, tant qu'il n'a pas obtenu la caution.

On admet, en général, que le défendeur, qui avait négligé de réclamer la caution en première instance, est en droit de l'exiger en appel : il peut avoir accepté de courir le risque d'un premier débat et redouter l'augmentation de frais résultant de la procédure d'appel. Bien entendu la caution ne doit que les frais faits à partir du moment où elle s'est engagée.

La caution est fournie conformément aux art. 517 et suiv. C. proc. civ.

5° *Quelles conditions doit remplir la caution?* — La caution que doit fournir le défendeur doit remplir les conditions requises par le Code civil de toute caution légale (art. 2018 et 2019).

Notons que la caution peut être remplacée, conformément à l'art. 2041, par un gage ou nantissement suffisant.

6° *Obligations de la caution.* — La caution ne répond jamais du principal de la condamnation, mais seulement des frais et dommages-intérêts; car, de deux choses l'une : ou le demandeur triomphe et la caution ne doit évidemment rien ; ou il échoue et le défendeur ne peut prétendre qu'au paiement des frais et dommages-intérêts.

L'étendue des obligations de la caution, même en ce qui concerne les frais et dommages-intérêts résultant du procès, n'est d'ailleurs pas illimitée. L'art. 167 C. proc. civ. dit, en effet, que « le jugement qui ordonnera la caution fixera la somme jusqu'à concurrence de laquelle elle sera fournie ».

Cette limitation ne s'applique qu'à l'instance pendante. Une nouvelle caution et une nouvelle évaluation seraient nécessaires en appel.

Remarquons, d'autre part, que le jugement, qui ordonne la caution, n'est pas un jugement de condamnation contre cette caution. Il n'emporte donc pas hypothèque judiciaire.

B. **Traités affranchissant de la caution judicatum solvi.** — Il en existe un grand nombre :

1°On peut citer d'abord les rares traitésqui confèrent aux étrangers, à charge de réciprocité, la jouissance de tous les droits privés. Cf. *suprà*, p. 89.

2° La dispense résulte également des nombreux traités, qui contiennent la clause d'après laquelle « les sujets respectifs auront un *libre et facile accès* auprès des tribunaux pour la poursuite et la défense de leurs droits ». V. notamment convention franco-espagnole du 7 janvier 1862 (art. 2).

3° Les traités qui contiennent la *clause de la nation la plus favorisée* font aussi bénéficier les nationaux des Etats contractants de la dispense de la caution, s'ils ont pour objet de régler la procédure à suivre dans les procès entre les sujets des deux pays.

4° Quelques traités contiennent une clause expresse dispensant de la caution *judicatum solvi.*

On trouve cette clause : 1° dans le traité franco-sarde de 1760 (art. 22-4°), qui régit aujourd'hui les rapports des Français et des Italiens (convention franco-italienne de 1860); — 2° dans le traité franco-suisse du 15 juin 1869 (art. 13); — 3° dans le traité franco-russe des 27-15 juillet 1896, approuvé chez nous par une loi du 31 mars 1899.

5° Certains traités, accordant aux étrangers le bénéfice de l'*assistance judiciaire*, les ont en même temps affranchis de l'obligation de fournir la caution *judicatum solvi* : traités avec la Belgique du 22 mars 1870, avec l'Autriche-Hongrie du 14 mars 1879, avec l'Allemagne du 29 février 1880 (1).

On discute, d'ailleurs, la question de savoir si les traités, qui accordent aux étrangers le bénéfice de l'assistance judiciaire, contiennent implicitement la dispense de la caution *judicatum solvi* au profit de l'assisté.

6° Signalons l'important traité de la Haye du 14 no-

---

(1) L'existence même de ce traité prouve que la clause do la nation la plus favorisée contenue au traité de Francfort ne suffit pas à dispenser les Allemands de fournir en France la caution *judicatum solvi.*

vembre 1896, passé entre la France, la Belgique, le Luxembourg, les Pays-Bas, la Suisse, l'Italie, l'Espagne et le Portugal, et auquel ont successivement adhéré l'Allemagne, l'Autriche-Hongrie, la Roumanie, la Russie, le Danemark, la Suède et la Norvège. Aux termes de l'art. 11 de ce traité, promulgué en France par décret du 16 mai 1899, « aucune caution ni dépôt, sous quelque dénomination que ce soit, ne peut être imposé, à raison soit de leur qualité d'étranger, soit du défaut de domicile ou de résidence dans le pays, aux nationaux d'un des États contractants ayant leur domicile dans l'un de ces États, qui seront demandeurs ou intervenants devant les tribunaux d'un autre de ces États »(1). — Ajoutons que le traité de la Haye reconnaît aux ressortissants des États signataires le droit de demander l'assistance judiciaire.

7° Il faut enfin observer que la convention de Berne du 14 oct. 1890 supprime la caution *judicatum solvi* dans les procès que font naître les transports internationaux par chemins de fer.

C. **Législation comparée relative à la caution judicatum solvi.** — Les législations étrangères peuvent à ce point de vue se diviser en trois groupes :

1er groupe. — Législations analogues à la nôtre.

En Belgique, on a conservé purement et simplement les règles de notre Code.

En Hollande (C. proc. civ., art. 152 et 153), la caution est imposée, comme chez nous depuis 1895, même en

---

(1) La dispense de la caution dans les rapports des États signataires se trouve compensée par ce fait que le jugement qui condamne dans l'un de ces pays l'étranger demandeur aux frais (non aux dommages-intérêts) sera facilement exécuté dans le pays de cet étranger. (Voir à notre 4e partie, les jugements étrangers).

D'ailleurs, ce n'est qu'autant que le demandeur est domicilié dans l'un des États contractants que la convention le dispense de la caution. Mais peut-être le demandeur non domicilié en sera-t-il dispensé en vertu d'un traité que nous avions antérieurement conclu avec son pays, car les conventions faites auparavant par la France avec les pays signataires du traité de la Haye subsistent en tant qu'elles sont plus avantageuses.

matière commerciale; l'étranger demandeur qui a, en Hollande, des immeubles suffisants, n'est dispensé de la caution que s'il les grève d'hypothèque.

En Espagne, la caution *judicatum solvi* est également exigée en toute matière.

La principauté de Monaco (C. civ. art. 16; C. proc. civ., art. 259), la Roumanie (C. civ. art. 15), la Suède (Loi du 19 nov. 1886) n'exigent pas la caution en matière commérciale.

En Pologne, où l'étranger demandeur doit d'ordinaire la caution, il en est dispensé, s'il a dans le pays un établissement industriel.

2° groupe. — Législations qui n'imposent la caution qu'au demandeur qui n'a ni résidence ni domicile dans le pays. — C'est le système qu'on applique en Angleterre et aux Etats-Unis. Il faut noter que, dans ces pays, cette mesure est dirigée non seulement contre les étrangers, mais encore contre les nationaux, qui ne remplissent pas la condition de domicile ou de résidence requise.

3° groupe. — Législations qui ont supprimé la caution *judicatum solvi.* — C'est ce qui s'est produit en Italie (C. civ., art. 3), en Portugal et en Norvège.

L'Allemagne ne l'a maintenue que pour les étrangers appartenant à des pays où elle est exigée. La caution est due alors, même si le demandeur a des immeubles dans l'Empire allemand; mais elle ne répond que des frais et non des dommages-intérêts. Elle n'est d'ailleurs pas exigée en matière de commerce (C. proc. civ. de 1900, art. 110 et 111).

Observons que plusieurs législations dispensent de la caution celui qui a obtenu le bénéfice de l'assistance judiciaire. Il en est ainsi notamment en Allemagne, en Autriche et en Suisse.

Devons-nous suivre l'exemple des législateurs, qui ont aboli la caution *judicatum solvi?*

La tendance générale n'est pas favorable à cette réforme. On remarque, en effet, combien nos nationaux seraient désarmés contre des procès vexatoires.

On pourrait peut-être cependant la supprimer, au moyen de traités accordant au défendeur des facilités pour obtenir le paiement des dépens dans le pays du demandeur, spécialement le dispensant d'obtenir l'*exequatur*, du jugement condamnant le demandeur aux frais : c'est la solution qui a été adoptée dans la convention de la Haye de 1896.

CHAPITRE III

Procès entre étrangers

Nous étudierons : 1° la jurisprudence française ; 2° les traités ; 3° les principales législations étrangères.

SECTION I. — **Jurisprudence française.**

Un débat s'élève en France entre étrangers. Peuvent-ils le soumettre à nos tribunaux ?

Le Code est muet. La jurisprudence fait donc loi.

I. Principe admis par la jurisprudence. — Incompétence, ses caractères. — En principe nos tribunaux se déclarent *incompétents;* mais cette incompétence, qui d'ailleurs est purement facultative, cesse dans un si grand nombre de cas que la compétence devient la règle et l'incompétence l'exception.

On invoque, pour justifier le principe de l'incompétence, diverses considérations assez peu décisives.

On prétend d'abord que la justice n'est due qu'aux nationaux et non aux étrangers. Le droit de soumettre un débat à nos tribunaux serait un droit civil *stricto sensu.* Créés pour rendre la justice à nos nationaux, nos tribunaux ne peuvent, dit-on, sans préjudice pour nous, employer leur temps à trancher des débats entre étrangers.

D'autre part, fait-on remarquer, les contestations soulevées entre étrangers supposent le plus souvent la connaissance des lois étrangères. Or, dit-on, nos juges, à qui on ne peut imposer l'étude de ces lois, seraient exposés trop souvent à commettre des erreurs de droit.

En partant de ces considérations, on devrait aboutir, semble-t-il, à une incompétence d'*ordre public*, pouvant être invoquée en tout état de cause et déclarée d'office par le juge. C'est ce qu'admettent certains auteurs.

Telle n'est pourtant pas la solution de notre jurisprudence. Elle décide que l'incompétence est à la fois *relative et facultative* : c'est-à-dire, d'une part, que les étrangers peuvent, d'un commun accord, renoncer à l'invoquer et que le défendeur, qui veut s'en prévaloir, doit l'invoquer *in limine litis;* d'autre part, que nos tribunaux peuvent d'office se déclarer incompétents, mais ne sont pas tenus de le faire, si on ne le leur demande pas.

Critique. — Ces solutions un peu incohérentes montrent le vice du système d'où elles découlent. Il n'est pas exact que le droit d'obtenir justice soit un droit civil *stricto sensu*. Dans l'état actuel de la civilisation et des relations internationales, justice est due à toute personne dont le droit est violé. Vainement on allègue que ce serait imposer à nos tribunaux la connaissance des lois étrangères. Si l'objection était sérieuse, elle conduirait, en effet, à la suppression pure et simple du droit international privé. Ajoutons que notre loi fait au juge un devoir impérieux de trancher les différends qui lui sont soumis, sous peine de déni de justice (C. civ., art. 4).

Aussi la majorité des auteurs récents concluent-ils à la compétence de nos tribunaux à l'égard des étrangers.

M. Lainé a pourtant proposé une doctrine un peu moins absolue. Dans cette opinion, les tribunaux français seraient compétents pour connaître des différends nés entre étrangers à l'occasion de l'exercice des *facultés du droit des gens*. Ils seraient, au contraire, incompéterts si l'action avait pour objet un *droit civil* dont la jouissance n'est pas reconnue à l'étranger, telle que l'adoption. Cette doctrine s'appuie sur l'ancien droit et les travaux préparatoires. En outre la distinction, au point de vue de la compétence, entre les droits civils et les droits appartenant au *jus gentium* est conforme au système que nous avons considéré comme étant celui que le Code avait consacré dans l'art. 11 au point de vue de la jouissance des droits : il serait, en effet, contradictoire de reconnaître un droit aux étrangers et de leur refuser le moyen de le faire valoir en justice.

II. Exceptions et tempéraments à l'incompétence. — Les exceptions apportées par les tribunaux français au principe de leur incompétence pour les contestations entre étrangers sont nombreuses.

Les tribunaux français connaissent des litiges entre étrangers :

1° Lorsque l'un des étrangers est admis à domicile. — Ce n'est pas là, à vrai dire, une exception, puisque les étrangers admis à domicile jouissent des mêmes droits civils que les Français.

2° Lorsqu'il y a plusieurs défendeurs, dont l'un est Français. — Cette exception est une conséquence de l'art. 59, al. 2, C. proc. civ.

3° Lorsque l'action intéresse *l'ordre public*. — Ainsi ils connaissent des actions civiles qui naissent d'un délit ou d'un quasi-délit commis en France par un étranger au préjudice d'un autre étranger, que ces actions soient portées devant les juridictions répressives incidemment à l'action civile ou directement devant le tribunal civil. Ils fondent leur compétence sur l'art. 3, al. 1 C. civ., aux termes duquel « les lois de police et de sûreté obligent tous ceux qui habitent le territoire ».

— Ainsi, encore, ils se déclarent compétents pour ordonner des *mesures urgentes*, ayant un caractère conservatoire ou provisoire, relativement à des contestations entre étrangers, dont ils ne pourraient connaître au fond. Ex. Ils donnent à la femme, plaidant en divorce ou en séparation de corps à l'étranger, l'autorisation d'avoir un domicile séparé ; ils lui allouent une provision alimentaire jusqu'à la solution du procès ; ils statuent sur la garde des enfants. — Ils ordonnent des mesures pour l'administration des biens d'un mineur, d'un fou ou d'un prodigue, etc.

4° *En matière commerciale*, pourvu que l'art. 420 C. proc. civ. leur donne compétence *ratione personæ*.

On invoque en faveur de cette solution la tradition historique, qu'a dû suivre l'art. 420 C. proc. civ., puisé dans les ordonnances de 1673 (titre II, art. 17) et de 1681 (titre II, art. 5). On ajoute que les obligations du droit commercial appartiennent au droit des gens.

Mais ces raisons justifieraient la compétence en matière civile dans toutes les questions appartenant au *jus gentium* pour lesquelles, dans l'ancien droit, le juge connaissait des litiges entre étrangers domiciliés en France.

Le véritable motif est tiré de l'intérêt du commerce ; on craint d'éloigner les étrangers qui font le commerce en France.

5° Lorsqu'il s'agit de *contestations incidentes*, nées entre étrangers au cours d'un procès pendant devant nos tribunaux. Ainsi ils jugent la demande en garantie incidente, formée par un étranger contre un autre étranger.

Tempéraments. — Il est intéressant de remarquer qu'à côté de ces exceptions bien établies, les tribunaux, grâce au caractère facultatif qu'ils reconnaissent à leur incompétence, ont une tendance marquée à retenir les litiges entre étrangers dont ils sont saisis.

D'une part, en effet, ils consentent fréquemment à statuer, lorsque les étrangers acceptent leur juridiction.

D'autre part, ils repoussent même le déclinatoire d'incompétence soulevé par le défendeur, lorsque celui-ci ne peut justifier qu'il existe à l'étranger un tribunal compétent pour statuer : leur but est d'éviter un déni de justice.

SECTION II. — Traités relatifs à la compétence des tribunaux français.

A. Deux traités seulement statuent directement sur la compétence des tribunaux français dans les contestations entre étrangers. Ce sont les traités franco-suisse et franco-belge.

1° *Convention franco-suisse de 1869.* — L'art. 2 dispose : « Dans les contestations entre Suisses, qui seraient tous domiciliés ou auraient un établissement commercial en France et dans celles entre Français tous domiciliés ou ayant un établissement commercial en Suisse, le demandeur pourra aussi saisir le tribunal du domicile ou du lieu de l'établissement du défendeur, sans que les juges puissent se refuser à juger et se déclarer incompétents à raison de l'extranéité des parties contractantes. — Il en sera de même si un Suisse poursuit un étranger domicilié ou résidant en France devant un tribunal français, et réciproquement si un Français poursuit, en Suisse, un étranger domicilié ou résidant en Suisse devant un tribunal suisse ».

Il résulte de ce texte que le tribunal français ne peut ni se déclarer d'office incompétent, ni faire droit au déclinatoire d'incompétence soulevé par le défendeur, dans les procès soit entre deux Suisses domiciliés ou ayant un établissement commercial en France, soit entre un Suisse et un étranger domicilié ou résidant en France (1).

(1) Le texte de l'art. 2 porte que « le demandeur pourra *aussi* saisir le tribunal du domicile ». L'emploi du mot *aussi* implique qu'un Suisse peut poursuivre un autre Suisse domicilié comme lui en France non seulement devant le tribunal français, mais en outre devant un tribunal suisse. On n'a pas voulu dire simplement, comme l'ont prétendu certains interprètes, que le Suisse poursuivi, en vertu de

Le texte, qui prévoit l'hypothèse où une contestation s'élève entre deux Suisses domiciliés en France ou y ayant un établissement commercial, ne vise pas le cas où le défendeur seul y est domicilié? On a soutenu qu'en ce cas le tribunal français devrait d'office se déclarer incompétent en vertu de l'art. 11 du traité que nous avons précédemment étudié (*suprà*, p. 103). — Cette opinion est critiquable à un double point de vue. D'une part, l'art. 11 est étranger à cette hypothèse, puisqu'il ne doit s'appliquer que dans le cas où le tribunal est incompétent d'après les principes posés dans le traité ; or, notre hypothèse est en dehors des prévisions du traité, car, si le tribunal français est incompétent, ce ne peut être que par application du principe d'incompétence posé par notre jurisprudence pour les procès entre étrangers : dès lors, l'incompétence doit être simplement facultative pour le tribunal, aux termes de cette jurisprudence. — D'autre part, même s'il y avait lieu d'appliquer l'art. 11, il ne s'ensuivrait pas, ainsi que nous l'avons déjà fait observer, que le tribunal dût, en tous les cas, se déclarer d'office incompétent, cette obligation ne pouvant lui incomber qu'au cas où le défendeur fait défaut (Voir *suprà*, p. 103).

Une autre difficulté est née de l'expression « parties contractantes » employée par notre art. 2. On paraît d'accord pour ne pas entendre la règle de compétence qu'il pose des seules actions nées de contrats, mais pour l'appliquer à toutes les autres actions auxquelles s'applique l'art. 1ᵉʳ, spécialement aux actions d'état. Il y a pourtant des divergences en doctrine et en jurisprudence.

2° *Convention franco-belge de 1899.* — Cette convention, par cela même qu'elle décide que les Belges seront régis en France par les mêmes règles de compétence que les Français, impose à nos tribunaux l'obli-

l'art. 2, devant le tribunal français, ne pourrait en décliner la compétence, qui est obligatoire pour lui, comme dans le cas de l'art. 1

gation de juger les procès entre Belges ou entre Belges
et étrangers, en toute matière, civile ou commerciale.

B. Traités accordant aux sujets de certaines puissances *libre et facile accès* devant nos tribunaux : convention franco-espagnole de 1862 (art. 2) et convention
franco-sarde de 1760, étendue à toute l'Italie en 1860
(art. 12 al. 4). — Ces traités, qui dispensent certainement les sujets des pays contractants de la caution *judicatum solvi* (*suprà*, p. 113), donnent-ils compétence
aux tribunaux français dans les procès entre Espagnols
ou éntre Italiens? La question est discutée.

C. Le traité franco-brésilien de 1860, qui contient la
clause de la nation la plus favorisée en matière de droits
civils, permet aux Brésiliens, d'après la jurisprudence,
d'invoquer les traités franco-suisse et franco-belge.

SECTION III. — Aperçu de législation comparée.

Dans presque tous les pays, les tribunaux se reconnaissent compétents pour statuer sur les procès entre
étrangers.

Il en est ainsi notamment en Belgique (loi de 1876),
en Italie (C. proc. civ., art. 105, 106 et 107), en Allemagne, en Autriche.

En Suisse, les étrangers peuvent opposer l'incompétence; mais, s'ils ne l'invoquent pas, le tribunal doit
statuer.

En Angleterre et aux Etats-Unis, les tribunaux connaissent des procès entre étrangers, si ceux-ci ont leur
résidence dans leur ressort, à moins que le procès ne
concerne un contrat passé à l'étranger relativement à un
immeuble également étranger.

La conclusion à tirer de là est que notre jurisprudence devrait suivre l'orientation générale des législations étrangères.

On a nettement manifesté ce désir dans nos Chambres au cours des travaux préparatoires de la loi de 1886 sur la procédure du divorce. On avait proposé d'y introduire un article imposant à nos tribunaux de connaître des demandes en divorce formées par des étrangers, dont la loi nationale admettait le divorce. L'article ne fut pas voté, parce qu'on réserva la question pour l'époque où l'on discuterait le projet de revision du Code de procédure civile, qui contient un article ainsi conçu : « L'étranger peut, dans les mêmes conditions que les Français, sauf l'application de l'art. 16 C. civ., assigner devant les tribunaux français un étranger ». Le projet n'est pas encore venu en discussion.

TROISIÈME PARTIE

CONFLIT DES LOIS

Il y a conflit de lois lorsque les lois de différents pays se présentent concurremment pour régir un droit litigieux : le juge saisi du procès doit se demander quelle loi il doit appliquer. Il est tenu de choisir, car il ne peut les appliquer simultanément, si leurs dispositions sont différentes.

Exemple : un étranger, auquel sa loi nationale permet de se marier à quatorze ans, peut-il se marier en France où la loi n'autorise le mariage qu'à l'âge de quinze ou dix-huit ans? Quelle est celle des deux lois en présence, — loi étrangère ou loi française, — qui devra recevoir son application?

Nous devons d'abord faire une théorie générale des conflits de lois; nous verrons ensuite son application aux matières spéciales, en étudiant les conflits de lois relatifs : 1° à l'État des personnes et aux rapports de famille; — 2° aux Biens; — 3° aux Privilèges et hypothèques; — 4° aux Actes juridiques; — 5° aux Successions; — 6° à la Procédure et aux Preuves.

TITRE PREMIER

THÉORIE GÉNÉRALE DES CONFLITS DE LOIS

La question des conflits de lois s'était déjà posée dans l'ancien droit ; il est important de faire connaître la solution que lui avaient donnée les anciens auteurs.

Nous verrons ensuite quelles sont les principales doctrines qui ont été proposées pour résoudre les conflits dans les législations modernes.

Nous rechercherons quelle est celle qu'a adoptée le Code civil.

Nous examinerons, enfin, quelles sont les règles qui gouvernent l'application en France des lois étrangères, dans les cas où leur application est requise.

CHAPITRE PREMIER

Aperçu historique. — Théorie des statuts (1).

La théorie des statuts a pris naissance, vers le XIIIe siècle, en Italie, où les petites républiques indépendantes, qui s'étaient formées sur les débris du royaume lombard, avaient entre elles des rapports incessants dus à la prospérité de leur commerce (Milan, Bologne, Gênes, Padoue, Mantoue, etc.).

Peu de temps après, elle s'est répandue en France pour trancher les conflits qui naissaient à raison de la diversité des coutumes suivies dans les différentes seigneuries indépendantes; plus tard, l'Allemagne et la Hollande apportèrent leur contribution à l'étude des conflits de lois. A côté de la vieille doctrine italienne, des doctrines nouvelles virent alors le jour : elles sont généralement connues, à raison de leur origine, sous le nom de doctrine française et de doctrine hollandaise. Nous allons exposer brièvement les principes de ces diverses doctrines.

I. Théorie italienne. — Elle est due à l'Ecole des glossateurs (2), qui s'était donné pour mission de commenter les textes du droit romain, au moyen de notes interlinéaires ou marginales, dénommées gloses. Les glossateurs et surtout après eux les postglossa-

---

(1) V. sur l'histoire de la théorie des statuts, le lumineux ouvrage de M. Lainé, *Introduction au droit international privé.*

(2) On cite parmi les plus célèbres : Irnerius, Martin, Bulgare, Jacob, Hugo, Placentin, etc.

teurs (1) ou bartolistes, s'attachèrent à appuyer sur ces textes les solutions qu'ils considéraient comme utiles à la pratique.

C'est dans une glose de la première constitution du Code de Justinien (Loi *cunctos populos*) qu'ils posèrent les principes destinés à résoudre les conflits qui s'élevaient fréquemment entre les coutumes locales ou statuts des républiques italiennes.

Les caractères essentiels de leur doctrine sont les suivants :

α) Ils dégagèrent d'abord un principe important : celui de la *personnalité* de certaines lois, notamment des lois relatives à l'état et à la capacité des personnes, qui s'appliquent, au delà du territoire de l'État où elles ont été édictées, aux citoyens de cet État.

β) Une autre idée également très heureuse est que le conflit des lois ne doit pas être résolu par application d'un principe unique. Il faut diviser par *catégories* les matières juridiques et appliquer à chacune les principes qui lui conviennent le mieux. C'est ainsi qu'on résoudra différemment les conflits pouvant s'élever en matière de successions, de testaments, de contrats, de procédure et de preuves, d'état et de capacité des personnes.

On établit aussi des sous-distinctions : ainsi, en matière de contrats, on distinguera selon qu'il s'agit des conditions de fond des contrats, de leur forme, de la capacité requise, etc.

Les procédés employés pour faire ces distinctions n'étaient pas toujours très sérieux. On tenait compte parfois de la construction grammaticale du texte de la loi (2).

____

(1) Citons Bartole, Albéric de Rosate, Balde, Paul de Castro, etc.
(2) On a souvent cité, comme exemple de ces distinctions puériles, l'opinion qui proposait de s'en tenir à la construction grammaticale pour juger du caractère réel ou personnel des statuts. Si le sujet de la phrase était une personne, le statut était personnel; s'il était une chose, il était réel. Ainsi une loi qui aurait dit : *primogenitus succedat...* aurait été personnelle; celle qui aurait été conçue ainsi « *immobilia ad primogenitum veniant* » aurait été réelle. Procéder ainsi, disait

Plus généralement, on classait les statuts en *favorables* et *défavorables*, les premiers étant extraterritoriaux et les autres se restreignant au territoire.

γ) Toutes leurs solutions sont appuyées, tant bien que mal, sur des textes du *droit romain;* mais elles s'inspirent, en même temps, des règles dictées par la justice et par l'équité.

II. Théorie française. — La France était en pleine féodalité au moment où s'élaborait la théorie italienne. A la personnalité du droit (1) s'était substitué le principe de la territorialité des coutumes, le jour où les races s'étaient confondues et s'étaient soumises à un souverain local, qui imposait sa loi sur son territoire et ne souffrait pas l'application d'une loi voisine. La condition des hommes dépendait de celle de la terre.

Dans cet état des coutumes, il ne pouvait y avoir de

Boullenois(*Traité de la personnalité et de la réalité des lois, coutumes et statuts*, t. I, p. 20), c'est établir une doctrine sur la différence entre *jus vert* et *vert jus.* Cependant, sous son apparence ridicule, la règle cachait une idée sérieuse, puisque, d'après la construction grammaticale, c'est le sujet de la phrase qui révèle l'intention du législateur de s'occuper surtout des choses ou des biens. L'idée, qui se dégage de cet exemple, est donc qu'il faut rechercher l'intention du législateur.

(1) La personnalité des lois, telle qu'elle était comprise à l'époque barbare, ne doit pas être confondue avec la doctrine qui attribue le caractère personnel à certaines lois, dans la théorie des conflits de lois. La loi était personnelle dans les limites d'un même État, c'est-à-dire que chaque individu était régi à tous égards par sa loi d'origine : la territorialité du droit n'existait en aucune manière à cette époque. Sans doute, un conflit pouvait surgir entre des personnes obéissant à des lois personnelles différentes ; mais ce conflit n'était pas celui qui devait donner naissance à la théorie des statuts et dont l'étude forme la partie essentielle du droit international privé. Les lois personnelles, en droit international privé, sont des lois étrangères qui s'appliquent, en dehors du territoire où elles ont été édictées, de préférence à la loi locale.

Comme le fait remarquer M. Lainé (*Introduction au droit international privé*, t. I, p. 66 et s.), nous voyons en Algérie ces deux sortes de lois personnelles. D'une part, la France ayant laissé subsister, dans une certaine mesure, les lois des populations soumises, il peut y avoir des conflits entre la loi française et la loi personnelle des indigènes : ce conflit ne relève aucunement du droit international; d'autre part, des conflits peuvent surgir, en Algérie comme en France, entre la loi française et les lois étrangères : ceux-là seuls dépendent du droit international privé.

conflits : chaque seigneur imposait sa loi **sur toute** l'étendue de son territoire à toute personne qui l'habitait.

Cependant l'influence de l'Ecole italienne se fit sentir assez rapidement. Beaucoup d'étudiants du Midi de la France allaient faire leurs études juridiques dans les célèbres écoles du Nord de l'Italie et rapportaient chez nous les doctrines qui leur avaient été enseignées. D'autre part, la féodalité se mettait bientôt à décliner, le roi reprenant une suzeraineté effective. Enfin, le commerce commençait à se développer après la disparition des guerres locales.

Aussi, au xvie siècle, après la rédaction des coutumes, voyons-nous les jurisconsultes s'attacher à résoudre le problème du conflit des statuts. La lutte entre Dumoulin (1) et Bertrand d'Argentré (2) est demeurée célèbre.

Quelles que soient les divergences de vues entre les jurisconsultes de l'Ecole française, leur doctrine présente certains caractères communs qui la différencient nettement de la doctrine italienne.

α) A part Dumoulin, qui appartient plutôt à la doctrine italienne, les jurisconsultes de l'Ecole française, à la suite de d'Argentré, posent en principe que « toutes « coutumes sont réelles. » A leurs yeux, l'application d'une coutume étrangère est un empiètement sur la souveraineté locale. Néanmoins, ils sont obligés, par les nécessités pratiques et sous l'influence latente de la doctrine italienne, d'accepter sur certains points l'application d'une coutume étrangère, en la justifiant par l'idée de droit et de justice. — Par là, la doctrine fran-

(1) Dumoulin (*Molinæus*) (1500-1566) a fréquemment abordé la question des statuts dans ses œuvres. Il l'étudie particulièrement dans son commentaire de la loi *Cunctos populos* et dans son fameux *consilium LIII*, où il recherche la nature du statut des conventions matrimoniales.

(2) D'Argentré (1519-1590), président de la sénéchaussée de Rennes, très profondément attaché aux idées féodales, a développé la doctrine de la réalité des coutumes, dans son *Commentaire de la coutume de Bretagne*, sous l'art. 218. Il est le chef de l'Ecole française.

çaise reposait sur deux idées contradictoires : si, en droit, toutes les coutumes sont réelles parce que leur territorialité est commandée par la souveraineté locale, on ne conçoit pas comment le droit peut exiger l'application extraterritoriale de certaines lois considérées comme personnelles.

Quoi qu'il en soit, dans la doctrine française, la réalité des lois est la règle ; ce n'est que par exception que l'on admet la personnalité de certains statuts.

β) Une autre différence capitale avec la doctrine italienne consiste en ce qu'au lieu de distinguer les catégories de matières pour rechercher quelle loi devait être appliquée à chacune, les jurisconsultes français s'attachent à diviser toutes les lois en réelles et personnelles.

Cette division s'entend d'ailleurs de deux manières.

Sous un premier aspect, une loi est réelle, par son *objet*, lorsqu'elle a pour but de régler la condition des biens. Elle est personnelle, lorsqu'elle règle la condition des personnes.

Sous un second aspect, qui est celui de l'*étendue d'application* de la loi, un statut est réel lorsqu'il s'applique à toutes les personnes et à toutes les choses qui se trouvent sur le territoire où il a été édicté. Il est personnel, lorsqu'il ne s'applique qu'aux personnes domiciliées sur le territoire, à l'exclusion des étrangers et qu'il suit ces personnes hors des limites du territoire.

Cette double division faite, on admet que le statut, qui est réel ou personnel au premier sens, l'est aussi au second.

Mais la difficulté consistait précisément à savoir quand une loi statue sur une chose ou sur une personne, car au fond toutes les lois ont pour objet l'intérêt des personnes et règlent les relations juridiques des personnes entre elles ou des personnes avec les choses. Il n'existait donc pas de critérium. Aussi, selon les tendances de chaque jurisconsulte, la liste des lois personnelles, c'est-à-dire extraterritoriales, se restreignait ou s'allongeait.

D'autre part,. dans l'impossibilité où l'on était de ranger dans l'une des catégories toutes les dispositions légales, on fut amené à créer la classe des *statuts mixtes*, qui n'étaient ni réels, ni personnels. On rangeait dans cette catégorie les lois sur les contrats, sur les délits, sur la forme des actes, sur la preuve, etc. Mais cette manière de procéder ne pouvait aboutir à aucun résultat pour la solution des conflits de lois. Si, en effet, un statut peut être mixte par son objet, c'est-à-dire se référer à la fois à la condition des personnes et au régime des biens, telle, par exemple, que la loi qui fixe à vingt-cinq ans l'âge où l'on est capable d'aliéner un immeuble, il est impossible de concevoir ce que serait un statut mixte au point de vue de son étendue d'application. Une loi ne peut pas être à la fois territoriale et extraterritoriale. Aussi cette nouvelle classe de statuts encombrait-elle inutilement la théorie des conflits de lois (1).

La théorie des statuts, qui avait joué un grand rôle dans les discussions juridiques au xvi° siècle, préoccupa moins les jurisconsultes du siècle suivant. Au xviii° siècle, elle a donné lieu à quelques études intéressantes, notamment au *Traité de la personnalité et de la réalité des lois, coutumes et statuts,* de Boullenois, aux *Mémoires concernant la nature et la qualité des statuts,* de Froland, l'un et l'autre avocats au Parle-

---

(1) La plus grande incertitude régnait sur le régime auquel on devait les soumettre. D'Argentré et ses partisans étaient d'avis de les traiter comme des statuts réels, puisque la réalité devait être la règle et la personnalité ou l'extraterritorialité, l'exception. D'autres jurisconsultes, au contraire, ressuscitant partiellement la doctrine italienne, cherchaient quelle était la loi, locale ou étrangère, qui paraissait la mieux appropriée au règlement de la matière juridique dont il s'agissait. C'est en partie l'opinion de *Gui Coquille* (1523-1603), procureur général à Nevers, qui, tout en acceptant la règle brocardique que toutes coutumes sont réelles, admet la personnalité des lois qui intéressent la personne dans une mesure beaucoup plus large que la plupart de ses contemporains.

ment de Paris. De son côté, Bouhier, président à mortier au Parlement de Dijon (1673-1743), a inséré à la suite de son *Commentaire de la Coutume de Bourgogne* des observations importantes sur le conflit des statuts (observations XXI à XXXVI). La doctrine de ces auteurs fait une place de plus en plus considérable à la personnalité des lois. Ils sont bien près, surtout le président Bouhier, de renverser la règle que toutes coutumes sont réelles et de faire de la personnalité la règle et de la réalité l'exception.

III. **Théorie hollandaise.** — La doctrine de d'Argentré, peu à peu battue en brèche par les jurisconsultes français, se conserva au contraire en Belgique et en Hollande et s'y développa même dans le sens de la territorialité des lois. On trouve le développement de cette théorie dans les ouvrages de Bourgoigne (1586-1649), de Rodenburg (1618-1668), de Huber (1636-1694), de Paul Voët (1619-1677) et de Jean Voët (1647-1714).

C'est à Jean Voët que nous devons l'exposé méthodique le plus complet de la doctrine hollandaise. Il a developpé les principes de cette théorie dans son Traité *de Statutis*, qui forme la deuxième partie de son commentaire du titre du Digeste, *de constitutionibus principum*. Il part de cette idée que chaque souverain, étant maître chez lui, ne peut supporter l'application d'une loi étrangère, sans laisser empiéter sur sa souveraineté. S'il est vrai que, *par leur objet,* les lois soient réelles, personnelles ou mixtes, elles n'ont d'autorité, *quant à leur étendue d'application,* que sur le territoire du souverain qui les a édictées.

En droit, tout statut est donc réel quant à son étendue d'application. Le principe ne comporte pas d'exception. Voët admet seulement qu'en fait, par *courtoisie internationale* et dans l'intérêt réciproque des sujets des différents Etats, on peut appliquer la loi d'un autre pays.

Cette doctrine absolue a .e tort grave de considérer

que l'application d'une loi étrangère est un empiètement sur la souveraineté, alors qu'elle n'en est que
l'exercice. Elle soumet, d'ailleurs, les étrangers au régime du bon plaisir, qui est la négation du droit. Elle
n'en eut pas moins une grande influence.

CHAPITRE II

Doctrines modernes.

Les jurisconsultes modernes ont élaboré de nouvelles doctrines pour résoudre le conflit des lois. Les anciennes théories n'ont d'ailleurs pas été abandonnées ; bien que créées pour trancher le conflit entre les coutumes locales, elles s'adaptent fort bien à la solution des conflits s'élevant entre les lois de deux Etats.

I. Doctrine anglo-américaine. — La théorie hollandaise s'est implantée en Angleterre, à la fin du xviii° siècle : l'Angleterre ayant laissé à l'Ecosse ainsi qu'à ses colonies leur autonomie législative, ses magistrats, pour résoudre les conflits des lois, empruntèrent la théorie reçue en Hollande, pays avec lequel l'Angleterre avait de fréquentes relations. Cette théorie y trouva un terrain très favorable à son développement : elle s'harmonisait, en effet, très bien avec l'esprit féodal, qui s'est conservé si longtemps vivace dans ce pays.

Elle a également été adoptée par les jurisconsultes américains, qui l'ont appliquée de bonne heure à la solution des conflits s'élevant entre les législations particulières des différents Etats de l'Union. Elle a été exposée pour la première fois, en Amérique, par Story dans son *Commentaire sur le conflit des lois.*

Il est toutefois intéressant de signaler une heureuse transformation subie depuis quelque temps par la doctrine anglo-américaine. Les auteurs les plus récents, Lawrence, Westlake, Dicey, ne font plus appel à l'idée de la *comitas gentium* pour expliquer l'exterritorialité de certaines lois : ils la font reposer sur l'idée de justice (1).

(1) Le système de M. de Vareilles-Sommières (*Synthèse du droit*

II. Théorie de Savigny. — D'après Savigny (*Traité de droit romain*, tome VIII), le problème des conflits de lois a pour objet de déterminer d'abord la loi qui régit la personne humaine envisagée en elle-même, ensuite la loi spéciale à chaque rapport de droit. En entrant dans un rapport de droit, la personne se dépouille de son droit propre, pour se soumettre à la loi particulière à ce rapport.

En ce qui concerne le droit propre à chaque individu, Savigny, après avoir hésité entre l'*origo* et le *domicilium*, se prononce pour la loi du domicile.

Quant à la loi applicable à chaque rapport de droit, c'est celle du *siège* de ce rapport. Pour déterminer ce siège, Savigny tient compte du tribunal compétent, de la volonté des parties, de leur domicile, du lieu de la situation de l'objet, de celui de la formation de l'acte juridique. Il applique successivement son système à l'état des personnes, au droit des choses, aux obligations, aux successions, au droit de famille et à la forme des actes. — Ses disciples (de Bar et Brocher) ont simplifié sa doctrine, en disant que le conflit soulevé par un rapport juridique doit se résoudre par l'application de la loi qui lui convient le mieux, d'après la nature des choses (1).

III. Nouvelle doctrine italienne. — Une doctrine nouvelle a été formulée en Italie par Mancini, dans un discours célèbre prononcé en 1851 à propos de la théo-

---

international privé) se rattache à la doctrine anglo-américaine et à l'ancienne doctrine française. Il accepte la doctrine d'Argentré et la considère comme consacrée par le Code civil, mais la défend par des arguments nouveaux, tirés du respect international de la territorialité des lois.

(1) La théorie allemande, formulée pour trancher les conflits s'élevant entre les lois des divers États de la Confédération germanique, se référait à la loi du domicile et non à la loi nationale. L'Allemagne a longtemps adopté ce même point de vue pour la solution des conflits avec les autres pays. Mais le Code civil allemand de 1900 a fait de la loi nationale la base du statut personnel, tout en faisant de nombreuses concessions aux partisans de la loi du domicile.

rie des nationalités. C'était l'époque où l'Italie poursuivait son unité. Mancini émit cette idée qu'une nation est constituée par l'ensemble des individus qui, unis entre eux par une communauté de race et d'origine, de religion, de mœurs et de civilisation, sont ainsi préparés à vivre sous une même loi. Le législateur de chaque pays, lorsqu'il édicte des lois d'intérêt privé, se préoccupe avant tout de ses nationaux dont il connaît les besoins; il ne légifère pas pour les étrangers qui habitent accidentellement le territoire. En revanche, les lois qu'il fait sont les mieux adaptées aux besoins de ses nationaux, en quelque lieu qu'ils soient établis. En d'autres termes, les lois de chaque État sont faites pour les membres de cet État et doivent les suivre partout où ils se fixent.

L'atteinte que l'on porte ainsi au principe de la souveraineté est beaucoup plus apparente que réelle, car si, dans le domaine du droit public et des rapports des États entre eux, la souveraineté est essentiellement territoriale, elle est surtout personnelle, lorsqu'il s'agit des intérêts privés des sujets d'un État, c'est-à-dire qu'elle s'exerce sur eux en quelque lieu qu'ils se trouvent.

La règle de la personnalité comporte d'ailleurs d'importantes exceptions :

1° Dans les matières d'ordre public, où la loi territoriale reprend son empire;

2° Lorsqu'il s'agit de la forme des actes, où l'on applique la règle traditionnelle « *Locus regit actum* » ;

3° Dans la matière des conventions, où l'on recherche avant tout la volonté des parties contractantes, par application du principe de l'autonomie de la volonté.

Cette doctrine, inspirée par des idées politiques, repose sur un principe faux. Il est inexact, en effet, que la souveraineté s'étende au dehors du territoire. S'il est vrai que tous les États acceptent l'application, sur leur territoire, dans une mesure plus ou moins large, de la loi nationale des étrangers, ce n'est pas en vertu de la souveraineté étrangère, mais en vertu de

leur propre souveraineté. Ils commandent à leurs juges
d'appliquer, dans certains cas, une loi étrangère. La
règle est donc bien la territorialité des lois. Mais la
justice commande de faire application d'une loi étrangère pour le règlement de certains rapports juridiques.
C'est là la vérité.

La doctrine de la personnalité des lois a eu un
grand retentissement. Elle a exercé une influence considérable ; et, si elle est aujourd'hui quelque peu abandonnée, elle a inspiré certaines législations, notamment
les Codes civils italien et espagnol (1) et a amené beaucoup d'auteurs et la jurisprudence à élargir le domaine
des lois personnelles.

IV. Doctrine de M. Pillet (2). — M. Pillet part de
cette idée que les lois civiles, qui sont, par leur nature,
à la fois générales et permanentes, ne peuvent garder
ce double caractère dans les rapports internationaux.
Il faut sacrifier l'un ou l'autre. Sacrifier le caractère de
généralité, en maintenant le caractère de permanence,
c'est dire que les lois s'appliquent aux nationaux et les
suivent partout, c'est adopter le principe de la personnalité des lois. Dire, à l'inverse, que les lois cesseront
d'être permanentes, dans les rapports internationaux,

(1) Tout en procédant encore suivant l'ancienne méthode italienne
de la division des matières par catégories, le Code civil italien, à la
rédaction duquel prit part Mancini, a fait une part très large à la loi
nationale, notamment dans la matière des successions, des donations
et des testaments, dans la matière des contrats (art. 9), en matière
mobilière (art. 7).

Le Code civil espagnol, rédigé à une époque où la théorie de la
personnalité était dominante, l'a acceptée en matière mobilière (art.
10).

Laurent avait essayé de faire pénétrer cette doctrine dans son
Avant-projet de Code civil belge. — Le projet amendé adopte bien la
loi personnelle dans beaucoup de cas, notamment en matière successorale ; mais la commission ne s'est pas placée, pour adopter cette solution, sur le terrain de la théorie des nationalités. Elle s'est bornée
à appliquer la vieille doctrine de la division des matières.

(2) M. Pillet a exposé cette doctrine dans le *Journal du dr. intern.
pr.*, 1894, p. 417, 711 ; 1895, p. 241, 500, 929; 1896, p. 5; — dans la
Revue de dr. intern. public, 1898 ; — et dans le cours qu'il a professé en 1904-1905 à la Faculté de droit de Paris.

mais seront générales, c'est admettre que, dans chaque pays, la loi locale régira les étrangers, comme les nationaux, mais ne suivra pas les nationaux à l'étranger.

Quel parti faut-il prendre? L'un ou l'autre, selon les cas. Pour se décider, on devra rechercher le *but social* de la loi et retenir le caractère qui, dans chaque cas, favorisera le mieux la réalisation du but de la loi. Or les lois civiles ont pour but tantôt la protection de l'individu, tantôt la garantie de l'ordre public. Les premières ou lois de protection individuelle sont avant tout permanentes, donc extraterritoriales; les autres, c'est-à-dire les lois de garantie sociale sont surtout générales, donc territoriales.

Chaque Etat appliquera donc aux étrangers sur son territoire leurs lois nationales, lorsqu'elles ont pour but la protection de l'individu. Ce n'est d'ailleurs pas par simple courtoisie internationale, ou par application de l'idée de justice, qu'un Etat applique une loi étrangère. Chaque souverain, en effet, n'a pas seulement pour mission d'établir un droit interne; il a l'obligation de fixer un droit international pour la société internationale. Il existe, à côté de la souveraineté territoriale, une souveraineté personnelle qui doit être respectée pour assurer aux lois leur maximum d'effet utile.

M. Pillet, entrant ensuite dans l'application, aboutit à des distinctions qui se rapprochent beaucoup de celles adoptées par l'ancienne théorie italienne et les disciples de Savigny.

CHAPITRE III

Doctrine du Code civil.

Le Code ne contient pas un système complet sur la solution des conflits de lois. On trouve seulement quelques dispositions éparses statuant sur des points particuliers, savoir les art. 3, 48, 170, 999, 2123, 2128, C. civ. et 546 C. proc. civ.

La plus importante est celle de l'art. 3 C. civ. ainsi conçu : « Les lois de police et de sûreté obligent tous ceux qui habitent le territoire. — Les immeubles, même ceux possédés par des étrangers, sont régis par la loi française. — Les lois concernant l'état et la capacité des personnes régissent les Français, même résidant en pays étranger. »

En présence du laconisme du Code, on s'est demandé à quel système il se rattachait.

A. Les uns ont soutenu que le Code avait purement et simplement adopté l'ancienne doctrine des statuts, avec sa division en statuts réels et statuts personnels.

Ils trouvent la confirmation de cette opinion dans l'art. 3, qui consacre deux des plus importantes applications de l'ancienne théorie, dans son al. 2 (statuts réels) et dans son al. 3 (statuts personnels). Ils invoquent en outre les travaux préparatoires, qui paraissent favorables à cette doctrine.

Ils en concluent qu'il faut appliquer la théorie des

statuts pour la solution de tous les conflits qu'elle avait tranchés dans notre ancien droit.

Mais on oublie, dans cette opinion, que de graves divergences s'étaient produites entre les anciens auteurs et qu'il est impossible que l'interprète du Code soit lié par des solutions qui n'ont pas été formellement consacrées par la loi.

B. D'autres, remarquant que les expressions de statut réel et de statut personnel ne figurent pas dans l'art. 3, prétendent que le Code s'est complètement affranchi de l'ancienne doctrine statutaire : dès lors, dans l'impossibilité où l'on se trouve de dégager le système du Code, l'interprète reste libre, pour tous les conflits non tranchés par le législateur, et il appartient à la jurisprudence de suivre le système qui lui paraît le plus conforme aux besoins nouveaux de la pratique. C'est pourquoi quelques auteurs ont proposé hardiment d'appliquer la nouvelle doctrine italienne de la personnalité des lois avec les restrictions qu'elle comporte, toutes les fois qu'un texte formel n'a pas expressément donné une solution contraire (En ce sens, Weiss, Despagnet).

C. Il est préférable d'adopter une troisième opinion que l'on peut formuler ainsi. Le Code n'a pas, comme l'ancienne théorie des statuts, divisé toutes les lois en réelles et personnelles. Il n'a pas non plus posé le principe que la réalité est la règle et la personnalité l'exception. Il a répudié dans son ensemble l'ancienne théorie statutaire. Mais il en a consacré expressément les deux règles les plus importantes ; et, ce faisant, il a lié l'interprète dans une certaine mesure, car ces deux règles doivent être entendues avec la portée d'application que nos anciens auteurs étaient d'accord pour leur donner. Ainsi, par application de la règle formulée dans l'art. 3 al. 2, à laquelle on donnait cette portée dans l'ancien droit, nous admettons qu'en matière de successions les immeubles situés dans plusieurs pays sont

régis par les lois des divers Etats où ils se trouvent respectivement.

Pour le surplus, c'est-à-dire lorsque le Code n'a pas
expressément statué et que, d'ailleurs, nous ne sommes
pas liés par l'ancien droit, nous sommes libres de choisir entre les divers systèmes proposés pour la solution
des conflits de lois.

Entre tous, c'est l'ancienne doctrine italienne, reproduite par Savigny et surtout par ses disciples, qui a nos
préférences : le juge doit diviser et subdiviser les matières et rechercher celle des lois en conflit dont l'application est la plus conforme à la nature des choses.

On objecte que cette théorie constitue plutôt une
méthode qu'un système de solution des conflits de lois.
L'objection est juste, mais elle peut être dirigée avec la
même force contre les systèmes absolus qui, eux aussi,
sont obligés de diviser les matières juridiques en plusieurs groupes, pour appliquer à chacun une règle différente. Le système que nous proposons est d'ailleurs
celui qui a donné les meilleurs résultats : arrêté dans
son développement par la doctrine de d'Argentré, il a été
de nouveau appliqué dans le dernier état de notre ancien droit. C'est à lui qu'on doit les progrès du droit international privé (1).

____

(1) M. Lainé à son cours et dans son article « La rédaction du Code
civil et le droit international privé » (*Rev. de dr. int. pr.*, 19.5,
p. 21, 443).

CHAPITRE IV

Règles concernant l'application des lois étrangères en France.

Il arrive souvent que les juges français saisis d'un conflit de lois doivent, soit par suite d'une disposition formelle du Code civil, soit par suite des principes consacrés par la jurisprudence, appliquer la loi étrangère. Cette application des lois étrangères en France soulève deux questions délicates :

1° Comment concilier l'application de la loi étrangère avec les dispositions d'ordre public de la loi française qui lui sont contraires?

2° Quel doit être le rôle du juge chargé d'appliquer la loi étrangère et en quel sens doit-il l'appliquer?

SECTION I. — Conflit des lois étrangères avec les lois d'ordre public en France.

L'application de la loi étrangère aurait parfois pour conséquence la violation des règles d'ordre public consacrées par la loi française : en ce cas, la loi étrangère doit-elle être écartée?

Pour résoudre la question, il importe de distinguer, parmi les lois d'ordre public, d'une part, celles qui sont de droit public, et, d'autre part, celles qui, bien qu'étant d'ordre public, dépendent néanmoins du droit privé.

I. **Lois de droit public.** — Le droit public interne régit les rapports de l'Etat avec les individus.

Toute la partie du droit public qui a trait aux droits politiques et civiques est inaccessible aux étrangers : il ne peut donc être question d'appliquer ni la loi française, ni la loi étrangère.

Au contraire, cette partie du droit public, qui comprend les différents moyens par lesquels l'Etat assure le bon ordre social et veille à l'intérêt général du pays, fût-ce en restreignant la liberté des individus, concerne les étrangers aussi bien que les nationaux. Les rapports qui se forment, à ce sujet, entre l'Etat et les individus ne peuvent être régis que par la loi locale, sous peine pour l'Etat d'abdiquer sa souveraineté. Les étrangers en France seront donc tenus d'observer, à ce point de vue, les lois françaises.

C'est en ce sens que l'art. 3, al. 1 C. civ., dispose : « Les lois de police et de sûreté obligent tous ceux qui habitent le territoire. » La loi aurait d'ailleurs parlé un langage plus exact en disant « tous ceux qui se trouvent sur le territoire », car le fait du domicile ou de l'habitation sur le territoire n'est pas nécessaire.

Les lois de sûreté comprennent plus spécialement des lois pénales et celles qui apportent des limitations aux différentes libertés publiques.

Les lois de police *stricto sensu* désignent notamment les lois édictant des mesures qui ont pour but et pour principe l'intérêt général, mais qui protègent en même temps des intérêts privés. Telle est la loi sur la déchéance de la puissance paternelle du 24 juillet 1889 ; — c'est également à titre de mesures de police que des mesures provisoires et urgentes établies par la loi française sont prises par nos tribunaux, soit au cours des procès en divorce ou en séparation de corps des étrangers, soit pour la protection des incapables étrangers.

Parmi les lois qui constituent le droit public de l'Etat français et auxquelles l'étranger doit se soumettre, figurent encore les lois qui règlent l'organisation judi-

ciaire et l'exécution des actes et jugements, celles qui
établissent les impôts, etc.

II. Lois de droit privé qui sont d'ordre public. —
Parmi les lois de droit privé, c'est-à-dire parmi les lois
qui ont pour but de régler les rapports des individus
entre eux, il en est qui touchent aux intérêts généraux
du pays et qui, à ce titre, sont d'ordre public (1).
C'est à ces lois d'ordre public que l'art. 6 C. civ.
défend aux particuliers de déroger par leurs conventions. Telles sont, par exemple, les lois concernant
l'état et la capacité des individus ou celles qui limitent
le taux de l'intérêt.

Lorsque la loi étrangère, dont les règles du droit international requièrent l'application, est contraire à une
loi d'ordre public français, doit-elle être écartée ou
peut-elle être néanmoins suivie?

La question se résout par une distinction essentielle.

*Distinction des lois d'ordre public interne ou relatif
et des lois d'ordre public international ou absolu.* —
Il y a des lois d'ordre public qui ne sont d'ordre public
que pour les Français, sans l'être pour les étrangers.
Les Français, d'après l'art. 6 C. civ., ne peuvent y déroger, mais elles n'intéressent pas tellement l'utilité
générale qu'elles fassent obstacle à l'application en
France de lois étrangères, qui sont en contradiction
avec elles.

Il est, au contraire, des lois qui, tout en réglementant des intérêts privés, sont dictées par des considérations d'ordre public si impérieuses que non seulement
elles s'imposent aux Français, mais qu'elles font obsta-

(1) Un auteur, M. de Vareilles-Sommières, a critiqué l'expression
« lois d'ordre public », parce que toutes les lois sont édictées dans
l'intérêt général. — La critique, si elle était fondée, s'adresserait au
législateur lui-même (art. 6 C. civ. et art. 83 C. pr. civ.). On peut
d'ailleurs répondre que si, à la vérité, toutes les lois sont faites en
vue de l'intérêt général, elles ne le concernent pas toutes au même
degré, puisque seules celles que le législateur considère comme d'ordre public ne peuvent être écartées par la volonté des individus.

clo à l'application en France des lois étrangères qui leur sont contraires. Ainsi, la prohibition de la polygamie devrait être respectée en France par un Turc.

On dit que les premières sont d'ordre public interne ou relatif et les secondes d'ordre public international ou absolu.

A la vérité, les expressions d'ordre public interne et d'ordre public international sont défectueuses, puisque les lois d'ordre public international n'ont pas le caractère de lois d'ordre public chez tous les peuples; mais elles sont usitées plus habituellement que les expressions d'ordre public relatif et d'ordre public absolu : nous nous servirons indifféremment de l'une ou de l'autre terminologie.

— Mais comment distinguer l'ordre public interne de l'ordre public international? Existe-t-il un critérium qui permette de reconnaître les dispositions d'ordre public qui font obstacle à l'application des dispositions contraires des lois étrangères et celles qui n'empêchent pas l'application de ces lois?

On peut observer que les règles d'ordre public absolu ou international sont, *a fortiori*, d'ordre public interne, sans que la réciproque soit vraie. Mais il faut reconnaître qu'il est impossible de donner une règle qui permette de délimiter nettement l'ordre public absolu. C'est au juge qu'il appartient de voir si l'application de la loi étrangère, dans son pays, constituerait une atteinte tellement grave à la morale et apporterait un si grand trouble au bon ordre social qu'il dût en résulter un véritable scandale.

Ainsi, avant le rétablissement du divorce en France en 1884, des étrangers, que leur loi nationale autorisait à divorcer, ne pouvaient cependant pas faire prononcer leur divorce par des tribunaux français, alors que ceux-ci, au contraire, avaient fini par autoriser le mariage en France d'étrangers régulièrement divorcés dans leur pays (voir p. 172).

Si délicate que soit la tâche du juge, il est impossible

au législateur de la lui simplifier par la désignation précise des règles qui seraient d'ordre public absolu. Les
exigences de la morale sont essentiellement contin-
gentes et varient suivant les époques : une énumération rigide faite par la loi serait pleine d'inconvénients.

— Nos tribunaux, lorsqu'ils décident qu'une disposition de notre Code est ou non d'ordre public
international, doivent s'inspirer de l'état des mœurs
contemporaines et non pas de l'esprit qui animait le
législateur à l'époque de la promulgation de nos lois.

*Effet du caractère d'ordre public absolu ou interna-
tional de la loi française.* — Lorsque la loi étrangère
est contraire à une disposition d'ordre public absolu
de la loi française, quelle conséquence le juge doit-il
en tirer?

Il doit évidemment se refuser à appliquer la loi
étrangère, dont les principes du droit international privé
auraient commandé l'application; mais ne doit-il pas
faire plus encore et substituer la loi française à la loi
étrangère?

Ainsi nos tribunaux refuseront, au nom de 'ordre
public, de prononcer entre étrangers le divorce par
consentement mutuel des époux, malgré les pre criip-
tions de la loi nationale de ceux-ci. Est-ce à dire qu'ils
pourraient accueillir, au nom de l'ordre public, ie
demande de divorce fondée sur une cause admise p r
la loi française et ignorée de la loi étrangère (1)?

Beaucoup d'auteurs l'admettent : pour eux, les loi
françaises, qui sont d'ordre public international, devraient être appliquées aux étrangers.

Nous ne partageons pas cette manière de voir : seules
les lois de droit public, les lois de police et de sûreté

_____

(1) De même, avant 1884, des étrangers dont la loi nationale autorisait le divorce ne pouvaient divorcer en France; mais, s'ils deman-
daient la séparation de corps, ignorée de leur loi nationale, le juge
français pouvait-il la prononcer, sous prétexte que les dispositions de
la loi française en ces matières sont d'ordre public international? Voir
infrà, p. 172.

s'imposent aux étrangers. L'ordre public absolu, au contraire, fera bien écarter les dispositions de la loi étrangère contraires à la loi française; mais on ne voit pas pour quel motif il obligerait à appliquer la loi française, à laquelle la raison ni la nature des choses ne donnaient compétence.

SECTION II. — Rôle du juge dans l'application des lois étrangères. — Théorie du renvoi.

Supposons que la loi étrangère ne vienne se heurter à aucune règle de l'ordre public international : comment le juge français devra-t-il l'appliquer?

Il semble qu'il doive l'appliquer même d'office, au cas où les parties négligeraient d'en invoquer le bénéfice : la volonté expresse ou présumée du législateur ayant été de faire régir un rapport de droit par une loi étrangère, le juge français est tenu de se conformer à l'ordre qui lui est donné par la loi française, même si la volonté des parties était de s'y soustraire. Toutefois, notre jurisprudence décide que l'existence et les dispositions d'une loi étrangère ne constituent, aux yeux des juges français, que de simples faits et que les tribunaux sont fondés à attendre, pour appliquer la loi étrangère, que celui qui l'invoque ait fait la preuve de l'existence de cette loi et de la teneur de ses dispositions relatives au droit litigieux.

Rôle de la Cour de cassation. — Quelle est la sanction de l'application en France d'une loi étrangère? La Cour de cassation doit-elle veiller à cette application et casser les décisions qui ne s'y sont pas ou qui s'y sont mal conformées?

Deux hypothèses doivent être examinées :

Première hypothèse. — La loi étrangère était applicable et les tribunaux ont refusé de l'appliquer.

Il est très généralement admis par les auteurs, en pareil cas, que la décision est sujette à cassation. C'est, en effet, la loi française elle-même, en tant qu'elle requiert l'application de la loi étrangère, qui se trouve violée.

La doctrine qui se dégage des décisions de la Cour de cassation n'est peut-être pas aussi ferme. Elle accepte sans difficulté cette solution, lorsque l'application de la loi étrangère est requise soit par une disposition de la loi française, soit par une clause d'un traité signé par la France. Au contraire, lorsque l'application de la loi étrangère n'est commandée par aucun texte, mais uniquement par les principes du droit international privé reçus en France, la Cour suprême semble hésiter : pour casser les décisions qui n'ont pas appliqué la loi étrangère, elle s'appuie, la plupart du temps, sur des textes de la loi française qui ne se rapportent que très indirectement à l'objet du litige.

Deuxième hypothèse. — La loi étrangère étant applicable, les juges l'ont appliquée, mais l'ont faussement interprétée.

La Cour suprême décide que l'interprétation inexacte de la loi étrangère ne donne pas ouverture à cassation. Faite pour assurer l'exacte application des lois françaises, la Cour de cassation estime que l'application de la loi étrangère est une simple question de fait, qui relève souverainement des juges du fond et qui échappe à son contrôle.

Ainsi, une décision ayant déclaré valable un mariage contracté à l'étranger par deux Français qui avaient mal observé la forme locale, la Cour de cassation, saisie d'un pourvoi fondé sur une interprétation défectueuse de la loi étrangère, a refusé de casser.

La doctrine de la Cour suprême est inacceptable. Lorsque la loi étrangère est applicable, non seulement elle doit être appliquée, sous peine de cassation, mais elle doit être bien appliquée : sinon la loi française, qui en exigeait l'application, se trouve violée.

Renvoi fait par la loi étrangère à une autre loi.
— Quand un rapport de droit doit être régi par la loi
étrangère, est-ce à la disposition de la loi étrangère interne ou à la règle adoptée par la loi étrangère pour
la solution du conflit des lois qu'il faut se référer?

Exemples : Nous verrons que les étrangers sont régis
en France, quant à leur état et à leur capacité, par leur
loi personnelle ; mais certaines lois étrangères décident
que leurs nationaux à l'étranger sont soumis à la loi de
leur domicile. Dès lors, le mariage d'un étranger domicilié en France sera-t-il, aux yeux des juges français,
soumis, quant aux conditions de fond, aux règles de
la loi nationale ou bien aux règles posées par la loi de
son domicile, à laquelle renvoie la loi nationale et qui,
dans l'espèce, est la loi française elle-même?

De même, la loi qui gouverne la succession mobilière laissée en France par un étranger est celle de son
domicile légal; mais certaines législations étrangères
décident que la succession mobilière laissée par un de
leurs nationaux est régie par la loi du simple domicile de fait ou de la résidence du défunt. Dès lors,
supposons qu'un étranger, dont la loi nationale contient
une règle de ce genre, vienne à mourir en France, où
il est établi, alors qu'il a son domicile légal dans son
pays : le juge français devra-t-il appliquer à sa succession mobilière les dispositions de la loi étrangère interne
sur les successions ou devra-t-il suivre, au contraire, la
règle posée en droit international privé par la loi étrangère et appliquer les dispositions de la loi française, à
laquelle renvoie la loi étrangère?

La *théorie du renvoi* a été formellement consacrée
par plusieurs législations étrangères, au moins en certaines matières dépendant du statut personnel.

Chez nous, elle est acceptée par les auteurs qui soutiennent que, pour la solution du conflit des lois, nous
devons adopter la doctrine italienne moderne, c'est-à-
dire que, dans tous les cas où la loi étrangère est applicable en France, cette application a lieu en vertu de

l'exterritorialité de la souveraineté étrangère; dans ce système, la loi étrangère applicable en France est évidemment celle qu'il plaît au législateur étranger d'adopter pour la solution du conflit des lois (1).

Bien que la jurisprudence française l'ait très généralement consacrée, il nous semble impossible d'admettre la théorie du renvoi. Lorsque le législateur français déclare applicable la loi étrangère, il affirme sa souveraineté, il donne lui-même au conflit des lois la solution qui lui paraît commandée par la justice : il tranche souverainement le conflit, en exigeant l'application de la loi étrangère, et ne s'en remet pas au législateur étranger du soin de trouver la solution qui convient à ce conflit. C'est donc, à notre avis, la loi étrangère interne qui seule doit être suivie.

Au reste, si c'était à la règle de droit international privé consacrée par la loi étrangère qu'il fallait se référer, il serait impossible de trouver la solution du conflit des lois en présence. Si, par exemple, pour déterminer la capacité d'un Anglais établi en France, il faut suivre non la loi anglaise, mais la loi de son domicile, c'est-à-dire la loi française, à laquelle renvoie sa loi nationale, il est difficile d'admettre que ce soit la loi française interne qui donne la solution du conflit : ce doit être la règle de droit international privé consacrée par la loi française. Or, cette règle commande l'application de la loi anglaise. Dès lors, on se trouve, en fin de compte, obligé de tourner dans un cercle vicieux.

(1) Elle est admise également, du moins dans tous les cas où elle aura pour résultat l'application de la loi française, par les auteurs qui, comme M. de Vareilles-Sommières, n'acceptent en France la loi étrangère qu'au nom de la courtoisie internationale : du moment que la loi étrangère réclame l'application de la loi française, le juge français n'a aucune raison pour vouloir appliquer la loi étrangère interne et se refuser à suivre la loi française.

TITRE II

DES PERSONNES
ENVISAGÉES AU POINT DE VUE
DE LEUR ÉTAT
ET DE LEURS RAPPORTS DE FAMILLE

L'état d'une personne, ses rapports de famille et sa capacité juridique sont régis par la même loi.

Nous étudierons ici spécialement l'état des personnes, les rapports de famille et la protection des incapables, réservant quelques observations particulières à la capacité, qui trouveront mieux leur place dans l'étude des actes juridiques.

Nous commencerons par poser le principe qui domine tout notre sujet ; nous en ferons ensuite l'application au mariage, à la filiation, à la puissance paternelle, à la tutelle et aux institutions de protection des incapables, et enfin à l'absence.

CHAPITRE PREMIER

Principe régissant les conflits de lois relatifs à l'état des personnes et aux rapports de famille

Ce principe sera examiné d'abord relativement aux Français en pays étranger, ensuite relativement aux étrangers en France ; nous dirons enfin très sommairement quelles sont les solutions consacrées par les législations étrangères.

SECTION I. — Etat et rapports de famille des Français en pays étranger.

L'art. 3 al. 3 C. civ. dispose : « Les lois concernant l'état (et la capacité) des personnes régissent les Français, même résidant en pays étranger. »

C'est là une règle traditionnelle, la plus ancienne de la théorie des statuts après celle de l'art. 3 al. 2. Ce fut, en effet, la première réaction du statut personnel contre le statut réel et d'Argentré lui-même l'accepta.

Mais, tandis que, dans notre ancien droit, la loi personnelle était la loi du domicile, elle est aujourd'hui la loi nationale : c'est la loi française qui régit à l'étranger l'état des Français et leurs rapports de famille, abstraction faite de leur domicile.

Ce changement s'explique aisément : notre ancienne France, en effet, n'eut jamais l'unité de législation ; les conflits s'élevaient entre les coutumes des différentes provinces et la patrie juridique d'une personne était la province où elle était domiciliée. Avec la suppression des anciennes provinces par la Révolution et l'établissement en France de l'unité de législation, la loi nationale devait se substituer à la loi du domicile, comme base du statut personnel ; le changement fut consacré par les rédacteurs du Code sans difficulté.

Cette substitution, toutefois, n'a pas été aperçue par Fœlix, qui confond la loi du domicile et la loi nationale (1) ; et même elle a été formellement niée par M. Demangeat, l'annotateur de Fœlix (2). D'après cet auteur, la loi personnelle serait encore la loi du domicile, et cette solution résulterait de l'art. 3 al. 3 lui-même : ce texte, en effet, supposant le Français *résidant* en pays étranger sans y être domicilié, le soumet à la loi française ; il en faudrait conclure que, si le Français a, en pays étranger, non seulement sa résidence, mais aussi son domicile, la loi étrangère, loi du domicile, devra être suivie.

Cette opinion est aujourd'hui abandonnée : le mot « résidence », employé seul dans l'art. 3, a été pris dans son sens le plus large ; et les Français résidant à l'étranger sont à la fois ceux qui y ont leur domicile et ceux qui s'y trouvent momentanément.

Cette interprétation est confirmée par les travaux préparatoires, ainsi que par l'art. 170 C. civ., qui fait l'application de l'art. 3 al. 3 aux conditions de fond du mariage et soumet à la loi française le Français qui se marie à l'étranger, sans distinction entre le cas où il y est domicilié et le cas où il y est simplement résidant.

Donc, les Français en pays étranger, qu'ils y soient domiciliés, résidant ou seulement de passage, sont régis par la loi française pour tout ce qui concerne leur état et leurs rapports de famille.

Cette proposition doit d'ailleurs être bien entendue :

(1) Fœlix, *Traité de Droit international privé*, t. I, p. 58, 4e éd.
(2) Demangeat, sur Fœlix, t. I, p. 58, et p. 105, note *a*.

l'art. 3 al. 3 ne signifie pas que le juge étranger, saisi d'une contestation relative à l'état, à la capacité ou aux rapports de famille d'un Français, doive appliquer la loi française, car le législateur français n'a pas qualité pour donner semblable injonction aux juges étrangers. Notre règle s'adresse seulement aux juges français et elle leur ordonne de ne tenir pour valables les actes intéressant l'état, la capacité et les rapports de famille de nos nationaux, même lorsque ces actes ont eu lieu à l'étranger, qu'autant que les règles posées par les lois françaises auront été observées.

SECTION II. — Etat et rapports de famille des étrangers en France.

Malgré le silence de l'art. 3 sur ce sujet, on est d'accord pour admettre que les étrangers seront régis en France, quant à leur état et à leurs rapports de famille, par leur loi nationale.

On a quelquefois invoqué, pour justifier cette règle, la disposition de l'art. 3 al. 3 : de même que les Français sont régis à l'étranger par la loi française, réciproquement les étrangers en France seraient soumis à la loi étrangère. Cet argument de réciprocité, donné par Merlin, est sans valeur : en effet, si les étrangers sont régis en France par la loi étrangère, c'est en ce sens que le juge français doit appliquer aux étrangers leur loi nationale, tandis que l'art. 3 al. 3, lorsqu'il décide que les Français sont régis à l'étranger par la loi française, n'entend pas imposer aux juges étrangers l'obligation d'appliquer aux Français la loi française.

La véritable raison qui justifie l'application de la loi étrangère aux étrangers en France, en ce qui concerne leur état et leurs rapports de famille, est que le législateur a certainement entendu placer toute cette matière de l'état des personnes sous la dépendance du statut personnel, comme dans notre ancien droit, et la faire régir par la loi nationale des parties.

D'une part, en effet, les travaux préparatoires du Code ne laissent aucun doute à cet égard (1).

D'autre part, tandis que les deux premiers paragraphes de l'art. 3 appliquent la loi française aux étrangers, le troisième paragraphe garde le silence sur la loi qui doit régir leur état et leur capacité; il faut en conclure qu'il a entendu écarter à ce point de vue l'application de la loi française.

C'est donc, en principe, la loi nationale de l'étranger, qui gouverne son état et ses rapports de famille. Toutefois, il y a lieu de tenir compte, en pareille matière, de la théorie du renvoi; et, si l'on y adhère, ce sera, non pas la loi nationale de l'étranger, mais bien la loi dont celle-ci exige l'application qui s'imposera aux juges français.

Aucune distinction ne doit être faite entre les étrangers qui sont en France, suivant qu'ils sont de passage, résidant, domiciliés ou même admis à domicile. C'est en vain qu'on a essayé de soutenir que les étrangers admis à domicile devaient être régis par la loi française aux termes de l'art. 13 C. civ. (2); une pareille opinion repose sur une confusion faite entre deux théories profondément différentes : celle de la

(1) Le projet du livre préliminaire du Code contenait une disposition ainsi conçue : « La loi oblige *indistinctement* ceux qui habitent le territoire : l'étranger y est soumis pour les biens qu'il y possède et *pour sa personne pendant sa résidence* ». Le tribunal d'appel de Grenoble ayant fait remarquer que de ce texte il semblait résulter que les étrangers étaient soumis à la loi française même quant à leur état et à leur capacité, le Conseil d'Etat substitua aux derniers mots de la rédaction proposée ceux-ci : « et personnellement en tout ce qui intéresse la police pendant sa résidence »; enfin le mot « indistinctement », qui prêtait à l'équivoque, disparut à son tour. Sans doute, cette disposition a été purement et simplement supprimée par le Tribunal qui a donné à l'art. 3 sa rédaction actuelle; mais les modifications successives qu'il a subies démontrent à l'évidence qu'en ce qui concerne leur état et leur capacité, le Code a entendu soustraire les étrangers à l'application de la loi française.

(2) Demangeat, sur Fœlix, t. 1, p. 68 et 69, et *De la condition des étrangers*, t. 1, p. 414.

condition des étrangers et de leur aptitude à la jouissance des droits privés et celle du conflit des lois. L'admission à domicile donne à l'étranger qui l'a obtenue la jouissance de tous les droits civils, d'après l'art. 13 C. civ.; elle n'a pas pour conséquence de soumettre l'exercice de ces droits à la loi française. Ainsi, l'adoption étant, d'après notre jurisprudence, un droit civil *stricto sensu*, à la jouissance duquel l'étranger ne saurait, en principe, prétendre, l'admission à domicile accordée à un étranger lui conférera le droit d'adopter ou d'être adopté en France; mais, s'il use de ce droit, est-ce la loi française ou la loi étrangère qui déterminera les conditions de l'adoption ? Cette question n'est aucunement tranchée par l'art. 13 C. civ.; elle dépend uniquement de la solution qu'il convient de donner au conflit des lois en matière d'état des personnes.

Peu importe également que l'étranger établi en France ait ou non conservé l'esprit de retour dans son pays. Cependant, si cet étranger a perdu sa nationalité par le fait de son établissement en France, sans avoir acquis la nationalité française, on lui appliquera la loi française comme étant celle de son domicile de fait. Il en serait de même au cas où un étranger établi en France aurait plusieurs nationalités.

L'application de la loi nationale de l'étranger viendra souvent se heurter en France à des règles d'ordre public absolu; en pareil cas, la loi étrangère devra être écartée.

SECTION III. — Législation comparée.

Les conflits de lois relatifs à l'état, à la capacité et aux rapports de famille, sont tranchés de façons très diverses suivant les pays; toutefois, les différentes législations peuvent être, à ce point de vue, réparties en trois groupes.

1° *Système français.* — Ce groupe comprend les législations qui font régir l'état, la capacité et les rapports de famille, par la *loi nationale* des parties.

C'est le système suivi en Italie (art. 6 C. civ. de 1865), aux Pays-Bas (art. 6 C. néerlandais), en Belgique (art. 3 C. civ.), en Espagne (art. 9 C. civ. de 1889), en Russie, en Pologne, en Allemagne (art. 7-31 Loi d'introduction au nouveau Code civil (1).

2° *Ancien système allemand.* — Les législations de ce groupe, tout en consacrant le principe de la personnalité des lois en notre matière, se prononcent en faveur de la *loi du domicile.*

Telle était la législation généralement consacrée en Allemagne avant le nouveau Code civil ; — tel est encore le système admis en Norvège, en Danemark, dans la plupart des Etats de l'Amérique du Sud ; — c'est aussi la règle consacrée par la loi fédérale suisse du 25 juin 1891, au moins pour les étrangers domiciliés en Suisse et relativement à certaines matières, les autres étant régis par leur loi nationale.

3° *Système anglo-américain.* — Ce système, suivi généralement en Angleterre et aux Etats-Unis, s'inspire de l'ancienne théorie hollandaise. Par une exagération certaine du principe de la souveraineté des Etats, la jurisprudence anglo-américaine, subissant l'influence féodale, refuse d'appliquer aux étrangers leur loi personnelle et les soumet, en principe, à la loi territoriale.

Toutefois, cette opinion rigoureuse subit, en pratique, au nom de la *courtoisie internationale,* certains tempéraments et la loi du domicile gagne peu à peu du terrain.

Au point de vue rationnel, c'est la *loi nationale* qui doit être préférée pour la solution des conflits de lois, relatifs à l'état des personnes et aux rapports de famille.

En effet, l'application de la loi territoriale, adoptée

(1) Voir toutefois, p. 207, note.

par les Anglo-Américains, repose sur une conception archaïque de la souveraineté. L'idée de souveraineté peut être mise en avant lorsque les intérêts généraux d'un Etat risquent d'être compromis; elle ne se conçoit pas lorsqu'il s'agit du règlement d'intérêts privés.

En faveur de la loi du domicile, on allègue en vain que le domicile est le centre des intérêts moraux et pécuniaires de la personne et que, d'ailleurs, il est volontairement choisi par elle, tandis que la loi nationale dépend du hasard de la naissance.

L'établissement du domicile est bien souvent un fait accidentel, imposé par les circonstances et qui ne peut être interprété comme impliquant soumission volontaire de la personne à la loi locale. — D'autre part, l'individu est bien plus le produit du milieu social auquel il appartient par sa naissance que celui du milieu où il fixe son domicile, essentiellement variable et souvent momentané; chaque législateur édicte ses lois d'après la race, les traditions, les mœurs, le tempérament de ses sujets : ces lois, en tant du moins qu'elles règlent les rapports de famille, sont donc naturellement désignées pour suivre les individus, pour lesquels elles sont faites, en quelque lieu qu'ils se trouvent.

CHAPITRE II

Principales applications du statut personnel relativement à l'état des personnes et aux rapports de famille.

Nous allons faire l'application du principe général posé dans le chapitre précédent aux conflits de lois relatifs au mariage, à la filiation, à la puissance paternelle, aux institutions destinées à protéger les incapables et à l'absence.

SECTION I. — Mariage.

Nous examinerons ici les conflits de lois qui s'élèvent à propos des conditions intrinsèques du mariage (1), — de ses effets, — de sa dissolution par le divorce, dont il faut rapprocher la séparation de corps.

I. Conditions intrinsèques du mariage. — Les conflits qui s'élèvent en cette matière sont tranchés par l'application de la loi personnelle des parties.

Nous distinguerons néanmoins le mariage des Français à l'étranger et le mariage des étrangers en France.

A. Mariage des Français en pays étranger. — Le Français qui veut contracter mariage à l'étranger doit,

---

(1) Les conflits de lois relatifs à la forme du mariage seront étudiés à propos de la règle « Locus regit actum », p. 212-226.

d'après l'art. 170, s'il veut que son union soit considérée comme régulière en France, satisfaire à toutes les *conditions de fond* et à toutes les règles de capacité prescrites par la loi française.

Toutefois, l'art. 170, en décidant que « le mariage contracté en pays étranger entre Français et étranger, sera valable, *pourvu que* le Français n'ait point contrevenu aux dispositions contenues au chapitre précédent », semble exiger, à peine de nullité, l'observation de toutes les conditions requises au chapitre I du Titre Du mariage. Mais cette conséquence ne peut être acceptée : la violation des conditions intrinsèques du mariage constitue, suivant les cas, tantôt un empêchement dirimant, susceptible d'entraîner la nullité du mariage, tantôt un simple empêchement prohibitif, qui fait obstacle à la célébration du mariage, mais dont la violation n'a pas pour conséquence la nullité du mariage contracté. Comme, en matière de mariage, il n'y a pas d'autres nullités que celles qui sont formellement édictées par la loi et qu'il n'y a pas lieu, en principe, de traiter différemment les mariages contractés à l'étranger et les mariages célébrés en France, la distinction des empêchements prohibitifs et des empêchements dirimants devra être observée.

Ainsi le mariage contracté à l'étranger par un Français, qui n'a pas obtenu le consentement de ses parents, ou par un Français, parent ou allié de son conjoint au degré prohibé, sera nul.

À l'inverse, le défaut d'acte respectueux, qui ne constitue, pour un mariage célébré en France, qu'un simple empêchement prohibitif, ne sera pas, en principe, une cause de nullité du mariage des Français en pays étranger. Toutefois, sur ce point, la jurisprudence a adopté une opinion intermédiaire, analogue à celle qu'elle professe, ainsi que nous le verrons (p. 213), pour le cas où les publications n'ont pas été faites : elle prononce la nullité, s'il est établi, eu égard aux circonstances, qu'il y a eu fraude de la part des époux. En fait, cette jurisprudence reçoit surtout son application, lorsqu'il y a eu à la fois absence de publications et défaut d'acte respectueux.

— En ce qui concerne le mariage des Français en pays étranger, il convient de faire deux observations complémentaires :

α) Lorsque le mariage a été contracté à l'étranger entre une Française et un étranger, les conditions de capacité de la femme doivent être appréciées d'après la loi française. Il est impossible, en effet, de prétendre que, la femme étant devenue étrangère par son mariage, c'est la loi de son mari qui doit régir sa capacité quant au mariage; car la femme ne devient étrangère que si son mariage est valable et c'est précisément la validité du mariage qui est en cause.

Pour la même raison, les tribunaux français seront compétents pour apprécier la validité du mariage en notre hypothèse et pour en prononcer, le cas échéant, la nullité, bien qu'en principe ils soient incompétents pour statuer sur les contestations entre étrangers : la femme française n'est, en effet, devenue étrangère que si le mariage par elle contracté n'est pas nul.

β) Lorsqu'il s'agit d'apprécier en France la validité du mariage contracté à l'étranger entre un Français et une étrangère ou entre un étranger et une Française, il suffit, pour que ce mariage soit déclaré nul, que les conditions de fond imposées, à peine de nullité, à l'époux étranger par sa loi nationale aient été violées. Il n'en serait autrement, et nos tribunaux ne devraient se refuser à prononcer la nullité du mariage, que si les conditions, qui étaient prescrites par la loi étrangère et qui n'ont point été observées, étaient inconciliables avec les principes de notre droit public. Ainsi le mariage qui, du chef de l'étranger, serait nul, aux yeux de la loi étrangère, parce que les deux époux appartiendraient à une religion différente, ne pourrait être annulé par les tribunaux français.

B. **Mariage des étrangers en France.** — Notre loi ne contient p as de disposition spéciale sur ce sujet ; mais il est certain que c'est la loi nationale de l'étranger qui détermine les conditions de fond requises pour la validité de son mariage en France (1).

Ainsi l'étranger sera soumis en France aux prohibitions de mariage pour cause de parenté ou d'alliance, qui existent dans sa loi nationale, même si elles sont ignorées de la loi française : un sujet espagnol, par exemple, ne pourra épouser, même en France, sa cousine germaine.

Si les futurs conjoins sont deux étrangers de nationalité différente, le mariage ne sera valablement célébré qu'autant que chacun d'eux aura satisfait à toutes les conditions de capacité requises par sa loi personnelle.

Toutefois, la loi personnelle de l'étranger doit être écartée, lorsqu'elle se heurte en France à des dispositions d'ordre public international ou absolu.

Ainsi l'incapacité que certaines lois étrangères attachent à la religion ou à la race d'un des époux, ou à la

(1) Il faudra donc que nos officiers de l'état civil connaissent les dispositions de la loi étrangère concernant les conditions de fond du mariage : à cet effet, une circulaire du garde des Sceaux, en date du 4 mars 1831, invite les officiers de l'état civil à exiger de l'étranger un certificat délivré par les autorités du lieu de sa naissance ou de son dernier domicile en pays étranger et attestant « qu'il est capable, d'après les lois qui le régissent, de contracter mariage avec la personne qu'il se propose d'épouser ». En fait, ce certificat est difficile à obtenir, les autorités étrangères qui doivent le délivrer n'ayant souvent pas qualité à cet effet d'après leur loi nationale. Aussi est-il admis que les prescriptions de cette circulaire ne sont pas obligatoires et les tribunaux permettent à l'étranger, en présence de la résistance de l'officier de l'état civil, d'établir sa capacité par tous les moyens en son pouvoir. Une lettre du procureur du Roi près le tribunal de la Seine, en date du 7 juillet 1835, décide même qu'au cas où l'étranger ne pourra obtenir le certificat exigé par la circulaire de 1831, il lui suffira de présenter à l'officier de l'état civil un acte de notoriété signé de sept témoins et conforme aux prescriptions des art. 70 et 71, C. civ., constatant qu'il lui est impossible d'obtenir un certificat et qu'il remplit les conditions requises par sa loi nationale.

Il est à souhaiter que des conventions diplomatiques viennent déterminer les conditions dans lesquelles les nationaux de chaque État pourront contracter mariage en pays étranger, les pièces qu'ils devront fournir et les autorités chargées de les délivrer.

mort civile résultant soit de la prononciation des vœux religieux, soit de certaines condamnations pénales, ne fait pas obstacle au mariage en France ; — inversement, un étranger déjà marié ne peut contracter en France une union valable, alors même que sa loi nationale admet la polygamie.

Au contraire, l'ordre public ne s'oppose pas à ce que des étrangers se marient en France sans l'assentiment de leurs parents, du moment que leur loi nationale, moins sévère que la nôtre, les y autorise.

Il semble également que ce soit à la loi personnelle de l'étranger qu'il faille se référer pour déterminer l'âge auquel il peut se marier valablement en France, alors même que la loi étrangère autorise le mariage à un âge inférieur à celui qui est fixé par la loi française : ainsi, un Espagnol âgé de 14 ans ou une Espagnole âgée de 12 ans doivent être admis à contracter mariage en France. A la vérité, des circulaires du 10 mai 1824 et du 29 avril 1832 obligent tout étranger, même capable dans son pays, à justifier d'une dispense, s'il n'a pas atteint l'âge fixé pour le mariage par notre Code civil ; mais si, en fait, le mariage a été célébré par un officier de l'état civil, au mépris de ces circulaires, on est d'accord pour décider qu'il ne sera pas annulable.

Les prohibitions de mariage établies par notre Code civil entre certains parents ou alliés doivent être, en principe, considérées comme d'ordre public absolu. Toutefois, s'il s'agit des prohibitions qui peuvent être levées par une dispense, c'est-à-dire des prohibitions de mariage entre oncle et nièce, tante et neveu, beau-frère et belle-sœur, on discute la question de savoir si elles feront obstacle en France au mariage de deux étrangers entre lesquels existe ce lien de parenté ou d'alliance et dont l'union est autorisée par leur loi nationale. En fait, ce mariage aura difficilement lieu en France, la circulaire du 10 mai 1824 interdisant aux officiers de l'état civil d'y procéder, à moins qu'une dispense ne soit produite. — Si, par hasard, il avait été célébré sans dispense, il ne devrait pas, semble-t-il, être déclaré nul : un empêchement de mariage, qui peut être levé par une dispense, n'est pas assez impérieusement imposé par l'ordre public et les bonnes mœurs pour faire écarter l'application de la loi étrangère.

Convention de la Haye du 12 juin 1902 (1). — Cette convention conclue entre la France et plusieurs États européens, pour régler les *conflits de lois en matière de mariage*, ne s'applique qu'aux mariages célébrés sur le territoire des États contractants entre des personnes dont une au moins est ressortissante d'un de ces États par sa nationalité.

Elle a trait aux conflits concernant les règles de fond et les règles de forme du mariage; nous n'examinerons maintenant que ce qui concerne les *règles de fond* (voir les règles de forme, pages 215 et s.).

A ce point de vue, la convention consacre, d'une manière générale, les règles admises par la jurisprudence et la doctrine françaises, c'est-à-dire l'application

(1) A la suite des conférences tenues à la Haye en 1893, 1894 et 1900, la France a signé le 12 juin 1902, à la Haye, avec l'Allemagne, l'Autriche-Hongrie, la Belgique, l'Espagne, l'Italie, le Luxembourg, les Pays-Bas, le Portugal, la Roumanie, la Suède et la Suisse trois conventions fort importantes relatives au *mariage*, au *divorce et à la séparation de corps*, à la *tutelle des mineurs*.

Ces conventions ne devaient être obligatoires qu'après ratification des hautes parties contractantes; ces ratifications ont été déposées à la Haye le 1er juin 1904 par la *France*, l'*Allemagne*, la *Belgique*, le *Luxembourg*, les *Pays-Bas*, la *Roumanie* et la *Suède*. Au contraire, l'Autriche-Hongrie, le Portugal, la Suisse, l'Italie qui ont signé ces conventions n'ont pas encore fait parvenir leur ratification; l'*Espagne* n'a ratifié le 30 juin 1904 que la convention relative à la tutelle des mineurs.

Ces conventions ont été promulguées en France par trois décrets des 17 et 21 juin 1904.

Chacune de ces conventions est conclue pour cinq ans à dater du dépôt des ratifications; elles se renouvellent par tacite reconduction, de cinq ans en cinq ans, sauf dénonciation faite six mois avant l'expiration de chaque période de cinq ans au gouvernement des Pays-Bas, qui en donnera connaissance aux autres États contractants. La dénonciation ne produira son effet qu'à l'égard de l'État qui l'aura notifiée, la convention restant obligatoire pour les autres États.

du statut personnel et de la loi nationale, mais avec des tempéraments ou même des dérogations, parfois regrettables, auxquels la France a dû consentir par esprit de conciliation.

I. *Principe.* — D'après l'art. 1, « le droit de contracter mariage est réglé par la *loi nationale* de chacun des futurs époux, à moins qu'une disposition de cette loi ne se réfère expressément à une autre loi ». C'est donc le système français qui se trouve consacré, mais avec application imposée de la théorie du *renvoi*.

Pour établir qu'ils remplissent les conditions nécessaires d'après la loi indiquée par l'art. 1, les étrangers devront, d'après l'art. 4, recourir soit à un certificat des agents diplomatiques ou consulaires de leur pays, soit à tout autre mode de preuve, pourvu que les conventions internationales ou les autorités du pays de la célébration reconnaissent la justification comme suffisante.

II. *Exceptions.* — Toutefois, le principe d'après lequel la loi nationale des futurs époux règle leur droit de contracter mariage n'est pas absolu : d'une part, en effet, le pays de la célébration peut s'opposer au mariage d'étrangers, capables d'après leur loi nationale, par suite de prohibitions considérées par la loi locale comme d'ordre public; d'autre part et à l'inverse, il peut autoriser le mariage d'étrangers que leur loi nationale frappe d'incapacités contraires à l'ordre public local.

De là, deux sortes d'exceptions au principe du statut personnel, précisées par la convention :

A. *Prohibitions édictées par la loi locale.* — Les prohibitions de mariage édictées par la loi locale et qui, aux termes de la convention, pourront faire obstacle au mariage des étrangers, même si leur loi nationale ignore de tels empêchements, peuvent être rangées en deux catégories.

1re catégorie. — Prohibitions dont la violation n'est pas sanctionnée par la nullité du mariage, savoir :

α) La prohibition absolue résultant de la parenté ou de l'alliance;

β) La prohibition absolue qui existe entre deux individus qui se sont rendus coupables d'un adultère à raison duquel le mariage de l'un d'eux a été dissous;

γ) La prohibition absolue qui existe entre des personnes condamnées pour avoir, de concert, attenté à la vie du conjoint de l'une d'elles.

Dans ces trois cas, la loi du lieu de la célébration ne s'opposera au mariage, autorisé par la loi nationale des époux, que si la prohibition par elle édictée est *absolue :* si cette prohibition peut être levée par des dispenses, elle ne s'impose pas aux étrangers dont la loi nationale ne la connaît pas.

La sanction de ces prohibitions est la suivante : si les époux sont en règle avec leur loi nationale dans les trois cas où la loi locale s'oppose à la célébration, il n'y aura, même dans le pays de la célébration, qu'un simple empêchement prohibitif : la violation d'une des trois prohibitions signalées n'entraînera donc pas la nullité du mariage (art. 2, al. 1 et 2).

2° catégorie. — Prohibitions de mariage entraînant la nullité, savoir :

α) La prohibition à raison d'un mariage antérieur qui est réputé subsister malgré le divorce prononcé à l'étranger;

β) La prohibition résultant d'un obstacle d'ordre religieux (engagement dans les ordres ou différence de religion).

Les autorités locales ont le droit de se refuser à célébrer un mariage contraire à ces prohibitions, bien qu'il s'agisse d'étrangers dont la loi nationale ignore de tels empêchements.

Si, par erreur, au mépris de ces prohibitions, le mariage a été célébré par les autorités locales, il est nul, mais seulement dans le pays où il a été célébré (art. 2, al. 3). .

Cette sanction est regrettable : il n'y avait aucune

bonne raison d'admettre ici une nullité qu'on avait écartée pour les trois cas de prohibitions plus graves de la 1re catégorie.

D'ailleurs, aux termes de l'art. 6, al. 1, les étrangers pourront échapper à la nullité du mariage édictée par la loi locale, en faisant célébrer leur union devant l'agent diplomatique ou consulaire ; et ce droit leur est reconnu quand même le pays où ils se trouvent n'admettrait pas, en principe, les mariages célébrés devant les agents diplomatiques et consulaires.

B. *Prohibitions édictées par la loi nationale et contraires à l'ordre public local.* — Les seules prohibitions de cette nature que le pays de célébration est autorisé, d'après la convention, à ne pas respecter sont celles qui sont exclusivement fondées sur des motifs d'ordre religieux (art. 3, 1er al.).

Ainsi deux personnes, de nationalité autrichienne, l'une chrétienne, l'autre non chrétienne, qui ne pourraient se marier dans leur pays d'origine, pourront se marier en France.

En pareil cas, le mariage est nul pour le pays d'origine des époux et valable pour le pays de la célébration. Mais l'art. 3, al. 2, ajoute que les « autres Etats ont le droit de ne pas reconnaître comme valable le mariage célébré dans ces circonstances » ; cette disposition n'est pas en harmonie avec la règle édictée par l'art. 2, al. 3, quant à l'étendue de la nullité.

III. Effets du mariage. — Les nations civilisées, en ce qui concerne les *droits* et les *devoirs* des époux, ont presque toutes une législation semblable à la nôtre.

Au contraire, en ce qui concerne la *capacité* de la femme mariée, les législations sont très différentes : quelques-unes ne connaissent pas l'incapacité de la femme mariée (Autriche, Russie, Norvège, Allemagne, depuis le nouveau Code civil, sauf quant aux apports matrimoniaux de la femme ; Angleterre, par suite de l'abrogation en 1870 de la common law et en vertu de

lois postérieures, notamment de celle du 18 août 1882);
— d'autres enlèvent toute capacité à la femme mariée,
qui n'a pas d'individualité juridique distincte de celle
de son mari (common law en Angleterre jusqu'en 1870
et aux Etats-Unis dans la plupart des Etats); — d'autres enfin, s'inspirant de notre Code civil, avec des
différences plus ou moins sensibles, reconnaissent à la
femme une capacité personnelle, mitigée par les droits
du mari dont l'autorisation est nécessaire pour la plupart des actes juridiques (Belgique, Pays-Bas, Italie,
canton de Genève, Espagne).

Enfin, les solutions consacrées par les législations
étrangères relativement à la validité et aux effets des
contrats entre époux diffèrent sensiblement : chez nous,
les dons entre époux sont valables, mais révocables
(art. 1096, C. civ.) et la vente entre époux est prohibée
(art. 1595, C. civ.); au contraire, en Italie, la donation
entre époux est absolument prohibée et la vente reconnue licite.

Tous ces effets du mariage sont, en principe, régis
par la loi personnelle des époux.

Il convient toutefois de faire les observations suivantes :

α) Les dispositions des lois étrangères, qui seraient
contraires à des principes d'ordre public absolu, par
exemple, celles qui accorderaient au mari sur la personne de sa femme un droit de correction en désaccord
avec les mœurs des peuples civilisés, ne pourraient être
sanctionnées par les juges français.

β) En ce qui concerne l'incapacité de la femme mariée étrangère en France, notre jurisprudence, faisant
ici l'application d'une doctrine par elle fréquemment
suivie à l'encontre des incapables étrangers, a une tendance fâcheuse à écarter les dispositions de la loi
étrangère, lorsque leur application porterait atteinte à
un intérêt légitime français (voir p. 200).

γ) Enfin, quant à la validité et aux effets des dons
entre époux étrangers, spécialement lorsque ces dons

concernent des immeubles situés en France, nos tribunaux appliquent la loi française de préférence à la loi nationale des époux. — Cette solution, admise par beaucoup d'auteurs dans notre ancien droit où la prohibition coutumière des dons entre époux se justifiait par le désir d'assurer la stabilité des fortunes et la conservation des biens dans les familles, est aujourd'hui inacceptable. Les règles qui concernent les dons entre époux sont édictées uniquement dans l'intérêt personnel des conjoints et pour assurer la dignité du mariage : elles dépendent du statut personnel. Donc, malgré les décisions contraires de nos tribunaux, il ne faut pas hésiter à proclamer la nullité de la donation, que fait un époux italien à son conjoint, d'immeubles situés en France.

Influence du changement de nationalité des époux. — La femme acquérant, en général, la nationalité de son mari, il n'existe pas à l'origine entre les époux une différence de nationalité : leur loi personnelle est donc la même.

Si les deux époux changent ensemble de nationalité par la naturalisation, les effets du mariage sont désormais régis par la législation de leur nouvelle patrie.

Si le mari seul change de nationalité, on admet que, n'ayant pu modifier la nationalité de la femme, il n'a pu changer l'état et la capacité de celle-ci. Elle continue à pouvoir se prévaloir des dispositions de sa loi personnelle, c'est-à-dire de la loi du mari au moment du mariage.

Si la femme seule change de nationalité, son mari continuera à exercer sur elle l'autorité maritale qu'il tient de sa loi nationale : les effets du mariage entre les époux ne seront pas modifiés.

IV. Divorce et séparation de corps. — Au point de vue du divorce et de la séparation de corps, on peut classer les différentes législations en trois groupes :

1° Certaines législations proclament l'indissolubilité du mariage et n'admettent que la séparation de corps. C'est le système des pays de race latine (Espagne, Portugal, Italie, Monaco, République Argentine).

2° D'autres, au contraire, admettent le divorce et ne connaissent pas la séparation de corps. Il en est ainsi en Allemagne et en Suisse, où la séparation de corps n'est que provisoire et sert de préliminaire au divorce ; en Danemark, en Suède et Norvège, en Russie, en Serbie, en Roumanie.

3° Enfin, quelques pays admettent à la fois le divorce et la séparation de corps : la France, la Belgique, la Hollande, l'Angleterre, l'Ecosse, les Etats-Unis, la Grèce, font partie de ce groupe, ainsi que l'Autriche (où les catholiques ne peuvent toutefois recourir au divorce).

D'ailleurs, dans chacun de ces groupes, les législations présentent des différences sensibles, notamment quant aux causes du divorce et de la séparation de corps.

Par suite de cette diversité de législations, les conflits de lois sont fréquents.

Il faut distinguer le divorce ou la séparation de corps des étrangers en France et le divorce ou la séparation des Français à l'étranger.

A. Divorce ou séparation de corps des étrangers en France. — Nos tribunaux, se déclarant d'ordinaire incompétents, ainsi que nous l'avons vu, pour les contestations entre étrangers, et tout spécialement à propos des actions d'état, refusent, en général, de connaître des demandes en divorce ou en séparation de corps des étrangers.

C'est seulement dans les cas exceptionnels où ils se déclarent compétents qu'ils ont à trancher, en notre matière, le conflit des lois, c'est-à-dire à décider quelle est la loi applicable.

Il est admis aujourd'hui que les questions relatives au divorce et à la séparation de corps doivent être, en principe, tranchées d'après la loi nationale des époux, car cette matière concerne surtout l'état des personnes (art. 3, al. 3, C. civ.).

Cependant nos tribunaux doivent écarter l'application des lois étrangères en tant qu'elles mettent en péril l'ordre public absolu. C'est ainsi qu'avant 1884 les juges français refusaient de prononcer le divorce même entre étrangers dont la loi nationale le consacrait; — c'est ainsi encore, dans l'opinion générale, que nos tribunaux doivent repousser la demande de divorce (ou de séparation) d'époux étrangers, lorsqu'elle est fondée sur une cause admise par la loi étrangère, mais non reconnue par notre loi, par exemple, l'aliénation mentale d'un des époux ou le consentement mutuel.

Mais deux époux étrangers, dont la loi nationale n'admet pas le divorce, ne pourront l'obtenir en France, car la loi qui admet le divorce n'est pas une loi de police et de sûreté s'imposant aux étrangers ; — de même, le divorce ne pourra, semble-t-il, être prononcé entre étrangers par nos tribunaux pour une cause admise par la loi française et inconnue de leur loi personnelle.

Avant la loi de 1884, on discutait la question de savoir si un étranger, qui avait régulièrement divorcé à l'étranger, pouvait contracter en France un second mariage. Après de longues hésitations, la jurisprudence avait fini par décider que cet étranger pouvait se remarier en France, même avec un conjoint Français.

Le divorce étant aujourd'hui consacré par notre législation, cette question ne peut plus se présenter dans les mêmes termes. Toutefois, on pourrait encore se demander si l'étranger, divorcé dans son pays pour une cause admise par sa loi nationale, mais non reconnue par la loi française, par exemple, pour cause de démence de son conjoint, peut être admis à se remarier en France : la solution affirmative n'est guère douteuse.

B. Divorce et séparation de corps des Français à l'étranger. — Comme nos tribunaux se déclarent, en général, incompétents pour le divorce ou la séparation des étrangers en France, ils auront une tendance à refuser tout effet aux jugements étrangers prononçant le divorce ou la séparation de corps entre époux Français.

Dans les cas exceptionnels où ils reconnaîtront la compétence des tribunaux étrangers, ils ne feront produire effet à leurs décisions qu'autant qu'elles n'auront pas été rendues contrairement à la loi française.

Or il arrivera fréquemment que les juges étrangers n'auront pas appliqué aux Français les règles de la loi française. En effet, dans le système anglo-américain, qui était aussi le système allemand avant le nouveau Code civil de 1900 et qui est encore le système suisse, les règles locales sur le divorce et la séparation de corps sont considérées comme obligatoires pour les étrangers : les tribunaux du lieu où s'élève le procès sont compétents si les époux y ont un domicile ou une résidence fixe, et ils appliquent leur propre loi, sans tenir compte de la loi personnelle des époux.

Convention de la Haye du 12 juin 1902. — Cette très importante *convention pour régler les conflits de lois et de juridiction en matière de divorce et de séparation de corps* ne s'applique qu'aux demandes en divorce ou en séparation de corps formées dans l'un des États contractants, si l'un des plaideurs au moins est le ressortissant de l'un de ces États (1).

1. *Conflits de lois.* — La règle fondamentale est la suivante : Les époux ne peuvent former une demande en divorce que si leur loi nationale et la loi du lieu où la demande est formée admettent le divorce l'une et l'autre (art. 1, al. 1).

Si donc la loi nationale des époux ne connaît pas le divorce, ils ne pourront divorcer, même dans un pays où le divorce est admis : c'est l'application du statut personnel.

Mais il ne suffit pas que la loi nationale des époux

(1) Voir sur cette Convention la note 1, à la page 165.

reconnaisse le divorce, il faut encore que la loi locale l'admette également : on ne peut en effet, obliger un pays dont la loi ne connaît pas le divorce à laisser ses tribunaux le prononcer même entre étrangers, conformément à leur loi nationale; c'est en ce sens que se prononçait notre jurisprudence avant 1884.

La même règle est applicable à la séparation de corps (art. 1, al. 2.)

Ainsi des époux allemands, dont la loi nationale ne connaît que le divorce et ignore la séparation de corps ne pourront ni divorcer ni obtenir leur séparation en Espagne dont la loi ne connaît que la séparation de corps. La convention n'a pas admis que la séparation de corps pût être demandée, si la loi nationale n'admettait que le divorce et si la loi locale n'admettait que la séparation de corps; c'eût été une violation du statut personnel. — En pareille hypothèse, les époux n'auront que la ressource de s'adresser à leur juridiction nationale, si celle-ci consent à se déclarer compétente; — ils pourront également solliciter de la juridiction compétente, dans le pays où ils se trouvent, des mesures provisoires en vue de la cessation de la vie commune (art. 6).

— Il ne suffit pas que la législation nationale et la *lex fori* admettent l'une et l'autre le divorce : il faut encore que la cause pour laquelle il est demandé soit admise par les deux législations. Toutefois, le divorce sera en outre possible s'il existe, en l'espèce, deux causes de divorce entre les époux, l'une admise par la loi nationale et non par la *lex fori*, l'autre par la *lex fori* et non par la loi nationale (art. 2, al. 1).

Il en est de même de la séparation de corps (art. 2, al. 2).

— Malgré les dispositions précédentes, exigeant l'accord de la loi nationale et de la *lex fori*, la loi nationale sera seule observée, si la *lex fori* le prescrit ou le permet (art. 3) : c'est ainsi que des étrangers dont la loi nationale admet le divorce pourront divorcer dans un pays qui ne l'admet pas, si la législation ou la jurisprudence de ce pays est assez tolérante pour accorder aux étrangers, conformément à leur loi, le bénéfice du divorce qu'elle refuse aux nationaux.

— Aux termes de l'art. 4, « la loi nationale indiquée par les articles précédents ne peut être invoquée pour donner à un fait qui s'est passé alors que les époux, ou l'un d'eux, étaient d'une autre nationalité, le caractère d'une cause de divorce ou de séparation de corps ». Si donc des époux appartenant à un pays qui ne connaît pas le divorce se font naturaliser dans un pays où le divorce est admis, il ne pourront invoquer à l'appui d'une demande en divorce des faits antérieurs à leur naturalisation.

II. *Juridiction compétente.* — Le principe de compétence posé par la convention est que la demande en divorce ou en séparation de corps pourra être formée soit devant la juridiction nationale compétente, soit devant la juridiction compétente du lieu du domicile (art. 5, al. 1).

Par exception, la juridiction nationale sera seule compétente dans la mesure où la loi nationale des époux lui attribue compétence exclusive (art. 5, al. 2) (1).

Cette exception au principe général comporte toutefois un léger tempérament, relatif au cas prévu par l'art. 5, al. 2 de la convention relative au mariage. Il s'agit du cas où un mariage a été célébré devant les autorités locales contrairement à la loi nationale des époux qui exige une cérémonie religieuse ; nous avons vu que ce mariage est nul seulement au regard du pays d'origine. Dès lors, si l'on appliquait la loi nationale des époux qui, nous le

(1) En ce qui concerne la juridiction compétente du lieu où les époux sont domiciliés, l'art. 5 contient deux dispositions accessoires :

α) Si, d'après leur législation nationale, les époux n'ont pas le même domicile, la juridiction compétente est celle du domicile du défendeur.

β) Dans le cas d'abandon ou de changement de domicile opéré après que la cause de divorce ou de séparation de corps est intervenue, la demande peut être aussi formée devant la juridiction compétente du dernier domicile commun.

supposons, dénie aux tribunaux étrangers le droit de prononcer le divorce ou la séparation entre ses nationaux, le divorce ou la séparation serait impossible et ce mariage serait particulièrement solide, puisque les seuls tribunaux qui seraient compétents, tenant ce mariage pour inexistant, refuseraient d'intervenir. Dans cette hypothèse, la compétence exclusive des tribunaux nationaux ne pourra être invoquée pour décliner la juridiction du domicile (art. 5, *in fine*).

Enfin, d'après l'art. 6, dans le cas où les époux ne sont pas autorisés à former une demande en divorce ou en séparation de corps dans le pays où ils sont domiciliés (soit par suite des règles de compétence établies par l'art. 5, soit parce que la loi nationale et la *lex fori* sont en contradiction absolue, l'une admettant seulement le divorce, l'autre seulement la séparation), ils pourront du moins demander à la juridiction locale les mesures provisoires que prévoit sa législation en vue de la cessation de la vie commune. Ces mesures sont maintenues si, dans le délai d'un an, elles sont confirmées par la juridiction nationale; en tout cas, elles ne devront pas se prolonger plus longtemps que ne le permet la loi du domicile.

III. *Effets du divorce et de la séparation de corps obtenus à l'étranger.* — Les jugements de divorce et de séparation de corps prononcés dans un des Etats contractants seront reconnus par tous les autres Etats contractants aux conditions suivantes :

1° Qu'ils émanent d'un tribunal compétent aux termes de la convention;

2° Que les règles de fond de la convention auront été observées;

S'il s'agit d'une décision par défaut, il faut en outre que le défendeur ait été cité conformément aux dispositions spéciales qu'exige sa loi nationale pour reconnaître les jugements étrangers (art. 7).

— Dans les pays scandinaves, le divorce et la séparation de corps peuvent résulter non seulement d'une sentence judiciaire, mais aussi d'une sentence administrative, notamment d'une ordonnance royale. Le divorce et la séparation prononcés dans ces circonstances, même entre étrangers, produisent également leurs effets dans tous les pays contractants, si, dans le pays de chacun des époux, ce genre de divorce ou de séparation est tenu pour valable (art. 7, al. 2).

Dans le silence de notre législation, il est difficile de savoir si nos tribunaux reconnaîtront les divorces ou les séparations de corps prononcés de la sorte en Suède entre époux français.

IV. *Détermination de la loi nationale de deux époux de nationalité différente.* — Pour les règles de fond comme pour les règles de compétence, la convention se réfère, à maintes reprises, à la loi nationale des époux. Or les époux peuvent ne pas avoir la même nationalité : à la vérité, les législations des différents États signataires de la convention admetttent toutes que la femme prend la nationalité de son mari; mais il peut arriver qu'au cours du mariage un seul des époux vienne à changer de nationalité. La convention décide qu'en pareil cas, c'est la dernière législation commune aux deux époux qui sera considérée comme leur loi nationale (art. 8).

Si donc un étranger appartenant à l'une des puissances contractantes dont la législation n'admet pas le divorce se fait naturaliser français, comme sa femme reste étrangère, il ne pourra demander le divorce aux tribunaux français.

SECTION II. — **Filiation.** — (*Adoption. Légitimation*).

La filiation, légitime ou naturelle, c'est-à-dire le rapport qui rattache l'enfant à ses père et mère, étant au premier chef une matière d'état des personnes, est régie par le statut personnel.

Ce que nous disons de la filiation s'applique aussi à l'adoption qui crée une filiation fictive.

I. Filiation des Français en pays étranger. — Elle est régie par la loi française.

Lorsque les faits d'où découle la filiation ont eu lieu à l'étranger, c'est d'après la loi française que nos tribunaux doivent les apprécier.

Ainsi un Français, ayant eu d'une Anglaise un enfant naturel, légitime l'enfant par le mariage, en épousant la mère en Angleterre, bien que la loi anglaise ne connaisse pas la légitimation par mariage subséquent.

Les jugements étrangers, qui auraient statué contrairement à la loi française, seraient non avenus en France.

— En cette matière, de grandes difficultés naissent de la distinction entre les questions de forme ou de preuve et les questions qui concernent le fond du droit. On admet d'ordinaire que, par exception au principe général, les règles sur l'admissibilité de tel ou tel mode de preuve sont inséparables des règles sur le fond même du droit et déterminées, en conséquence, par la *loi nationale* des parties et non par la *lex loci actus*. Si donc des Français ont eu des enfants naturels, qu'ils ont élevés comme tels dans un pays où la possession d'état vaut reconnaissance, ces enfants naturels ne seront pas considérés en France comme légalement reconnus.

II. Filiation des étrangers en France. — Elle est régie par la loi nationale de l'étranger.

Ainsi la loi étrangère régira les conditions de la légitimation des enfants naturels étrangers en France, la recevabilité devant nos tribunaux des modes de preuve de leur filiation et des actions en réclamation ou en contestation de leur état, notamment de l'action en désaveu de paternité ou de l'action en nullité de la reconnaissance d'un enfant naturel.

Toutefois, l'application de la loi étrangère en France subit deux restrictions :

α) Si l'acte d'où dérive la filiation suppose l'exercice d'un droit que nos tribunaux refusent aux étrangers, comme étant une faculté de pur droit civil, aucun conflit de lois ne peut exister, et il n'y a pas lieu de prévoir l'application de la loi étrangère. Ainsi, la jurisprudence française refuse aux étrangers le droit d'adopter ou d'être adoptés en France : dès lors, les dispositions de la loi française relatives à l'*adoption* ne pourront, en principe, se trouver en conflit avec les règles de la loi étrangère sur le même sujet. Le conflit n'existera que s'il s'agit d'un étranger ayant en France la jouissance des droits civils, soit en vertu d'un traité, soit parce qu'il est admis à domicile : en pareil cas, c'est la loi étrangère qui régira les conditions de fond et les effets de l'adoption (1) soumise, quant à sa forme, comme nous le verrons, à la règle *locus regit actum* (2).

β) Si la loi étrangère qui doit être appliquée porte atteinte en France à un principe d'ordre public absolu, nos tribunaux doivent l'écarter.

Cette règle soulève en pratique de sérieuses difficultés, notamment en ce qui concerne la recherche de la paternité et la légitimation par mariage subséquent.

Recherche de la paternité naturelle. — Deux questions doivent être successivement examinées :

1° La recherche de la paternité doit-elle être admise par ···· ribunaux, lorsque le débat s'élève en France entre étrangers dont la loi nationale l'autorise? — On

(1) La loi personnelle de l'adopté et celle de l'adoptant détermineront la capacité respective de chacun d'eux.

Les effets de l'adoption seront gouvernés par la loi nationale commune, si les deux parties sont de même nationalité. Mais l'adopté n'acquérant pas par l'adoption la nationalité de l'adoptant, les deux parties seront souvent sujettes de lois différentes : en ce cas, on discute la question de savoir si les effets de l'adoption seront déterminés par la loi de l'adoptant ou par celle de l'adopté.

(2) Les formes de l'adoption seront donc, en principe, celles de la loi française; exceptionnellement, les formes de la loi étrangère pourront être suivies, si l'adoptant et l'adopté appartiennent à une même patrie et que leur loi nationale autorise l'adoption en la forme privée. Voir *infrà*, p. 219 *in fine* et 228.

admet, en général, que la prohibition de la recherche de la paternité, édictée par l'art. 340 de notre Code civil, par crainte des procés scandaleux, est une disposition d'ordre public absolu, contre laquelle les dispositions contraires de la loi étrangère ne peuvent prévaloir.

2° Si la recherche de la paternité a été accueillie par les juges d'un pays où elle est admise, nos tribunaux doivent-ils faire produire effet à la décision étrangère? Il faut distinguer :

Ou l'action qui a triomphé devant les juges étrangers était dirigée contre un individu dont la loi nationale autorise la recherche de la paternité : la disposition de l'art. 340 ne s'oppose nullement à ce que la filiation de l'enfant soit tenue pour constante en France;

Ou, au contraire, les juges étrangers ont autorisé la recherche de la paternité contre un Français : leur décision sera tenue pour non avenue en France comme contraire au statut personnel.

Légitimation par mariage subséquent. — Notre jurisprudence décide que le mariage, en France, d'Anglais qui ont eu un enfant naturel et l'ont reconnu avant le mariage, légitime cet enfant, bien que la loi anglaise prohibe, depuis le xiii° siècle, la légitimation par mariage subséquent.

Cette solution est à bon droit critiquée. La légitimation par mariage subséquent est une institution d'ordre public purement relatif: des Français ne peuvent pas, en se mariant, ne pas légitimer l'enfant naturel qu'ils ont antérieurement reconnu; mais l'existence d'enfants naturels non légitimés, quoique reconnus par des parents qui se sont ensuite mariés, n'a rien d'incompatible avec l'ordre social, puisqu'elle se rencontre dans l'hypothèse où la reconnaissance est postérieure au mariage; — d'ailleurs c'est au nom de la même morale, qui a fait admettre chez nous la légitimation par mariage subséquent, que cette légitimation est répudiée par la loi anglaise; — enfin, même si la disposition de l'art. 331

C. civ. était d'ordre public absolu, il ne s'ensuivrait
pas qu'elle dût être appliquée aux étrangers appartenant à des pays où elle est ignorée, car elle ne constitue
certainement pas une règle de police et de sûreté (1).

Indépendamment de la considération tirée de l'ordre
public, les arrêts, pour justifier la légitimation d'enfants
naturels anglais par mariage subséquent, ont quelquefois invoqué la nécessité de protéger des intérêts légitimes français : par exemple, lorsque la mère de l'enfant
naturel, française avant son mariage, avait pu espérer
légitimer son enfant ou lorsque l'enfant étant né en
France pouvait devenir Français à sa majorité. Ces
considérations de fait, qui n'ont rien de juridique, sont
théoriquement insuffisantes pour faire écarter l'application de la loi personnelle en matière de légitimation.

SECTION III. — **Puissance paternelle.**

La puissance paternelle, conséquence de la filiation
qui rattache l'enfant à ses parents, est une dépendance
du droit de famille. Elle doit donc être régie par la loi
personnelle.

Ainsi, en ce qui concerne les étrangers en France, c'est
la loi étrangère qui détermine l'âge auquel ils sont sous-
traits à la puissance paternelle, les personnes appelées
à exercer cette puissance et les droits qu'elle confère.

En général, le père (ou la mère) et l'enfant ont la
même nationalité et par conséquent la même loi personnelle. Mais si le père (ou la mère) et l'enfant appartiennent à deux nationalités différentes, quelle est la loi
qui doit régir l'exercice de la puissance paternelle? Celle
du père (ou de la mère) ou celle de l'enfant ?

Nos tribunaux se sont prononcés en faveur de la loi
nationale des parents.

Au contraire, les auteurs décident avec raison que, la

____

(1) Voir *suprà*, p. 147-148.

puissance paternelle étant organisée surtout dans l'intérêt de l'enfant et apparaissant comme un devoir de protection et d'éducation plutôt que comme un droit pour les parents, c'est la loi nationale de l'enfant qui doit être suivie.

L'application du statut personnel en notre matière soulève des difficultés relativement : 1° au droit de correction; 2° au droit de jouissance légale; 3° à la déchéance de la puissance paternelle.

1° *Le droit de correction*, en tant qu'il autorise une atteinte à la liberté individuelle et suppose la mise en mouvement de la force publique, est une mesure de police familiale qui s'exerce sous le contrôle de l'État.

Certains auteurs en ont conclu que les art. 376 et s., C. civ., qui confèrent aux parents le droit de faire détenir leurs enfants, font partie des lois de police qui s'appliquent aux étrangers en France sans qu'il y ait lieu d'observer leur loi nationale (art. 3, al. 1).

Cette opinion n'a pas prévalu : le droit de détention conféré au père de famille est avant tout un pouvoir *domestique*, qui s'exerce dans l'intérêt de l'enfant et non dans l'intérêt général. C'est à la loi nationale seule qu'il appartient de déterminer les mesures propres à assurer le respect de l'autorité paternelle.

Toutefois, nos tribunaux refuseraient, au nom de l'ordre public absolu, de sanctionner les dispositions de la loi étrangère qui conféreraient aux parents un droit de correction en désaccord avec nos mœurs.

2° *Le droit de jouissance légale*, que notre Code civil accorde aux père et mère sur les biens de leurs enfants mineurs jusqu'à l'âge de dix-huit ans, doit-il être régi par le statut personnel ou par le statut réel? Autrement dit, des étrangers pourront-ils exercer cet usufruit sur les biens, spécialement sur les immeubles, possédés par leurs enfants en France, alors même que la loi étrangère leur dénierait ce droit, ou bien, si la loi étrangère consacre également le droit de jouissance légale, sera-t-il régi, quant aux immeubles situés en France, par la loi française ou par la loi étrangère?

Remarquons que la question n'est pas susceptible de se poser fréquemment devant nos tribunaux. La jurisprudence considère, en effet, le droit de jouissance légale, qui est loin d'être reconnu dans toutes les législations, comme un pur *droit civil*, dont elle refuse la jouissance aux étrangers : un conflit de lois en pareille matière ne pourra donc s'élever que s'il s'agit d'étrangers admis à domicile ou investis de la plénitude des droit civils par des traités.

On a prétendu que, dans ces hypothèses, le conflit devrait être tranché par l'application du statut réel, le droit d'usufruit légal étant un droit réel. Mais il est admis aujourd'hui que, pour savoir si et dans quelle mesure l'usufruit légal, complément de la puissance paternelle, doit s'exercer sur les biens des mineurs en France, il faut suivre la loi nationale des parties.

3° La loi du 24 juillet 1889, sur la *déchéance de la puissance paternelle*, en même temps qu'elle est de statut personnel et régit les Français à l'étranger, est considérée, dans l'opinion qui a triomphé, comme une loi de police et de sûreté. Elle doit, dès lors, être appliquée aux étrangers qui sont en France, même si leur loi nationale ne connaît pas cette déchéance ou la réglemente différemment.

SECTION IV. — Tutelle et protection
des incapables.

Toute cette matière dépend du statut personnel ; c'est donc, en principe, la loi nationale des intéressés qui détermine le lieu où s'ouvre la tutelle, son organisation, les personnes qui en sont investies, les pouvoirs et les obligations du tuteur, du subrogé-tuteur et du conseil de famille, les formalités habilitantes qui doivent être observées pour la validité de certains actes intéressant le pupille, la façon dont la tutelle prend fin.

Mais, si l'incapable et son protecteur appartiennent à deux nationalités différentes, quelle est celle des deux lois personnelles qui doit être suivie?

Tous les auteurs sont d'accord pour donner la préférence à la loi nationale de l'incapable, à la loi du pupille et non à celle du tuteur. C'est, en effet, dans l'intérêt de l'incapable que les mesures de protection sont organisées.

Nos tribunaux ont cependant décidé à plusieurs reprises que la loi du tuteur devait l'emporter sur celle du pupille (1).

La protection des incapables donne lieu, en droit international, à deux autres difficultés importantes :

1° Les étrangers peuvent-ils remplir en France, à l'égard d'incapables français, les fonctions de tuteur, subrogé-tuteur, membre d'un conseil de famille, etc...?

Pendant longtemps, frappée du caractère de charges publiques attribué par quelques dispositions de nos lois à ces différentes fonctions, la jurisprudence décida qu'elles étaient réservées aux seuls Français en France et ne pouvaient être confiées à des étrangers. Mais, depuis un arrêt de cassation du 16 février 1875, les tribunaux ont adopté un système moins absolu, qui paraît très judicieux. Ils décident que, lorsque la tutelle (ou toute autre fonction analogue) est dévolue à un parent de l'incapable, elle est un devoir de famille, susceptible d'être rempli même par des personnes de nationalité étrangère; le caractère de *fonction publique* inaccessible aux étrangers doit, au contraire, être reconnu à la tutelle déférée à tout autre qu'à un parent.

2° L'application de la loi étrangère est impossible.

(1) C'est ainsi qu'une Française mariée à un étranger ayant perdu son mari et recouvré la qualité de Française, alors que ses enfants restaient étrangers, nos tribunaux ont refusé d'appliquer la loi étrangère, qui ne connaissait que la tutelle dative, et ont attribué la tutelle, en vertu de la loi française, à la mère tutrice légale.

lorsqu'elle nécessite l'intervention de l'autorité publique et que les autorités locales sont différentes de celles dont la loi étrangère requiert l'intervention.

En pareille hypothèse, afin de ne pas laisser sans protection les incapables étrangers qui se trouvent en France, nos tribunaux se reconnaissent le droit d'intervenir et d'appliquer les mesures de protection organisées par la loi française, sans tenir compte de la loi de l'étranger; mais ces mesures ne sont que provisoires et prennent fin lorsque les autorités étrangères ont pourvu aux intérêts de l'incapable. Cette dérogation au principe du statut personnel n'est qu'une application de la règle posée par l'art. 3 al. 1 C. civ.

Traités. — Pour obvier à ces difficultés, un certain nombre de *conventions consulaires* ont conféré à nos consuls à l'étranger et aux consuls étrangers en France les pouvoirs nécessaires pour organiser sans retard la tutelle ou la curatelle de leurs nationaux respectifs, conformément à leur loi nationale (conventions consulaires du 7 janv. 1862 avec l'Espagne, du 26 juill. 1862 avec l'Italie, du 11 juill. 1866 avec le Portugal, du 7 janv. 1876 avec la Grèce, etc.) (1).

Traité franco-suisse du 15 juin 1869. — L'art. 10 de ce traité, relatif à la tutelle des mineurs et interdits, est ainsi conçu : « La tutelle des mineurs et interdits français résidant en Suisse sera régie par la loi française et réciproquement la tutelle des mineurs et interdits suisses résidant en France sera régie par la législation de leur canton d'origine. En conséquence, les contestations auxquelles l'établissement de la tutelle et l'administration de la fortune pourront donner lieu

____

(1) Même en l'absence de traités, plusieurs législations reconnaissent à leurs consuls le droit d'intervenir à l'effet d'organiser, conformément à leur loi nationale, la tutelle de leurs nationaux domiciliés à l'étranger. Cette intervention est prescrite à nos agents consulaires par des lettres du garde des Sceaux des 11 oct. 1847 et 27 août 1850.

seront portées devant l'autorité compétente de leur pays d'origine, sans préjudice toutefois des lois qui régissent les immeubles et des mesures conservatoires que les juges du lieu de la résidence pourront ordonner. »

Il résulte de ce texte, d'une part, que la tutelle sera régie par la loi nationale du mineur ou de l'interdit français ou suisse : c'est l'application du statut personnel ; — d'autre part, que ce sont en principe, les tribunaux du pays d'origine qui seront compétents pour l'organisation et le fonctionnement de la tutelle.

Convention de la Haye du 12 juin 1902 *pour régler les conflits de lois et de juridictions relatifs à la tutelle des mineurs* (1). — En principe, « la tutelle d'un mineur est réglée par sa loi nationale (art. 1) ». C'est la confirmation de la règle généralement admise ; la convention donne ainsi la préférence à la loi du mineur plutôt qu'à celle du tuteur (2).

Les autorités de l'Etat sur le territoire duquel se trouve un mineur étranger dont il importe d'établir la tutelle, informent de cette situation, dès qu'elle leur est connue, les autorités de l'Etat dont le mineur est le ressortissant. Les autorités ainsi informées font connaître le plus tôt possible aux autorités qui ont donné l'avis si la tutelle a été ou si elle sera établie (art. 8).

D'ailleurs, en attendant l'organisation de la tutelle, ainsi que dans tous les cas d'urgence, les mesures nécessaires pour la protection de la personne et des intérêts d'un mineur étranger pourront être prises par les autorités locales (art. 7).

Si la loi nationale n'organise pas la tutelle du mineur dans son pays en vue du cas où il a sa résidence

(1) Voir sur cette Convention, la note 1, page 165.
(2) C'est la loi nationale du mineur qui régit l'ouverture, la constitution, le fonctionnement et la fin de la tutelle, les causes d'incapacité, d'exclusion et de destitution de la tutelle. Il a été toutefois entendu à la Conférence que les causes de dispense ne seraient pas, en principe, régies par la loi nationale du mineur, mais plutôt par la loi du tuteur ou peut-être même par la loi du lieu où s'exerce la tutelle.

habituelle à l'étranger, l'agent diplomatique ou consulaire, autorisé par l'Etat dont le mineur est le ressortissant, pourra y pourvoir conformément à la loi de cet Etat, si l'Etat de la résidence habituelle ne s'y oppose pas (art. 2). Ainsi lorsqu'il faudra pourvoir à la tutelle d'un mineur français domicilié à l'étranger, l'agent diplomatique ou consulaire français réunira les amis ou parents du mineur domicilié à l'étranger et formera un conseil de famille qu'il présidera, pourvu toutefois que l'Etat étranger accepte son intervention (1).

Par exception, c'est d'après la loi de la résidence habituelle du mineur que s'établit et s'exerce sa tutelle, lorsqu'elle n'est pas ou ne peut être constituée d'après la loi nationale, conformément aux dispositions de l'art. 1 ou de l'art. 2 (art. 3). — Cette tutelle, organisée par la loi locale, n'est que subsidiaire et provisoire. Elle n'empêchera pas de constituer ensuite une nouvelle tutelle par application de la loi nationale, conformément aux art. 1 et 2 (2); alors l'ancienne tutelle prendra fin au moment que détermine, pour cette hypothèse, la législation de l'Etat où elle était organisée (art. 4).

Dans tous les cas, c'est-à-dire même lorsque la tutelle est organisée par les autorités étrangères, conformément à la loi locale, elle s'ouvre et prend fin aux époques et pour les causes déterminées par la loi nationale du mineur (art. 5).

L'administration tutélaire s'étend à la personne et à l'ensemble des biens du mineur, quel que soit le lieu de leur situation. Néanmoins cette règle peut recevoir

(1) Cette dernière condition est regrettable : on conçoit qu'un pays ait de justes motifs de ne pas autoriser sur son territoire les mariages consulaires et la restriction contenue en ce sens à l'art. 6 de la convention sur le mariage est admissible (voir *infrà*, p. 224); mais une telle susceptibilité est tout à fait excessive, lorsqu'il s'agit simplement de permettre aux agents étrangers d'organiser la tutelle de leurs nationaux.

(2) En pareil cas, il sera donné le plus tôt possible information de ce fait au gouvernement de l'Etat où la tutelle a d'abord été organisée et ce gouvernement en informera soit l'autorité qui a institué la tutelle, soit, si cette autorité n'existe pas, le tuteur lui-même (art. 4).

exception quant aux immeubles placés par la loi de leur situation sous un régime foncier spécial (art. 6). L'exception prévue à la fin de cet article paraît devoir soulever, quant à sa portée d'application, les plus graves difficultés.

Cette convention ne s'applique qu'à la tutelle des mineurs ressortissants d'un des Etats contractants, qui ont leur résidence habituelle sur le territoire d'un de ces Etats. Toutefois, les art. 7 et 8 s'appliquent à tous les mineurs ressortissants des Etats contractants, même s'ils n'ont pas sur le territoire d'un de ces Etats une résidence habituelle (art. 9).

Incapacités et déchéances résultant de condamnations. — Lorsqu'un individu a encouru, à l'étranger, une condamnation pénale, quel est l'effet produit en France sur sa capacité par cette condamnation?

Il est évident qu'il ne sera tenu aucun compte en France de ces incapacités, si elles sont contraires à l'ordre public international : par exemple, de la mort civile.

Même en dehors de cette hypothèse, certains auteurs soutiennent et beaucoup d'arrêts décident que les incapacités résultant de jugements criminels étrangers ne peuvent avoir en France aucun effet : ces jugements émanant de la puissance publique étrangère, les incapacités qui y sont attachées doivent être non avenues en dehors des limites où cette souveraineté s'exerce.

Cette opinion est sujette à critique : s'il est certain que les peines proprement dites prononcées par les juridictions étrangères ne peuvent produire leur effet en France, il n'en est pas de même des incapacités civiles, qui sont un accessoire de la peine : elles sont modificatives de l'état des personnes, elles dépendent du statut personnel et doivent s'appliquer en tous lieux (1). Les

_____

(1) Beaucoup d'auteurs distinguent cependant suivant que le condamné a été frappé par la juridiction de son pays ou par une juridiction étrangère. Dans la première hypothèse, c'est en vertu de sa loi personnelle que le condamné a été frappé : les incapacités sont donc édictées par sa loi nationale et doivent le suivre en tous pays — au

décisions des tribunaux étrangers d'où elles résultent pourraient même, dans l'opinion générale, ainsi qu'il en est de tous les jugements constitutifs ou modificatifs de l'état des personnes, être invoquées en France, sans qu'il soit nécessaire qu'elles obtiennent l'exequatur des tribunaux français.

SECTION V. — **Absence.**

L'absence est la situation juridique d'une personne dont l'existence est incertaine. Les différentes législations se préoccupent, en la réglementant, d'abord de l'absent lui-même dont il y a lieu de sauvegarder les intérêts, ensuite et à mesure que l'absence se prolonge des héritiers de l'absent et de ceux qui ont sur son patrimoine des droits subordonnés à son décès.

Mesures conservatoires. — Quand une personne a disparu de son domicile et qu'elle est en état de présomption d'absence, les mesures conservatoires, qui sont nécessaires pour assurer le sort de son patrimoine, sont ordonnées par le tribunal de son domicile. Toutefois, si l'absent a des biens dans un pays autre que celui où il est domicilié, le tribunal de la situation des biens peut prendre les mesures conservatoires qui sont prescrites par sa propre loi, car il s'agit de l'intérêt économique de l'Etat sur le sol duquel sont situés les biens du disparu.

Constatation judiciaire de l'absence et envoi en possession. — Si l'absence se prolonge, il devient utile, après les délais qui varient suivant les législations, de

contraire, les incapacités et déchéances résultant des condamnations prononcées par la juridiction étrangère ne suivent pas le condamné hors du pays où elles l'ont frappé : hors de ce pays, il retombe sous l'empire de sa loi personnelle. C'est par application de cette idée que, de l'avis de tous, une condamnation étrangère n'est pas une cause de divorce en France à l'encontre d'un Français.

la constater officiellement et de régler le sort du patrimoine de l'absent. En France, on y pourvoit par la *déclaration d'absence*, suivie d'un *envoi en possession*
provisoire, puis d'un envoi en possession définitif des
héritiers présomptifs.

Le délai, après lequel le tribunal du domicile, ou, à
défaut de domicile connu, le tribunal de la résidence de
l'absent au moment de sa disparition pourra constater
officiellement ou déclarer l'absence, sera fixé, dans
l'opinion générale, par la loi nationale du disparu.
C'est cette même loi qui décidera si l'absent peut ou non
recueillir une succession ouverte à son profit et qui
déterminera les effets de l'absence relativement à la
personne du disparu, à moins qu'elle ne se heurte en
France à une disposition d'ordre public absolu (1). Toutes
ces questions, en effet, touchent à l'état des personnes.

Quant aux règles à suivre pour déterminer le sort
des biens de l'absent, les personnes auxquelles ils doivent être remis, les droits que ces personnes auront
sur eux, les garanties qu'elles devront fournir, etc.,
y a-t-il lieu de se référer à la loi nationale de l'absent
ou à la loi de la situation des biens? La question est
très controversée.

En général, les auteurs décident que toutes ces questions relatives à l'envoi en possession doivent être tranchées, sans avoir égard à la situation des biens laissés
à l'abandon, par la *loi nationale de l'absent*. Ils obser-
vent que les mesures édictées en cas d'absence ont pour
but la protection du disparu et la sauvegarde de ses
intérêts et que les règles de l'absence, de même que les
règles de la tutelle et des différentes institutions de protection des incapables, doivent obéir au statut personnel.

Toutefois, on peut objecter que la plupart des législations, notamment la nôtre, tiennent compte de l'in-

---

(1) La femme d'un Hollandais absent, encore que sa loi nationale
lui en donne le droit, ne pourrait obtenir des tribunaux français
l'autorisation de se remarier : la prohibition du mariage du conjoint
de l'époux absent est d'ordre public absolu.

térêt des héritiers présomptifs de l'absent, au moins autant que de l'intérêt de l'absent lui-même, et que, sans être véritablement une ouverture anticipée de la succession de l'absent, l'envoi en possession doit être gouverné, au point de vue du conflit des lois, par les principes qui régissent la matière des successions. Dans cette opinion, il y aurait donc lieu de faire une distinction entre les meubles et les immeubles : ceux-ci seraient régis par la loi de leur situation, ceux-là par la loi du domicile de l'absent, si l'on admet du moins le système de la jurisprudence qui applique à la succession mobilière la loi du domicile plutôt que la loi nationale du défunt.

TITRE III

DES BIENS
CONSIDÉRÉS INDIVIDUELLEMENT
ET EN EUX-MÊMES

Nous étudions uniquement, dans ce titre, les biens envisagés individuellement et en eux-mêmes, c'est-à-dire abstraction faite, d'une part, des biens en tant qu'universalité (succession) et, d'autre part, des biens dans leurs rapports avec les personnes (aliénation des biens de mineurs, jouissance légale des père et mère, etc.).

Il s'agit donc du régime de la propriété, des biens au point de vue de leur nature, des droits réels dont ils sont susceptibles et de leurs modes d'acquisition.

Les conflits de lois, en pareille matière, supposent qu'un étranger possède ou acquiert la propriété d'un bien situé en France ou un droit réel sur un bien situé en France : est-ce la loi personnelle du titulaire du droit ou la loi de la situation du bien qui doit être appliquée? C'est la loi de la situation du bien, *lex rei sitæ* (art. 3 l. 2).

Justification du statut réel. — Portalis, pour justifier la disposition de l'art. 3 al. 2, qui applique le statut réel aux immeubles situés en France, a invoqué la souveraineté des Etats dans les limites de leur territoire.

Cette raison est insuffisante : d'abord, si elle peut être donnée relativement aux immeubles, elle ne peut expliquer pourquoi les meubles eux-mêmes sont régis par la *lex rei sitæ;* — en outre, la souveraineté de l'Etat français s'accommode fort bien, en d'autres matières, de l'application d'une loi étrangère.

Le véritable motif pour lequel il faut reconnaître aux lois qui régissent les biens le caractère de réalité est que ces lois, réglementant la propriété, intéressent au plus haut point le crédit public, l'organisation sociale et politique du pays : à ce titre, elles sont de droit public et s'imposent aux étrangers.

I. Règles générales sur le régime de la propriété. — L'étude de l'organisation de la propriété comporte trois questions principales :

α) Quelles sont les choses susceptibles de propriété privée et celles qui dépendent, au contraire, du domaine public?

A cet égard, il est évident que c'est la loi de la situation des biens qui est seule applicable.

β) Quel est le système de propriété auquel sont soumis les biens susceptibles d'appropriation privée?

Chez nous, la propriété est individuelle et transmissible; — d'autres législations connaissent encore la propriété collective ou familiale.

Il y a lieu d'appliquer aux biens, sans tenir compte de la nationalité de leur propriétaire, le système de propriété consacré par la loi du pays où ils sont situés.

γ) Quels biens sont meubles et quels biens sont immeubles?

Les législations contiennent, à cet égard, des différences notables : ainsi le Code civil hollandais déclare immeubles, lorsqu'ils doivent être employés à une nouvelle construction, les matériaux de démolition qui sont meubles, d'après notre loi (art. 532).

En pareille matière, on suit la *lex rei sitæ*.

II. Règles applicables aux immeubles. — L'art. 3 al. 2 C. civ. dispose : « Les immeubles, même ceux possédés par des étrangers, sont régis par la loi française ».

A l'inverse, il faut décider que les immeubles situés à l'étranger, même s'ils sont possédés par des Français, doivent être régis par la loi étrangère. Telle était la plus ancienne des règles de la théorie des statuts; il paraît certain que le Code civil se l'est appropriée.

Les *droits réels*, principaux ou accessoires, dont peuvent être grevés les immeubles situés en France et appartenant à des étrangers, sont donc les mêmes que ceux dont les immeubles appartenant aux Français peuvent être l'objet; — la propriété immobilière subira aux mains des étrangers les différentes restrictions et limitations établies par nos lois, notamment celles qui résultent des servitudes naturelles et légales (art. 640 à 685 C. civ.), de la loi du 10 avril 1810 sur les mines, du Code forestier, de la loi du 3 mai 1841 sur l'expropriation pour cause d'utilité publique, du décret du 15 octobre 1810 et des décrets qui l'ont complété sur les établissements dangereux, insalubres et incommodes, etc.; — les servitudes du fait de l'homme ne pourront être autres que celles reconnues par la loi française et ne devront être imposées ni à la personne, ni en faveur de la personne (art. 686 C. civ.); — l'usufruit sera également régi par la *lex rei sitæ,* sauf le droit pour les étrangers, comme pour les Français, de déroger à celles des dispositions des art. 578 à 636 C. civ., qui sont purement interprétatives.

La possession et les avantages qu'elle confère dépendent aussi de la *lex rei sitæ.*

C'est enfin la loi locale qui détermine les causes de préférence entre créanciers (privilèges et hypothèques), leur étendue et leur efficacité (Cf. *infrà,* p. 197).

— Parmi les *modes d'acquisition* et d'aliénation de la propriété et des droits réels immobiliers, l'*occupation* et la *prescription acquisitive* seront régies à tous égards par la *lex rei sitæ.* — Quant à la règle du transfert de la propriété par la simple convention, elle est, en principe, de statut réel; mais il faut remarquer que le transfert de la propriété peut, de par la *volonté des parties,* être reculé jusqu'à une certaine date ou subordonné à certaines conditions (nécessité de la tradition, rédaction d'un écrit) : la règle sur ce point est la même pour les étrangers que pour les Français.

III. Règles applicables aux meubles. — Dans notre ancien droit, les meubles étaient, en principe, régis par la loi du domicile de leur propriétaire, suivant la maxime : « *Mobilia sequuntur personam* ».

Mais certains auteurs faisaient de cette règle un statut personnel, estimant que les meubles ne sont que l'accessoire de la personne; — pour d'autres, au contraire, elle appartenait au statut réel, les meubles étant situés fictivement au domicile de leur propriétaire.

D'ailleurs, la règle n'était guère appliquée, en pratique, que pour les successions mobilières; envisagés *ut singuli* les meubles étaient, en effet, régis généralement par la loi de leur situation effective.

C'est la *lex rei sitæ* qui doit encore aujourd'hui régir les meubles envisagés *ut singuli*. Le silence de la loi doit être interprété comme une consécration de la règle traditionnelle; d'autant plus qu'en supprimant une disposition du titre préliminaire du Code, aux termes de laquelle « le mobilier des Français à l'étranger est réglé par la loi française comme sa personne », le législateur paraît avoir répudié l'application du statut personnel.

— En ce qui concerne les meubles incorporels, créances, rentes, actions ou obligations, à défaut de situation réelle, il faut leur attribuer une situation fictive.

Les auteurs sont partagés entre la loi du domicile du créancier et celle du domicile du débiteur.

En faveur de la loi du domicile du créancier, on fait observer que, dans l'ancien droit, la règle « *Nomina personæ creditoris inhærent* » était généralement acceptée, les créances formant un élément d'actif du patrimoine du créancier. Mais on se prononce plutôt, avec raison, en faveur du domicile du débiteur : d'une part, en effet, c'est là que le créancier devra s'adresser amiablement ou judiciairement pour obtenir son paie· ment; d'autre part, c'est à la loi du domicile du débiteur qu'il y a lieu de se référer pour connaître la façon dont les droits du créancier sont sauvegardés et, par là, c'est elle qui donne à la créance sa valeur.

— Par application de la *lex rei sitæ*, les meubles situés en France seront soumis, même s'ils appartiennent à des étrangers, aux dispositions de la loi française : ainsi ils ne seront pas susceptibles d'hypothèque, mais pourront être affectés de privilèges ou donnés en gage aux conditions prescrites par nos lois; — la règle « En fait de meubles possession vaut titre » (art. 2279) sera valablement invoquée par des étrangers ou opposée à des étrangers en France; — les formalités exigées par l'art. 1690 C. civ. pour la cession des créances devront être observées à l'égard des créances réputées situées en France.

— Lorsque le meuble a été l'objet de déplacements successifs, quelle est, parmi les lois des divers pays où le meuble a été successivement situé, celle qui doit être appliquée?

La difficulté se pose spécialement à propos de la règle de notre art. 2279, ignorée des législations autrichienne et espagnole. En général, on admet que la loi applica· ble est celle du pays où se produit le litige (1).

Exemple : Un meuble a été acheté de bonne foi en Espagne *a non domino;* l'acquéreur vient en France avec le meuble qu'il a acquis et y est actionné par le propriétaire dépossédé. D'après la loi espagnole, la revendication du propriétaire serait admise; mais, par application de la loi française, elle doit être écartée, car la disposition de l'art. 2279 C. civ. est d'ordre public et s'impose au juge français.

(1) Certains auteurs estiment, toutefois, que si le lieu où se produit le litige et celui de la situation actuelle du meuble sont différents, c'est la loi du lieu où le meuble se trouve actuellement qui doit l'emporter.

TITRE IV

PRIVILÈGES ET HYPOTHÈQUES

En principe, les étrangers ont la jouissance en France des droits de privilège et d'hypothèque.

Quant au conflit des lois, c'est, d'une manière générale, la loi du pays où les biens grevés de privilèges ou d'hypothèques sont situés qui doit recevoir son application. L'organisation du régime hypothécaire et les causes de préférence entre créanciers dépendent, en effet, au premier chef, du statut réel, à raison de leur rapport étroit avec le crédit public et le régime de la propriété (art. 3 al. 2).

C'est donc la loi française qui détermine les droits de préférence dont un étranger peut se prévaloir en France, — les causes d'où ces droits peuvent provenir (1), — les biens qui sont susceptibles d'être affectés de privilèges ou d'hypothèques, — les conditions de publicité que les créanciers privilégiés ou hypothécaires sont tenus d'observer, — les effets des privilèges et des hypothèques quant au droit de préférence et quant au droit de suite, — les modes et les conditions d'extinction de ces droits.

____

(1) Ainsi la loi hypothécaire belge accorde au donateur, qui a fait une donation avec charges, un privilège pour obtenir l'exécution des charges ; notre jurisprudence, au contraire, refusant d'accorder ce privilège au donateur, celui-ci, même s'il est de nationalité belge, ne pourra se prévaloir de ce privilège sur les biens donnés situés en France.

Toutefois, il y a lieu d'examiner d'une manière plus précise, en ce qui concerne les différentes causes de préférence reconnues par notre loi, à quelles conditions elles pourront être invoquées en France.

I. Privilèges. — En ce qui concerne les privilèges, il suffit, pour que les étrangers puissent s'en prévaloir en France, que ces privilèges soient consacrés par notre loi. En effet, d'une part, les étrangers ont en France la jouissance de ces droits ; d'autre part, il ne saurait être question d'exiger que les privilèges soient également accordés à l'étranger par sa loi nationale, puisqu'ils ne dépendent pas de la qualité du créancier, mais sont attachés à la créance elle-même et établis dans l'intérêt supérieur du crédit.

II. Hypothèques légales. — Les étrangers ne peuvent évidemment pas se prévaloir en France d'hypothèques légales qui sont consacrées par leur loi nationale, mais qui ne sont pas admises dans notre législation.

Mais peuvent-ils se prévaloir en France des hypothèques légales reconnues par la loi française? Et, en supposant cette question résolue affirmativement, faut-il en outre exiger que la loi personnelle de l'étranger lui confère cette hypothèque légale?

A. Les étrangers peuvent-ils se prévaloir en France des hypothèques légales?

La question, qui est la même pour l'hypothèque légale de la femme mariée et pour celle des mineurs et interdits, sera examinée spécialement à propos de la femme mariée étrangère (1).

La solution dépend de l'interprétation de l'art. 11 C. civ. Les auteurs qui estiment que les étrangers ont

____

(1) Notons toutefois qu'il est admis sans difficulté que le mineur étranger aura une hypothèque légale sur les biens appartenant à son tuteur en France, lorsque la tutelle aura été *provisoirement* organisée en France conformément à la loi française.

en France la jouissance de tous les droits civils, qui ne leur sont pas expressément refusés, décident que la femme mariée étrangère doit être admise à se prévaloir de son hypothèque légale sur les immeubles de son mari situés en France. La jurisprudence, au contraire, considère l'hypothèque légale comme une prérogative de pur droit civil réservée aux nationaux et dont la jouissance doit être refusée aux étrangers. Cette hypothèque, en effet, est loin d'être consacrée par toutes les législations ; en outre, dans les pays où elle existe, elle diffère profondément de la nôtre, parce qu'elle n'est ni occulte ni générale comme chez nous.

Toutefois, même d'après la jurisprudence, certaines femmes mariées étrangères auront en France la jouissance du droit d'hypothèque légale. Ce sont celles qui ont été admises à domicile en France — ou même, dans l'opinion générale, celles dont le mari a obtenu l'admission à domicile(1), — ou enfin celles auxquelles des traités ont conféré soit la plénitude des droits civils, soit spécialement le droit d'hypothèque légale (2), et celles qui appartiennent à des pays bénéficiant, en vertu de conventions diplomatiques, du traitement de la nation la plus favorisée.

B. Les hypothèques légales dont les étrangers ont exceptionnellement la jouissance vont-elles leur être concédées en France, sans qu'il y ait à consulter leur loi nationale? Par exemple, une femme mariée étran-

(1) Voir *suprá*, p. 37.
(2) La jurisprudence a décidé que l'art. 22 du traité franco-sarde de 1760-1860, qui ne vise dans ses termes que les hypothèques conventionnelles et judiciaires, s'appliquait aux hypothèques légales et conférait une hypothèque légale aux femmes mariées et aux mineurs d'Italie, sur les immeubles du mari ou du tuteur situés en France. — Il a été jugé également qu'en vertu de la loi ottomane du 16 juin 1867, confirmée par le protocole du 9 juin 1868, assimilant les Français aux sujets ottomans pour tout ce qui regarde l'aliénation et l'hypothèque des propriétés foncières situées en Turquie, les sujets ottomans peuvent invoquer en France, par application de l'art. 11 C. civ., les dispositions relatives au régime hypothécaire français et que notamment les femmes ottomanes ne subissent pas le concours des autres créanciers de leur mari sur les biens situés en France.

gère, ayant en France la jouissance du droit d'hypothèque légale, sera-t-elle admise à s'en prévaloir, même
si sa loi personnelle ne lui confère pas cette hypothèque?

Certains auteurs soutiennent qu'à tous égards l'hypothèque légale de la femme dépend du statut réel, sans
qu'il y ait lieu de consulter la loi personnelle de la
femme pour savoir si elle lui accorde cette garantie.

En réalité, cette opinion fait une fausse application
de la règle posée par l'art. 3 al. 2 C. civ. L'hypothèque légale de la femme étrangère sera régie, quant
aux immeubles situés en France, par la loi française en
ce qui concerne les biens qui en seront affectés, les
mesures de publicité qui devront être prises, le rang et
les effets qui lui seront attribués; car ces matières ont
trait à l'organisation de la propriété et intéressent le
crédit public. Mais il faudra consulter la loi personnelle
de la femme afin de s'assurer que cette loi lui confère,
elle aussi, une semblable garantie : cette hypothèque, en
effet, est une protection accordée à la femme en compensation de l'incapacité dont elle est frappée et de sa
subordination envers le mari ; si la loi nationale de la
femme a jugé inutile de lui donner une hypothèque sur
les biens de son mari, sans doute parce qu'elle a pourvu
différemment à la sauvegarde de ses intérêts, pourquoi
la loi territoriale devrait-elle l'emporter? C'est une question d'état et de capacité des personnes, qui doit être
tranchée par la loi personnelle de la femme.

III. **Hypothèque judiciaire.** — La jouissance de cette
hypothèque, attachée de plein droit aux sentences
judiciaires pour en assurer l'exécution, appartient aux
étrangers au profit desquels a été rendu en France un
jugement de condamnation. Peu importe que la loi
étrangère ne connaisse pas l'hypothèque judiciaire.
S'agissant d'une décision rendue par des magistrats
français, il n'y a pas à tenir compte de la nationalité
des parties ni des dispositions de leur loi personnelle.

Mais, d'après l'art. 2123 C. civ., les jugements *étrangers*, même rendus au profit de Français, n'emportent hypothèque sur les biens du débiteur situés en France qu'autant qu'ils ont été rendus exécutoires par un tribunal français. En effet, l'hypothèque judiciaire est un corollaire de la force exécutoire des décisions de justice : les jugements étrangers n'ayant force exécutoire en France qu'autant qu'ils y ont obtenu l'*exequatur* n'emporteront hypothèque que sous la même condition.

L'art. 2123 réserve toutefois l'application des traités qui contiendraient une décision contraire : aucun traité ne munit de plein droit les jugements étrangers de l'hypothèque judiciaire; mais différentes conventions, que nous examinerons ultérieurement, facilitent les conditions auxquelles les jugements étrangers peuvent obtenir en France l'*exequatur*.

Est-ce à dire que tout jugement étranger, une fois rendu exécutoire en France, y importe hypothèque, alors même qu'il émane des tribunaux d'un pays où l'hypothèque judiciaire est inconnue? La question est controversée.

En général, on fait remarquer que, d'après le texte de l'art. 2123, c'est au jugement étranger, rendu exécutoire, et non pas au jugement d'*exequatur*, qu'est attachée l'hypothèque judiciaire : on décide, en conséquence, que celle-ci ne sera admise qu'autant qu'elle sera consacrée par la loi étrangère et seulement avec l'étendue que cette loi lui attribue.

C'est cette solution qui se trouve consacrée dans la convention franco-belge du 8 juillet 1899 : la loi belge ne connaissant plus l'hypothèque judiciaire, le traité décide que « les décisions belges rendues exécutoires en France n'y entraîneront pas hypothèque judiciaire » (art. 12).

IV. Hypothèque conventionnelle. — La convention passée en France confère hypothèque aux étrangers, tout comme aux Français. — S'il s'agit, au contraire, d'une convention d'hypothèque faite à l'étranger, l'art. 2128 C. civ. dispose que « les contrats passés en pays étranger ne peuvent donner d'hypothèque sur les biens de France, s'il n'y a des dispositions contraires dans les lois politiques ou dans les traités ».

Donc ni les Français ni les étrangers ne peuvent acquérir une hypothèque conventionnelle sur les immeubles situés en France, en vertu d'une convention passée en pays étranger suivant les prescriptions de la loi étrangère. Cette disposition soulève les plus justes critiques : il est étrange que des Français ou des étrangers puissent, en pays étranger, aliéner à titre gratuit ou onéreux les immeubles qu'ils ont en France et ne puissent pas les hypothéquer.

L'art. 2128 est le résultat d'une erreur du législateur. Dans l'ancien droit, l'hypothèque était la conséquence de la force exécutoire des actes : tout acte exécutoire emportait hypothèque générale; dès lors, les actes étrangers, même authentiques, n'étant pas munis en France de la force exécutoire, ne pouvaient emporter hypothèque sur des biens situés en France. Mais le Code ayant abrogé l'ancien principe d'après lequel l'hypothèque résultait nécessairement de tout acte exécutoire, la règle posée dans l'art. 2128 ne se justifie plus.

Les Français en pays étranger auront toutefois la ressource de faire dresser les actes constitutifs d'hypothèque sur des biens situés en France par le chancelier du consulat français.

L'art. 2128 réserve l'application des lois politiques ou des traités.

Aucune loi politique n'a dérogé à cette disposition.

Quant aux traités, on peut signaler :

α) Le traité *franco-sarde* de 1760-1860 (art. 22), qui écarte entièrement, dans les rapports des deux pays, l'application de l'art. 2128.

β) Le traité *franco-belge* de 1899 (art. 17), qui décide que « les hypothèques consenties dans l'un des deux pays n'auront d'effet, à l'égard des immeubles situés dans l'autre, que lorsque les actes qui en contiennent la stipulation auront été rendus exécutoires par le président du tribunal civil de la situation des biens ». Nous verrons, en effet, que d'après la convention franco-belge, les actes authentiques, exécutoires dans l'un des deux pays, peuvent être déclarés exécutoires dans l'autre (1).

Les deux traités franco-sarde et franco-belge s'appliquent d'ailleurs, quelle que soit la nationalité des contractants, par cela seul que des hypothèques ont été consenties dans l'un des deux pays.

γ) Un traité *franco-suisse* du 28 mai 1777 qui, d'après la jurisprudence, déroge également à la règle de l'art. 2128, mais seulement lorsque le contrat est passé entre des Français et des Suisses.

δ) Enfin un certain nombre de *conventions consulaires* qui reconnaissent à nos consuls le droit de recevoir à l'étranger les actes, notamment les constitutions d'hypothèque sur les immeubles situés en France, concernant à la fois des Français et des étrangers, ou même des étrangers seulement.

(1) Voir *infrà*, la 4e Partie de cet ouvrage.

TITRE V

DES ACTES JURIDIQUES

Nous diviserons ce titre en 4 chapitres :

1° Capacité des parties ;

2° Forme des actes (règle *Locus regit actum*);

3° Substance des actes ;

4° Extinction des droits, spécialement des obligations.

CHAPITRE PREMIER

Capacité des parties.

En principe, les conflits de lois qui s'élèvent relativement à la capacité des personnes sont soumis aux mêmes règles que les conflits de lois relatifs à leur état et à leurs rapports de famille : l'art. 3 al. 3 C. civ. assimile, en effet, les lois concernant l'état et celles concernant la capacité des personnes.

La capacité des Français à l'étranger sera donc régie par la loi française et celle des étrangers en France par la loi étrangère.

Toutefois, si certain que soit le principe, son application soulève en pratique des résistances.

Déjà dans l'ancienne théorie des statuts, tandis que l'école italienne et, à sa suite, Dumoulin avaient fait admettre la personnalité du statut de capacité et l'application de la loi du domicile, d'Argentré, hostile au statut personnel, n'avait accepté le principe que sous deux conditions. Il exigeait : 1° que le statut de capacité affectât la personne, sans produire effet sur ses biens immobiliers ; 2° qu'il régît la personne d'une façon générale et universelle et ne fût pas édicté en vue de certains actes déterminés. Si l'une ou l'autre de ces conditions faisait défaut, le statut réel reprenait son empire.

Ainsi les dispositions des coutumes déterminant l'âge de la majorité étaient de statut personnel, tandis que les dispositions sur la capacité du mineur quant à l'aliénation de ses immeubles ou quant à la confection de son testament étaient de statut réel, parce qu'elles concernaient des cas spéciaux ou étaient relatives à des immeubles.

Ces restrictions maladroites n'ont été aucunement reproduites par l'art. 3 al. 3 C. civ. Néanmoins, elles ont réapparu à plusieurs reprises, soit en doctrine, soit en jurisprudence.

α) Fœlix, au milieu du XIX⁰ siècle, s'inspirant des idées de d'Argentré, soutint que le statut personnel ne peut régir que la capacité générale de la personne et que toute règle de capacité spéciale, par exemple, celle qui accorde à un mineur parvenu à l'âge de seize ans le droit de tester, dépend du statut réel. Cette théorie est aujourd'hui complètement abandonnée en France.

β) A différentes reprises, la jurisprudence a écarté l'application du statut personnel et de l'art. 3 al. 3, pour faire prévaloir le statut réel et l'art. 3 al. 2, lorsqu'il s'agissait de règles de capacité concernant les immeubles. C'est ainsi que nous avons vu qu'une donation, entre époux italiens, d'immeubles situés en France, a été déclarée valable et révocable, contrairement à la loi italienne qui prohibe les dons entre époux (v. *suprà*, p. 169-170). C'est une application hors de propos de l'art. 3 al. 2, qui ne concerne que le régime de la propriété immobilière; en l'espèce, il s'agit uniquement d'une question de capacité dépendant du statut personnel.

γ) Enfin, certains auteurs, à la suite de Valette, ont soutenu et la jurisprudence a décidé que l'application en France de la loi étrangère à la capacité des étrangers ne devait pas être admise, lorsqu'elle aboutirait à léser des intérêts français. Si une convention a été passée en France entre deux étrangers, les lois étrangères régiront la capacité des parties; mais si un étranger a traité avec un Français et que l'application de la loi étrangère puisse avoir pour effet de causer un dommage au Français, la loi personnelle de l'étranger sera écartée : par exemple, l'étranger est encore mineur d'après sa loi nationale, bien qu'il ait atteint l'âge de vingt et un ans, et prétend faire annuler, en raison de son incapacité, l'engagement qu'il a contracté envers un Français (1).

Il en sera du moins ainsi, suivant la formule de la jurisprudence, lorsque le Français, qui a traité avec l'étranger, a agi sans légèreté ni imprudence et avec bonne foi.

Ce système prête à la critique : sans doute celui qui a traité avec un incapable peut se trouver lésé par la nullité du contrat, conséquence d'une incapacité qu'il ne soupçonnait pas; mais le danger d'une surprise existe même en droit interne et n'est pas une raison suffisante pour enlever aux incapables la protection dont ils ont besoin. — Toutefois l'application de la loi nationale de l'étranger et la nullité qu'elle édicte seront écartées, lorsque l'étranger aura commis une fraude à l'encontre du Français; ce sera, en droit international, l'application pure et simple des règles posées en droit interne par les art. 1382 et 1310 C. civ.

____

(1) Les législations de l'Allemagne et de la Suisse décident que la capacité de l'étranger, qui contracte dans ces pays, sera régie par sa loi personnelle ou par la loi locale, suivant que l'une ou l'autre favorise davantage la validité de l'obligation par lui contractée. Il en est de même lorsqu'il s'agit d'apprécier l'engagement unilatéral pris par un étranger en Autriche; quant à la convention synallagmatique passée en Autriche entre un étranger et un citoyen, elle doit être appréciée en tous cas d'après la loi autrichienne.

CHAPITRE II

Forme des actes : règle « Locus regit actum ».

Notions préliminaires. — Les conflits de lois relatifs à la *forme* des actes supposent qu'un individu fait un acte juridique en dehors de son pays : peut-il ou même doit-il se conformer à la loi du pays où il se trouve, ou est-il tenu de se soumettre aux règles de forme édictées par sa loi nationale ?

Les conflits de lois se présentent devant les tribunaux français, soit qu'il s'agisse d'actes concernant des Français et passés en pays étranger, soit qu'il s'agisse d'actes concernant des étrangers et passés en France.

Avant de rechercher la solution que comportent ces conflits de lois, il y a lieu de bien préciser ce qu'il faut entendre par la forme de l'acte juridique (1).

On ne peut ranger dans les éléments de forme de l'acte :

Ni les formes ou formalités *habilitantes* prescrites à raison de l'*incapacité* des parties et nécessaires à la validité de l'acte. Ces formes, par exemple, l'autorisation du conseil de famille et l'homologation du tribunal

---

(1) Il est évident que les éléments intrinsèques, c'est-à-dire les conditions requises pour la validité de l'acte, abstraction faite de toute manifestation extérieure de son existence, par exemple, le consentement des parties dans tous les contrats, la chose et le prix dans la vente, la tradition de la chose prêtée dans le prêt, etc., sont tout à fait hors de cause. Il serait à peine besoin de le constater, si nos anciens auteurs n'avaient maladroitement désigné ces éléments de fond du nom de *formes intrinsèques* ou *viscérales.*

pour certains actes concernant les mineurs, l'autorisation du mari pour la femme, etc., sont une dépendance du statut personnel et régies à ce titre par la loi nationale de l'incapable ;

Ni les mesures de *publicité* destinées à rendre opposables aux tiers certains actes juridiques, notamment la constitution des droits réels. Ces formes ou formalités, notamment la transcription des mutations immobilières et l'inscription des privilèges et hypothèques, sont établies en vue d'assurer le crédit public ; elles tiennent à l'organisation même de la propriété et dépendent du statut réel.

Les seules formes, dont il soit ici question, sont celles qui sont prescrites soit pour l'*existence* même de certains actes appelés actes solennels, soit pour la simple constatation et la *preuve* des autres.

Règle « Locus regit actum ». — On applique traditionnellement à ces formes la règle *Locus regit actum*.

Au XIV° siècle, il fut admis par Jean Fabre et Bartole que le testament pouvait toujours être dressé dans les formes locales. Dumoulin, au XVI° siècle, fit prévaloir définitivement cette doctrine. Mais les conséquences de la règle *Locus regit actum* furent assez mal dégagées par nos anciens auteurs : ils eurent le tort notamment de faire rentrer cette règle dans la théorie des statuts, les uns la considérant comme un statut réel (Boullenois), les autres la classant parmi les statuts personnels (Bouhier), d'autres enfin la rangeant parmi les statuts mixtes (Jean Voët).

Le projet de Code civil contenait, dans son titre préliminaire, un article qui disposait : « La forme des actes est réglée par les lois du pays dans lequel ils sont faits ou passés ». Ce texte fut supprimé, mais la règle *Locus regit actum* qu'il consacrait n'a pas été répudiée par le législateur qui en fait l'application dans les art. 47, 170 et 999 C. civ.

SECTION I. — Justification de la règle
« Locus regit actum ».

C'est une raison de nécessité pratique, qui constitue la meilleure justification de la règle *Locus regit actum :* sans cette règle, il serait souvent difficile et parfois impossible à ceux qui se trouvent en pays étranger d'accomplir les actes de la vie juridique.

S'agit-il d'un acte pour lequel la loi nationale des parties exige l'intervention d'un officier public? Il se peut que la loi locale n'ait pas les mêmes exigences : en ce cas, les autorités locales refuseront un concours que leur loi ne leur permet pas de donner; — peut-être même les officiers publics, dont l'intervention est requise par la loi nationale des parties, n'existent-ils pas dans le pays où l'acte doit être passé. En tous cas, même si ces officiers publics existent et sont les mêmes qu'en France, ils ne pourront se conformer à la loi française, l'observation de la loi locale étant obligatoire pour tout officier public.

S'agit-il d'un acte juridique qui peut être fait en la forme privée, d'après la loi nationale? Sans doute, il n'y a plus, en général, pour les parties une impossibilité absolue de satisfaire aux prescriptions de leur loi personnelle. Mais, si elles ne connaissent pas bien les formes qu'elles doivent suivre, elles éprouveront un singulier embarras : elles s'adresseront aux hommes de loi du pays où elles se trouvent et ceux-ci, ignorant d'ordinaire les formes prescrites par les lois étrangères, leur feront rédiger l'acte d'après la loi locale.

Enfin, si les intéressés appartiennent à des nationalités différentes ayant édicté des formalités différentes, il n'y a pas de raison pour qu'ils se conforment à la loi de celui-ci plutôt qu'à la loi de celui-là : force sera bien de rédiger l'acte conformément à la loi locale.

SECTION II. — Portée d'application pratique
de la règle « Locus regit actum ».

Dans quels cas l'acte passé en pays étranger, conformément à la loi locale et contrairement à la loi nationale, est-il valable?

Cette question doit être examinée d'abord à propos des actes passés à l'étranger par des Français, ensuite à propos des actes passés en France par des étrangers.

§ I. ACTE PASSÉ EN PAYS ÉTRANGER PAR UN FRANÇAIS OU PAR DES FRANÇAIS SUIVANT LES FORMES LOCALES.

Cet acte sera-t-il tenu pour valable par les tribunaux français?

Nous verrons successivement le cas où l'acte fait à l'étranger a été passé en la forme publique et le cas où il a été passé en la forme privée.

a) Acte passé par un Français à l'étranger en la forme publique étrangère.

Qu'il s'agisse d'un acte pour lequel la loi française exige l'authenticité (actes de l'état civil, mariage, contrat de mariage, donation), ou d'un acte pour lequel elle laisse aux parties le choix entre la forme authentique et la forme privée (testament, vente, bail, etc.), la règle *Locus regit actum* recevra son application : l'acte dressé par les officiers publics étrangers en la forme étrangère sera valable. Le Code civil consacre expressément cette solution pour les actes de l'état civil, pour le mariage et pour le testament.

I. Actes de l'état civil. — D'après l'art. 47 C. civ., l'acte de l'état civil concernant des Français ou des Français et des étrangers, fait en pays étranger, fera foi s'il a été rédigé dans les formes usitées dans le pays. Par exemple, un acte de baptème dressé en pays étranger fera preuve en France de la naissance d'un Français, s'il fait preuve dans ce pays étranger.

II. Mariage. — Aux termes de l'art. 170, « le mariage contracté en pays étranger entre Français ou entre Français et étrangers sera valablement célébré dans les formes usitées dans ledit pays ».

Cette règle présente une importance particulière à raison de la diversité des législations relatives aux formes du mariage (1).

En vertu de l'art. 170 C. civ., des Français en pays étranger se marient valablement suivant la forme locale, quelle qu'elle soit, même si elle est exclusivement religieuse.

Nos tribunaux doivent se référer à la loi étrangère pour savoir quelles sont les règles de forme par elle prescrites dont l'inobservation entraîne la nullité de ce mariage (2).

— Il y a lieu toutefois de faire quelques observations relativement aux publications et à la transcription de l'acte de mariage.

(1) Plusieurs pays ont une législation analogue à la nôtre : le mariage y est purement civil; le mariage religieux, sans valeur légale, ne peut être célébré qu'après l'accomplissement du mariage civil, les formalités et conditions de publicité différant plus ou moins de celles qui sont prescrites par notre Code civil (Belgique, Pays-Bas, Suisse, Allemagne, Hongrie, Brésil, Mexique). En Italie, également, le mariage civil existe seul, à peu près identique au nôtre, mais les ministres du culte peuvent, sans encourir les pénalités dont ils sont frappés chez nous (art. 199 et 200 C. pén.). bénir un mariage non encore contracté devant l'officier de l'état civil.

Beaucoup de législations admettent concurremment le mariage civil et le mariage religieux, soit que les époux aient le droit d'opter librement entre les deux modes, soit que le mariage civil soit autorisé seulement pour ceux qui n'appartiennent à aucun culte ou qui pratiquent un culte dissident (Angleterre, Autriche, Russie, Suède, Norvège, Danemark, Espagne et Portugal. — Dans quelques pays, le mariage religieux est obligatoire, soit que le mariage catholique soit seul admis, soit que le mariage puisse être célébré suivant les prescriptions des différentes religions (Serbie, Turquie, Grèce, Pérou, Chili).

(2) D'après l'art. 196 C. civ., tel qu'il est interprété par la jurisprudence, quand le mariage est nul pour vice de formes, notamment pour cause de clandestinité ou d'incompétence de l'officier de l'état civil, cette nullité est couverte s'il y a possession d'état d'époux. — Nos tribunaux ont décidé que cette disposition était applicable au mariage des Français contracté à l'étranger, de sorte que la possession d'état d'époux couvre les vices de formes qui, en vertu des lois étrangères, auraient dû entraîner la nullité du mariage.

α) *Publications*. — L'art. 170 exige que les Français, qui se marient à l'étranger, aient procédé en France aux publications prescrites par l'art. 63 C. civ. Les publications seront nécessaires, soit que le Français ait conservé son domicile en France, alors même qu'il aurait à l'étranger une résidence de plus de six mois, soit qu'il ait son domicile en pays étranger, sans y avoir six mois de résidence effective (art. 167).

En outre, si le Français est, relativement au mariage sous la puissance d'autrui, les publications devront encore être faites en France à la municipalité de ceux dont le consentement est nécessaire (art. 168).

Quelle est la *sanction du défaut de publications*? La question est très controversée.

1er Système. — L'absence de publications entraîne nécessairement la nullité du mariage.

En effet, l'art. 170 déclare valable le mariage des Français, célébré dans les formes usitées dans le pays étranger, *pourvu que* les publications aient été faites; — d'autre part, si le défaut de publications constitue un simple empêchement prohibitif, sanctionné par une amende infligée à l'officier de l'état civil, pour un mariage célébré en France (art. 192), cette sanction est insuffisante pour les mariages célébrés à l'étranger, l'officier de l'état civil étranger échappant à l'application de nos lois pénales; — enfin les publications ne sont, pour les mariages célébrés en France, qu'un des éléments de publicité, tandis que l'absence de publications en France du mariage contracté à l'étranger rend ce mariage clandestin.

2e Système. — Le défaut de publications en France n'entraîne pas la nullité du mariage des Français en pays étranger.

Les mots « pourvu que... » de l'art. 170 ne commandent pas la nullité; car l'art. 170 décide également que le mariage sera valable « pourvu que le Français n'ait point contrevenu aux dispositions du chapitre précédent » : or, comme nous l'avons vu (p. 161), toutes les violations des dispositions du chapitre précédent ne sont pas sanctionnées par la nullité du mariage des Français en pays étranger; — d'ailleurs, en matière de mariage, il est de principe qu'il n'y a pas de nullité sans un texte formel qui l'édicte.

3e Système. — La jurisprudence n'accepte aucune de ces deux opinions extrêmes; elle a créé de toutes pièces un système intermédiaire, plus équitable que juridique. Elle fait la distinction suivante : si les époux ont eu pour but, en ne procédant pas aux publications, d'obtenir la clandestinité de leur mariage, de se soustraire aux conseils de leurs parents et d'échapper à la nécessité de l'acte respectueux exigé par l'art. 151, le mariage est annulable; — si, au contraire, les époux n'ont pas eu l'intention de faire fraude à la loi française, d'assurer la clandestinité de leur union et de se soustraire à l'autorité de leurs parents, le mariage est maintenu.

En fait, dans les hypothèses nombreuses où la nullité du mariage a été prononcée par les tribunaux, les époux non seulement s'étaient abstenus de procéder aux publications en France, mais en outre n'avaient pas adressé à leurs ascendants l'acte respectueux de l'art. 151.

La violation de ces deux empêchements prohibitifs constitue donc, pour la jurisprudence, un empêchement dirimant, lorsqu'il s'agit d'un mariage contracté en pays étranger.

C'est précisément parce que le défaut de publications, lorsqu'il est intentionnel et frauduleux de la part des époux, est accompagné d'ordinaire du défaut d'actes respectueux, que la plupart des décisions qui prononcent la nullité la considèrent comme une nullité relative, fondée sur la violation de l'autorité paternelle, plutôt que comme une nullité absolue, fondée sur la clandestinité (1).

____

(1) D'après les arrêts, la nullité pour défaut de publications du mariage célébré à l'étranger, à la différence de la nullité pour clandestinité proprement dite, n'est pas une nullité absolue pouvant être invoquée par tout intéressé ; ce n'est qu'une nullité relative ; elle ne

β) *Transcription de l'acte de mariage.* — L'art. 171 exige que, dans les trois mois après le retour du Français sur le territoire, l'acte de célébration du mariage contracté en pays étranger soit transcrit sur le registre d'état civil du lieu de son domicile (1).

Il est admis aujourd'hui que l'exigence de l'art. 171, édictée dans l'intérêt des époux et de leur famille afin de leur faciliter la preuve du mariage, n'a pas pour sanction la nullité du mariage.

Convention de la Haye du 12 juin 1902 (2). — Cette importante convention, que nous avons déjà examinée au point de vue des règles de fond du mariage (p. 165), consacre, en notre matière, la règle *Locus regit actum.* « Sera reconnu partout comme valable, quant à la forme, le mariage célébré suivant la loi du pays où il a eu lieu (art. 5, al. 1) ».

Donc le mariage contracté par des Français à l'étranger suivant la forme locale sera reconnu non seulement par la France, conformément à l'art. 170 C. civ., mais par tous les Etats contractants.

Toutefois, si un seul des conjoints est Français, l'autre étant un étranger dont la loi nationale exige une célébration religieuse, la validité du mariage célébré à l'étranger (dans un pays tiers), en la forme purement civile reconnue par la loi locale, pourra ne pas être admise dans le pays du conjoint étranger (art. 5, al. 2) : il y a là une dérogation importante au principe.

La convention ajoute que les dispositions de la loi nationale (la loi française, dans l'hypothèse qui nous occupe) en matière de publications devront être respectées, mais que le défaut de publications ne pourra

peut être demandée que par les ascendants dont le conseil était requis ou par l'époux qui devait obtenir ce conseil ; elle est susceptible de se couvrir non seulement par la possession d'état d'époux, conformément à l'art. 196, mais même par la ratification, expresse ou tacite, des ascendants ou de l'époux, conformément à l'art. 183.

(1) En outre, mention doit être faite en marge de l'acte de naissance (art. 76, modifié, L. 17 août 1897).

(2) Voir sur cette Convention, la note de la page 165.

entraîner la nullité du mariage dans les pays autres que celui dont la loi aurait été violée (la France, dans notre hypothèse) (art. 5, al. 3).

Pour faciliter la preuve des mariages célébrés à l'étranger et leur transcription sur les registres de l'état civil, une copie authentique de l'acte de mariage sera transmise aux autorités du pays de chacun des époux (notamment aux autorités françaises, dans notre hypothèse) (art. 5, *in fine*) (1).

III. **Testament.** — L'art. 999 dispose : « Un Français qui se trouve en pays étranger pourra faire ses dispositions testamentaires... par acte authentique avec les formes usitées dans le lieu où cet acte sera passé ».

Cette disposition a fait naître une difficulté qui tient à ce que le testament authentique, en certains pays, n'exige pas, comme en France, l'intervention d'un officier public : ainsi, en Angleterre, un testament est authentique par cela seul que le testateur l'a présenté à deux témoins qui l'ont signé. Un testament fait par un Français en Angleterre dans ces conditions sera-t-il un testament public, valable comme tel en France ? L'affirmative a prévalu de bonne heure avec raison. En effet, si l'on exigeait, pour que le testament fût valable aux yeux de la loi française comme testament public, qu'il eût été reçu par un officier public, le Français serait dans l'impossibilité de tester, lorsque, d'une part, les officiers publics étrangers n'auraient pas compétence, d'après leur propre loi, pour recevoir le testament et que, d'autre part, le Français ne pourrait, par ignorance ou pour toute autre cause, faire un testament olographe.

____

(1) La France a d'ailleurs conclu des conventions avec quelques pays pour l'échange des actes de l'état civil, intéressant leurs nationaux respectifs. — V. notamment Déclaration du 9 nov. 1904 entre la France et la Suède (Décret du 4 déc. 1904).

b) Acte passé par un Français à l'étranger en la forme privée étrangère.

Deux hypothèses doivent être envisagées.

Première hypothèse : l'acte passé en la forme privée étrangère est un acte pour lequel la loi française admet la forme privée. — Cet acte est-il valable, alors même que toutes les prescriptions de la loi française, plus exigeante, par hypothèse, que la loi étrangère, n'ont pas été observées? Par exemple, la formalité du bon ou approuvé pour une reconnaissance de dette (art. 1326), ou celle du double exemplaire pour un acte synallagmatique (art. 1325), prescrites par la loi française, ne sont pas exigées par la loi locale.

On a soutenu que la maxime *Locus regit actum* devait cesser de recevoir son application : les parties, ne s'adressant pas à un officier public et rédigeant leur acte en la forme privée, n'étaient nullement dans la nécessité de se conformer à la loi étrangère.

Cette opinion est aujourd'hui condamnée : si le droit de passer l'acte en la forme privée admise par la loi étrangère était dénié aux Français, la vie juridique leur serait rendue en fait, sinon en droit, à peu près impossible en pays étranger, ainsi que nous l'avons montré en justifiant la règle *Locus regit actum.*

— En ce qui concerne le *testament,* une difficulté spéciale naît toutefois de la rédaction de l'art. 999, ainsi conçu : « Un Français, qui se trouvera en pays étranger, pourra faire ses dispositions testamentaires par acte sous signature privée, ainsi qu'il est prescrit en l'art. 970, ou par acte authentique, avec les formes usitées dans le lieu où cet acte sera passé ».

Il résulte de ce texte que le Français en pays étranger peut faire son testament, soit en la forme authentique étrangère, ainsi que nous l'avons dit déjà, soit en la forme olographe française, telle qu'elle est établie par l'art. 970. Mais peut-il tester en la forme privée qui est admise par la loi étrangère et qui n'est pas la forme olographe française, par exemple, en faisant écrire son testament par un tiers et en le signant?

Le texte de l'art. 999 semble exiger qu'il soit satisfait aux formalités du testament olographe, telles qu'elles résultent de l'art. 970, dès lors que le Français à l'étranger veut tester en la forme privée. Le testament fait par un Français en pays étranger, suivant la forme privée locale, serait donc nul.

Cette opinion perd chaque jour du terrain.

Elle mettrait le Français, qui se trouve au loin, dans l'impossibilité de faire son testament, lorsqu'il ne pourrait tester en la forme olographe et que, d'autre part, la législation locale ne connaîtrait pas le testament public.

D'ailleurs, l'art. 999 est susceptible d'une interprétation moins littérale, qui se justifie par les précédents historiques : loin de vouloir prohiber le testament fait en la forme privée étrangère, il n'a pour but que d'autoriser les Français à faire, en pays étranger, leur testament en la forme olographe, même si cette forme est prohibée par la loi étrangère.

Dans l'ancien droit, en effet, le Parlement de Paris avait en 1721, dans une affaire célèbre, annulé le testament fait en la forme olographe sur le territoire d'une coutume où cette forme n'était pas admise (1); Furgole et Pothier se prononçaient dans le même sens. Les rédacteurs du Code, dans l'art. 999, ont eu pour but de réagir contre la jurisprudence antérieure et de permettre au Français de tester en pays étranger suivant la forme olographe française, sans vouloir lui interdire l'emploi de la forme privée admise par la loi locale.

Deuxième hypothèse : L'acte passé en la forme privée étrangère est un acte solennel dans la législation française. — Cet acte sera-t-il valable aux yeux des juges français ?

(1) Il s'agissait du testament olographe fait à Douai par M. de Pomereu, gouverneur de cette ville où la forme olographe du testament n'était pas reconnue.

En ce qui concerne le *mariage*, la solution affirmative résulte de l'art. 170. Des Français se marieront donc valablement en la forme privée en Écosse, au Paraguay, dans la plupart des états de l'Union américaine du Nord, pays dans lesquels le mariage peut avoir lieu par le simple échange des consentements, conformément à la vieille législation en vigueur en Europe avant le concile de Trente.

Quant aux autres actes qui sont, d'après la loi française, des *actes solennels*, tels que contrat de mariage, donation, adoption, reconnaissance d'enfant naturel, etc., certains auteurs décident qu'ils ne peuvent être faits à l'étranger par des Français en la forme purement privée. Ils font remarquer que la solennité est un élément intrinsèque de l'acte juridique, exigée non pas pour en assurer la preuve, mais pour protéger les parties contre les surprises et les entraînements, et qu'à ce titre elle constitue une règle de capacité plus qu'une règle de forme.

Le système contraire l'a emporté : d'une part, en effet, puisqu'il est admis, en vertu de l'art. 170, que le mariage, l'acte solennel par excellence aux yeux du législateur français, peut être contracté à l'étranger en la forme privée, la même solution doit être admise pour tous autres actes solennels. D'autre part, si la loi locale refusait compétence à des officiers publics pour dresser l'acte solennel que le Français veut accomplir sur le territoire étranger, nos nationaux trouveraient, si l'on admettait l'opinion précédente, dans l'impossibilité complète d'exercer leur droit.

§ 2. ACTE PASSÉ EN FRANCE PAR UN ÉTRANGER SUIVANT LES FORMES FRANÇAISES.

Cet acte sera valable aux yeux des juges français, en vertu de la règle *Locus regit actum*, si différentes que soient des formes françaises les formes requises par la loi étrangère.

Mariage. — Le mariage pourra être contracté devant l'officier de l'état civil français avec les formalités établies par notre Code, soit qu'il s'agisse du mariage d'un étranger et d'un Français, soit qu'il s'agisse du mariage de deux étrangers ayant ou non la même nationalité. Peu importe que la loi nationale de l'étranger ignore le mariage civil et impose à ses ressortissants, même en pays étranger, le mariage religieux : l'union célébrée par notre officier de l'état civil sera peut-être nulle au regard de la loi étrangère, elle sera valable en France.

Ces règles sont expressément adoptées par la *Convention de la Haye du 12 juin 1902*, dont nous avons précédemment appliqué les solutions au mariage des Français à l'étranger. En principe, le mariage en France, en la forme française, de personnes dont une au moins est ressortissante d'un des États étrangers contractants sera considéré comme valable dans tous ces États; par exception, les pays dont la législation exige une célébration religieuse pourront ne pas reconnaître comme valables les mariages contractés par leurs nationaux à l'étranger, notamment en France, sans que cette prescription ait été observée (art. 5, al. 1 et 2).

Les dispositions de l'art. 5 relatives aux publications et à la transmission de l'acte de mariage, examinées précédemment pour le mariage des Français dans un des pays contractants, s'appliquent *mutatis mutandis* à notre hypothèse.

Testament. — La validité du testament fait par des étrangers en France, en la forme authentique française, n'a jamais été contestée.

Mais certains auteurs dénient à l'étranger le droit de tester en France suivant la forme olographe consacrée par notre loi, si elle n'est pas admise par la loi étrangère, sous prétexte que les règles concernant la forme du testament privé sont des règles de capacité, dépendant du statut personnel. — La jurisprudence, au contraire, applique sans hésiter la règle *Locus regit actum* et admet la validité du testament olographe fait en France par un étranger, alors même que la loi étrangère ne connaît pas cette sorte de testament.

Il a même été jugé que le testament olographe fait en France par un étranger auquel sa loi nationale interdit de tester en la forme olographe, même s'il se trouve en pays étranger (loi hollandaise), devait être tenu pour valable en France, par application de la règle *Locus regit actum.* Cette décision a été parfois critiquée, comme contraire à une règle de la loi étrangère qui paraît bien être une règle de capacité.

SECTION III. — Compétence des agents diplomatiques et consulaires.

Les Français à l'étranger et les étrangers en France, au lieu de suivre les règles de forme prescrites par la loi locale, peuvent faire dresser les actes qui les concernent par leurs consuls ou agents diplomatiques respectifs, lorsqu'il s'agit d'actes pour lesquels leur loi nationale prescrit ou autorise la forme authentique.

A. Actes de l'état civil. — Aux termes de l'art. 48 C. civ., « tout acte de l'état civil des Français en pays étranger sera valable, s'il a été reçu, conformément aux lois françaises, par les agents diplomatiques ou par les consuls. Un double des registres de l'état civil tenus par ces agents sera adressé à la fin de chaque année au ministre des Affaires étrangères, qui en assurera la garde et pourra en délivrer des extraits ».

L'ordonnance du 23 octobre 1833 réglemente l'intervention des consuls relativement aux actes de l'état civil des Français en pays étrangers (1).

____

(1) En ce qui concerne les déclarations de naissance, qui doivent être faites en France à l'officier de l'état civil dans les trois jours de l'accouchement, elles peuvent être faites, à l'étranger, aux agents

Les pouvoirs des consuls et agents diplomatiques de France à l'étranger sont restreints aux actes de l'état civil concernant exclusivement des Français.

Mariage. — Par application de cette règle, on a toujours admis la validité des mariages contractés à l'étranger entre deux époux français, suivant les formes françaises, devant nos agents diplomatiques ou consulaires. Mais la jurisprudence a justement décidé que la compétence de nos ambassadeurs ou consuls ne les autorisait à célébrer le mariage qu'entre deux de nos nationaux, sans qu'ils puissent valablement procéder au mariage d'un Français et d'une étrangère ni d'une Française et d'un étranger.

Toutefois, une loi du 29 novembre 1901, modifiant l'art. 170 C. civ., est venue déclarer valable le mariage contracte à l'étranger, entre *un Français* et *une étrangère*, devant les agents diplomatiques ou consuls de France, suivant les formes françaises, mais seulement *dans les pays désignés par décret* du président de la République (1).

Nos agents diplomatiques et consulaires sont donc incompétents en tous pays pour le mariage d'un étranger et d'une Française et dans tous les pays non désignés par décrets pour le mariage d'un Français et d'une étrangère.

Il faut d'ailleurs observer que, si les mariages contractés devant les agents diplomatiques français, soit par deux Français, soit par un Français et une étrangère dans les pays où ces agents ont reçu le pouvoir de los célebrer, sont valables par rapport à la loi française, ils sont peut-être tenus pour nuls et non avenus par la loi locale : certains États, en effet, ne donnant pas à leurs agents à l'étranger le droit de marier leurs

diplomatiques et aux consuls, dans les *dix jours* de l'accouchement, et même ce délai peut être prolongé dans certaines circonscriptions consulaires, en vertu d'un décret qui fixera la mesure et les conditions de cette prolongation (art. 55 C. civ. modif. L. 21 juin 1903).

(1) Un décret du 29 déc 1901 a ainsi désigné la Turquie, la Perse, l'Egypte, le Maroc, Mascate, le Siam, la Chine et la Corée.

nationaux ne reconnaissent pas ce droit aux agents étrangers sur leur territoire.

Les actes de l'état civil des étrangers seront, à l'inverse, valablement dressés en France en la forme étrangère par les consuls et agents diplomatiques étrangers auxquels leur loi nationale confère ce pouvoir, pourvu toutefois que l'intervention des agents étrangers se soit produite pour des actes concernant exclusivement leurs nationaux (1).

Convention de la Haye du 12 juin 1902. — D'après l'art. 6 de la convention, le mariage célébré devant un agent diplomatique ou consulaire d'un des Etats contractants sera reconnu *partout* comme *valable*, aux trois conditions suivantes :

1° Que l'agent diplomatique ou consulaire soit autorisé par sa propre loi à célébrer ce mariage ;

2° Qu'aucun des deux époux ne soit ressortissant de l'Etat où le mariage est célébré ;

3° Que cet Etat ne s'oppose pas à ce mariage (2).

Sur ce texte, nous ferons les remarques suivantes :

a) La convention se borne à exiger que l'agent soit autorisé par sa loi à célébrer le mariage, sans exiger que la loi nationale de chacun des époux reconnaisse la compétence de cet agent ; d'où il suit qu'il suffit qu'un seul des époux soit le ressortissant de l'agent qui

(1) On a soutenu qu'un mariage entre Français et étranger ou entre deux étrangers de nationalité différente, célébré en France à l'hôtel de l'Ambassade étrangère, par un ministre du culte, conformément à la loi étrangère, était valable même au regard de la loi française, parce que, l'hôtel de l'Ambassade étant réputé territoire étranger, il s'agissait en réalité d'un mariage célébré à l'étranger en la forme religieuse admise par la loi étrangère. — Nos tribunaux n'ont pas admis cette prétention : la fiction de l'exterritorialité ne concerne, en effet, que les prérogatives diplomatiques et non pas les actes de la vie civile que les étrangers accomplissent à l'hôtel de l'Ambassade.

(2) Nous rappelons que ceux des pays contractants, qui, en principe, n'admettent pas les mariages diplomatiques ou consulaires, ne peuvent cependant s'y opposer quand il s'agit d'unions que leurs autorités ne veulent pas célébrer à raison d'un mariage antérieur ou d'un obstacle d'ordre religieux (art. 6), voir p. 168.

procède au mariage, pourvu que la loi de cet agent lui donne compétence pour célébrer le mariage entre un de ses compatriotes et un étranger. La convention exclut seulement le cas où l'un des époux serait le ressortissant de l'Etat sur le territoire duquel le mariage est célébré, parce qu'en cette hypothèse l'intervention d'un agent étranger serait vraiment une atteinte à la souveraineté territoriale.

Ainsi désormais sera valable, même aux yeux de la loi française, le mariage célébré par le consul d'un des pays étrangers contractants, en conformité de sa loi, entre un de ses compatriotes et un Français ou une Française, sauf toutefois le cas où ce mariage aurait lieu en France.

b) La convention veut que l'Etat sur le territoire duquel le mariage est célébré par un agent diplomatique étranger ne s'y oppose pas; mais cette condition est nécessaire seulement pour que le mariage soit reconnu partout comme valable.

Si donc le consul d'un des Etats contractants célèbre un mariage conformément à sa loi, mais contrairement aux pouvoirs que lui reconnaît la loi du pays où il exerce ses fonctions, ce mariage, nul dans le pays de la célébration, sera valable dans le pays des époux. En outre, en vertu de l'art. 7, applicable à tout mariage nul en la forme dans le pays où il a été célébré et régulier quant à la forme d'après la loi nationale de chacun des deux époux, ce mariage peut être reconnu comme valable dans les pays tiers.

c) Alors même que les trois conditions prévues à l'article 6 se trouvent réunies, il est une hypothèse où le mariage diplomatique d'un étranger ne sera pas partout reconnu comme valable. Cette restriction au principe de l'art. 6 se rencontre dans l'hypothèse où un agent diplomatique ou consulaire, ayant pouvoir à cet effet d'après la loi de l'Etat dont il est le représentant, célébrerait une union entre deux époux dont un seul serait son ressortissant, alors que l'autre époux est le ressortissant d'un pays qui exige le mariage religieux. Dans cette hypothèse, par application de l'art. 5, al. 2, le pays dont la législation exige une célébration religieuse pourrait ne pas reconnaître la validité de ce mariage (art. 6, al. 2).

B. **Actes notariés.** — Suivant certaines distinctions, le chancelier du consulat, soit seul, soit avec l'assistance du consul, ou même le consul lui-même peut recevoir à l'étranger les actes qui seraient en France de la compétence des notaires et qui concernent des Français. — Il en est ainsi, en vertu de nombreuses conventions consulaires, même si ces actes intéressent des étrangers, lorsqu'ils sont relatifs à des biens situés en France ou à des affaires qui doivent se traiter en France.

Ces actes notariés reçus par nos chanceliers ou agents consulaires présentent le double avantage : 1° d'être de plein droit exécutoires en France ; 2° de pouvoir contenir une constitution d'hypothèque sur des biens situés en France.

Spécialement, en ce qui concerne le *testament authentique*, une difficulté s'est présentée sur les pouvoirs des chanceliers et sur les formes qu'ils devaient observer. En effet, l'ordonnance de 1681 sur la marine (art. 24, tit. IX, livre I) reconnaissait au chancelier le pouvoir de recevoir les testaments, qu'il devait écrire en présence du consul et de deux témoins lesquels devaient signer avec le chancelier lui-même. L'art. 999 C. civ. ayant gardé le silence sur cette attribution, on s'est demandé si les dispositions de l'ordonnance de 1681 sur la matière devaient être considérées comme abrogées. La jurisprudence s'est fixée en ce sens que la compétence des agents consulaires subsistait, mais qu'ils étaient tenus d'observer, indépendamment des formalités prescrites par l'ordonnance, les formalités du Code civil ou de la loi de ventôse an IX sur le notariat, qui peuvent s'y ajouter : par exemple, la dictée par le testateur et la lecture faite aux parties prescrites par l'art. 972 C. civ.

SECTION IV. — Caractère facultatif ou obligatoire de la règle « Locus regit actum ».

La règle *Locus regit actum* permet, nous l'avons vu, aux Français en pays étranger et aux étrangers en France de faire les actes qui les concernent suivant les formes locales, en délaissant les formes prescrites par leur loi nationale. Est-ce à dire qu'il en doive être nécessairement ainsi et que les parties ne puissent, en pays étranger, se conformer à leur loi nationale plutôt que de suivre la loi du pays où elles se trouvent?

En un mot, la règle *Locus regit actum* est-elle facultative ou obligatoire?

I. Actes passés par des Français en pays étrangers. — Il faut distinguer les actes authentiques et les actes sous seing privé.

A. Actes publics. — La règle *Locus regit actum* est impérative, s'il s'agit d'un acte reçu par les officiers publics étrangers. Ceux-ci, en effet, ne peuvent prêter leur concours que dans les cas et dans les formes indiqués par la loi qui les régit.

Serait donc nul le testament d'un Français reçu par un officier public étranger, en présence seulement de quatre témoins, conformément à la loi française, alors que la loi étrangère exigerait la présence d'un plus grand nombre de témoins.

Si, au contraire, l'acte public est reçu par nos agents diplomatiques ou consulaires en pays étranger, la règle *Locus regit actum* n'est pas obligatoire; elle n'est même pas facultative, ces agents ne pouvant adopter les formes locales et devant observer les formes prescrites par la loi du pays qu'ils représentent.

B. Actes privés. — Un Français, par exemple, fait à l'étranger un acte en la forme privée reconnue par la loi française et contraire à la loi locale. Cet acte est-il valable aux yeux des juges français?

En ce qui concerne le testament, la question, nous l'avons vu, est tranchée par l'art. 999 C. civ. : le Français, en pays étranger, qui peut tester suivant la forme locale, peut également tester en la forme olographe française : la règle *Locus regit actum* n'est donc que facultative.

Quant aux autres actes, une distinction s'impose :

S'ils sont passés entre un Français et un étranger, la règle *Locus regit actum* est impérative, car il n'y a pas de raison pour suivre la loi personnelle d'une des parties plutôt que la loi de l'autre : il faut donc observer la loi locale, la seule qui leur soit commune.

Si les parties appartiennent à la nationalité française ou si l'acte émane d'une seule partie qui est française, l'observation de la loi locale ne s'impose plus et les parties peuvent se conformer à leur loi nationale. C'est la solution donnée par l'art. 999 pour le testament olographe et il n'y a pas de motif de ne pas l'appliquer aux autres actes privés. La règle *Locus regit actum* n'est que facultative.

II. Actes passés en France par des étrangers. — Les règles sont, en principe, les mêmes que celles qui précèdent; les solutions varient suivant que l'acte est public ou privé.

A. Actes publics. — Des étrangers voulant faire en France un acte public doivent se conformer à la loi française : seuls les officiers publics désignés par cette loi seront compétents et seules les formes frança'ses pourront être suivies par eux. La règle *Locus regit actum*, à ce point de vue, est impérative.

Ainsi, deux étrangers ne pourront contracter en France un mariage valable aux yeux de la loi française, devant des officiers publics désignés par leur loi nationale, ni devant les ministres du culte auquel cette loi attribuerait compétence. Un tel mariage, nul en France, valable dans le pays d'origine, pourrait d'ailleurs être tenu pour régulier par les pays tiers. Cette solution est consacrée par l'art. 7 de la *convention de la Haye*, déjà signalé (*suprà*, p. 224) (1).

Au contraire, la règle *Locus regit actum* ne s'applique pas et n'est ni obligatoire ni même facultative, lorsqu'un étranger ou deux étrangers de même nationalité font un acte en France devant leurs agents diplomatiques ou consulaires.

B. Actes privés. — La règle *Locus regit actum* ne sera impérative que s'il s'agit d'un acte fait en France par deux étrangers de nationalité différente : à raison de l'impossibilité où l'on se trouve de donner la préférence à l'une des deux lois étrangères en présence, il faut appliquer la loi locale, c'est-à-dire la loi française.

Mais la règle n'est plus que facultative, lorsque l'acte est fait par un seul étranger ou par deux étrangers de même nationalité. L'acte sera donc valablement fait en la forme privée étrangère (2).

---

(1) S'il s'agit d'étrangers dont la loi nationale exige, a peine de nullité, le mariage religieux, même en pays étranger, il faudra donc qu'ils se marient d'abord devant l'officier de l'état civil français et ensuite devant le prêtre de leur religion, pour que leur mariage soit tenu pour valable *à la fois* par la loi française et par leur loi nationale.

(2) Il est vraisemblable cependant que nos tribunaux se refuseraient, au nom de l'ordre public et des bonnes mœurs, à consacrer la validité d'un mariage contracté en France, en la forme privée, par deux étrangers appartenant à des pays dont la législation ne fait pas du mariage un acte solennel.

Cependant, nos tribunaux ont eu le tort, à plusieurs reprises, de décider que l'étranger ne pourrait faire en France un testament privé qu'en la forme olographe française : facultative pour le testament des Français à l'étranger, la règle *Locus regit actum* serait obligatoire pour le testament des étrangers en France.

CHAPITRE III

Substance des actes.

Il s'agit, dans ce chapitre, de la formation et des effets
dés actes juridiques, spécialement des conventions.

Nous laissons de côté :

1° Les actes juridiques qui ont trait à l'état des personnes et aux rapports de famille, régis par le statut
personnel ;

2° Le testament, parce que la pratique tend à faire
régir les successions testamentaires, comme les successions *ab intestat*, par la loi de la situation des biens
pour les immeubles et par la loi du domicile du défunt pour les meubles.

Remarquons toutefois que les auteurs, en général, protestent contre cette assimilation : ils soutiennent que le testament, œuvre du défunt, devrait
être soumis entièrement au principe de l'autonomie de
la volonté ; dès lors, ils décident que, pour interpréter
les dispositions testamentaires et en déterminer les
effets, il faudrait, à défaut d'une législation indiquée
par le testateur et en l'absence de toute présomption
plus vraisemblable, se référer à la loi nationale du testateur, comme étant celle dont les dispositions lui sont
familières et qu'il a probablement choisie. Cependant,
ils admettent eux-mêmes que, la volonté du testateur
ne pouvant porter atteinte à l'ordre public international
dans le pays où le testament doit recevoir son exécution, il y aura lieu d'écarter l'application de la loi natio-

nale du testateur, toutes les fois qu'elle sera en contradiction avec l'ordre public local : c'est ainsi, par
exemple, qu'un testament, établissant une substitution
prohibée par notre Code civil ou contenant une clause
immorale ou illicite, ne pourrait recevoir son exécution
en France, fût-il valable d'après la loi personnelle du
défunt.

Sous cette double réserve, nous verrons d'abord les
règles générales qui conviennent à toutes les conventions; nous étudierons ensuite spécialement le contrat
de mariage et les régimes matrimoniaux, à raison des
particularités qu'ils comportent.

SECTION I. — Règle générale.

I. Détermination de la loi du contrat. — En cette
matière, la volonté des parties est, en principe, souveraine. La règle de l'art. 1134 C. civ., d'après laquelle
la convention fait la loi des parties, doit être suivie en
droit international aussi bien qu'en droit interne. Le
principe de l'*autonomie de la volonté* domine notre sujet.

La loi qui doit être appliquée est donc celle que
les parties ont expressément désignée ; si elles n'ont
pas formellement déclaré sous l'empire de quelle loi
elles se plaçaient, mais que leur volonté puisse être
déduite des faits de la cause, il faut se référer à la loi
qu'elles ont choisie tacitement; enfin, si l'analyse de la
convention ne fournit aucune indication précise sur
l'intention des parties, il y a lieu, pour rechercher leur
volonté, de recourir à des présomptions.

En ce qui concerne ces présomptions, les systèmes les
plus divers ont été proposés par les auteurs ou admis
par les législations :

Les uns s'attachent à la loi du lieu où l'acte est intervenu, *lex loci actus* ou *contractus* (1);

1) En faveur de la loi du lieu du contrat, on a souvent invoqué

Les autres à la loi du lieu où l'acte doit recevoir son exécution, *lex loci solutionis;*

Enfin l'opinion la plus accréditée veut faire prévaloir la *loi nationale* des parties, lorsqu'elles sont de même nationalité ou qu'il s'agit d'un acte unilatéral, et la *lex loci contractus*, lorsqu'elles appartiennent à des nationalités différentes.

A la vérité, il est impossible de poser une règle générale. Il y a lieu d'envisager séparément chaque hypothèse et de voir quelle est la présomption qui a le plus de chances d'être conforme à la volonté des parties. C'était déjà la méthode que préconisait Dumoulin.

1re hypothèse : Les parties ayant le même domicile et la même nationalité contractent en pays étranger.

Trois lois sont en présence : la loi du pays où les parties ont leur domicile, leur loi nationale, la *lex loci contractus.*

Pour trancher le conflit qui s'élève entre ces différentes lois, on peut distinguer plusieurs cas :

α) La convention a été passée dans un pays autre que celui auquel les parties se rattachent à la fois par leur domicile et leur nationalité. Ainsi deux Français, tous deux domiciliés en France, font un contrat de vente en Allemagne.

En pareil cas, il est bien vraisemblable que c'est la loi française, qui est à la fois la loi nationale et la loi du domicile des parties, qui doit l'emporter sur la *lex loci actus*, c'est-à-dire sur la loi allemande.

Il en serait toutefois autrement, cela va sans dire, si les éléments de la cause permettaient de supposer que les parties ont entendu se référer à la *lex loci actus*, par exemple, s'il s'agit de la vente d'un immeuble situé en

---

l'art. 1159 C. civ., d'après lequel « ce qui est ambigu s'interprète par ce qui est d'usage dans le pays où le contrat est passé ». L'argument n'a que peu de valeur : l'art. 1159 n'est écrit que pour l'interprétation des conventions conclues en France et a pour but de permettre de faire appel à l'usage local pour l'interprétation d'une convention conclue en France et entre Français.

Allemagne, passée devant un officier public allemand.

β) La convention a été passée entre parties de même nationalité, dans un pays étranger où elles sont toutes deux domiciliées. Ainsi deux Français, domiciliés en Allemagne, font un contrat de vente dans ce pays.

En pareil cas, bien que la question soit fort discutée, il paraît juste de faire prévaloir la loi du domicile, qui est en même temps la *lex loci actus*, sur la loi nationale : le domicile est, en effet, le centre de la vie juridique et des intérêts pécuniaires des parties et c'est par les tribunaux de leur domicile que seront, en général, jugées leurs contestations.

γ) La convention a été passée entre deux parties qui ont même nationalité, qui sont domiciliées dans un pays autre que leur patrie et qui traitent dans un pays auquel elles ne sont rattachées ni par leur domicile, ni par leur nationalité.

Ainsi deux Français, domiciliés en Allemagne, font un contrat de vente en Suisse où ils se rencontrent pendant leur villégiature.

C'est la loi du domicile qui doit l'emporter, pour les raisons que nous avons données dans l'hypothèse précédente.

Toutefois, les circonstances pourraient faire présumer que les parties ont voulu se référer à leur loi nationale, par exemple, si elles n'étaient domiciliées que depuis peu de temps à l'étranger ou si elles étaient sur le point de rentrer dans leur pays d'origine.

2° hypothèse : Les parties contractantes ont leur domicile dans le même pays et une nationalité différente.

Il peut y avoir jusqu'à quatre lois en conflit, si l'on suppose que la convention est passée dans un pays qui n'est ni celui où les parties sont domiciliées, ni celui auquel l'une d'elles appartient par sa nationalité : les lois nationales de chacune des parties, la loi du domicile commun, la *lex loci contractus*.

Ainsi un Allemand et un Français, domiciliés tous deux en Italie, font en Suisse un contrat de vente.

En pareil cas, comme il n'y a pas de raison de préférer la loi nationale de l'une des parties à la loi nationale de l'autre, il faut opter entre la loi de leur domicile et la loi du lieu où le contrat a été conclu.

La loi du domicile commun des parties doit, en principe, régir le contrat plutôt que la loi du pays où elles se sont rencontrées fortuitement.

3° hypothèse : Les parties contractantes ont la même nationalité et sont domiciliées dans des pays différents.

En principe, la loi nationale des parties doit être préférée à la loi du lieu où le contrat est conclu; toutefois, si le pays où la convention est faite est en même temps celui du domicile de l'une des parties, c'est la loi de ce pays qui régira la convention.

4° hypothèse : Les parties contractantes n'ont ni la même nationalité, ni leur domicile dans le même pays.

La *lex loci contractus*, seule loi qui soit commune aux deux parties, doit être appliquée : ainsi un Français domicilié en Allemagne et un Anglais domicilié en Italie font un contrat de vente en Suisse : ils sont présumés avoir soumis leur convention à la loi suisse.

Toutefois, si les parties se trouvent accidentellement et de passage dans le pays où elles contractent, la loi du lieu où l'obligation doit s'accomplir, où le contrat doit être exécuté, la *lex loci solutionis*, peut être appliquée de préférence à la *lex loci contractus*.

Quand il y a lieu d'appliquer la *lex loci contractus*, il faudra voir dans quel pays le contrat s'est formé. La question ne soulève aucune difficulté quand les contractants se trouvent en présence l'un de l'autre pour traiter (1). Mais lorsque le contrat est conclu entre

(1) Lorsqu'un contrat est conclu par l'intermédiaire d'un mandataire qui a pouvoirs suffisants pour traiter et qui va, au nom d'une des parties, traiter avec l'autre, c'est comme si le mandant lui-même s'était déplacé et s'était trouvé en présence de l'autre contractant : par exemple, le mandataire d'un commerçant parisien traitant à Berlin avec un commerçant de cette ville, la *lex loci contractus* sera la loi allemande.

absents, par correspondance, il importe de savoir si le contrat s'est formé au lieu d'où l'offre est partie et où la lettre d'acceptation est parvenue, ou bien au lieu où la lettre qui contient l'offre est arrivée et où l'acceptant s'est dessaisi de sa lettre d'acceptation. Par exemple, un commerçant de Paris écrit à un commerçant de Berlin pour lui proposer une affaire et le commerçant de Berlin répond qu'il accepte l'offre : le contrat s'est-il formé à Paris ou à Berlin?

Nous ne discutons pas la question, qui relève du droit civil plus que du droit international (1); mais, quelle que soit la solution adoptée, les circonstances indiqueront souvent à quelle législation les parties ont entendu soumettre leur convention : si notamment l'offre est acceptée purement et simplement, sans modification, par le commerçant de Berlin, il est vraisemblable qu'il a aussi entendu accepter l'application de la loi du pollicitant, dans l'espèce de la loi française; si, au contraire, le commerçant de Berlin fait subir à l'offre qui lui est faite d'importantes modifications, c'est par la loi allemande qu'il y a lieu de faire régir la convention.

II. Etendue d'application de la loi du contrat. — La loi qui doit régir le contrat étant déterminée, il importe de savoir quel est le domaine exact d'application de cette loi.

La loi du contrat régira :

1° Les *conditions de validité* du contrat.

Il faut faire toutefois quelques réserves :

α) Les règles relatives à la capacité des parties relèvent, nous le savons, de la loi nationale. — Quelques auteurs prétendent en outre soustraire à la loi du contrat les règles relatives aux vices du consentement et à la lésion, pour suivre, à ce point de vue, comme en matière de capacité, la loi personnelle de la partie qui a été lésée ou dont le consentement a été vicié.

---

(1) Voir notre Résumé sur le Code civil, t. II, p. 12-14,

β) Nous avons vu que la question de savoir si la tradition est ou non nécessaire pour le transfert de la propriété doit, dans une certaine mesure, être solutionnée par la loi de la situation de l'immeuble : la volonté des parties peut bien subordonner le transfert à la nécessité de la tradition dans un pays où, en principe, celle-ci n'est pas exigée, mais non pas opérer le transfert sans tradition dans un pays où celle-ci est nécessaire.

2° Les *effets* du contrat.

Cependant une opinion, déjà enseignée, au XIV° siècle, par Bartole, distingue entre les *effets* et les *suites* du contrat.

La loi du contrat serait applicable aux effets du contrat, c'est-à-dire à ses conséquences naturelles et immédiates, aux droits et obligations qui sont inhérents au contrat et qui ont dû être, pour cette raison, l'objet des prévisions des parties.

Au contraire, les suites du contrat, c'est-à-dire ses conséquences indirectes et accidentelles, devraient être régies par la loi du lieu de l'exécution du contrat. Il en serait ainsi notamment des dommages-intérêts dus par le débiteur, sous prétexte qu'ils naîtraient non pas du contrat lui-même, mais de la faute commise par le débiteur ou du retard apporté par lui dans l'exécution de son obligation.

Cette théorie n'est guère acceptable : la limite entre les effets et les suites du contrat est tellement diffici'e à établir que les partisans de cette distinction ne parviennent pas à se mettre d'accord sur sa portée pratique. Les prétendues suites du contrat s'y rattachent, en réalité, par une relation de cause à effet et il est permis de présumer que les parties ont entendu les faire régir par la loi à laquelle elles se sont référées en contractant.

— D'ailleurs les faits juridiques nouveaux, survenant postérieurement au contrat, ne pourraient être considérés comme des effets du contrat : bien qu'ils se rattachent à celui-ci, ils doivent être appréciés d'après la

loi choisie expressément ou tacitement par les parties
pour les gouverner. Il en sera ainsi, notamment, de
conventions accessoires à la convention principale et
par lesquelles le débiteur conférera au créancier des
garanties : par exemple, d'un contrat de cautionnement
ou de nantissement. On soutient même que la confirmation d'un contrat annulable constitue un acte juridique
distinct.

**III. Restrictions au principe de l'autonomie de la
volonté.** — L'application de la loi choisie explicitement
ou implicitement par les parties pour régir leur convention subit d'importantes restrictions, lorsqu'elle se
heurte à des dispositions d'ordre public absolu.

Cette règle, théoriquement certaine, soulève en pratique de grandes difficultés, lorsqu'il s'agit de distinguer les dispositions d'ordre public relatif, qui peuvent
être violées par l'application d'une loi étrangère et les
dispositions d'ordre public absolu dont les tribunaux
locaux doivent, en tous cas, assurer le respect.

Nous nous bornons à signaler, à titre d'exemples, les
deux questions suivantes :

α) Les tribunaux français devront-ils sanctionner
des contrats de jeu et de pari, prohibés en France par
l'art. 1965 C. civ., alors que ces contrats ont été conclus sous l'empire d'une loi étrangère les autorisant?
Ou encore une société, ayant pour objet l'exploitation
de maisons de jeu dans un pays où elles sont tolérées,
doit-elle être tenue pour valable par les juges français?

Il semble que le jeu et le pari aient été considérés
par notre législateur comme absolument contraires à
l'ordre public.

β) Est-il permis de réclamer devant nos tribunaux
des intérêts conventionnels, stipulés à l'occasion d'un
prêt d'argent en matière civile à un taux supérieur à
5 0/0, lorsque la loi du contrat ignore la limitation de
l'intérêt?

En général, on considère la limitation du taux de

l'intérêt comme une règle n'intéressant que l'ordré public local.

SECTION II. — Contrat de mariage et régime matrimonial.

Quelle est la loi qui détermine le régime matrimonial des époux et quelle est l'étendue d'application de cette loi?

Pour résoudre ces questions, nous distinguerons le cas où les époux ont fait et celui où ils n'ont pas fait de contrat de mariage.

1re Hypothèse. **Un contrat de mariage a été rédigé** (1). — La loi applicable est celle qui a été choisie par les parties, si elles l'ont clairement désignée. A défaut d'une indication formelle, par exemple, au cas où des étrangers se mariant en France nt déclaré adopter le régime dotal, sans spécifier s'il s'agit du régime dotal étranger ou du régime dotal français, il convient de rechercher, d'après les circonstances de fait, sous l'empire de quelle loi les époux ont entendu placer leurs conventions matrimoniales.

En un mot, la volonté expresse ou tacite des époux est souveraine en droit international, comme en droit interne.

La portée et l'étendue d'application de la loi adoptée par les époux subissent cependant quelques restrictions :

1° Règles d'ordre public. — Dans notre législation, la liberté des conventions matrimoniales est limitée par certaines prohibitions d'ordre public, édictées par les art. 1387 à 1390 C. civ. Ces prohibitions seront appli-

---

(1) Les conflits de lois qui s'élèvent ... ement à la *capacité* des parties et à la *forme du contrat,* au as . les époux ont fait un contrat de mariage, sont soumis aux règ... que nous avons exposées précédemment quant à la capacité des parties contractantes et quant à la forme des actes.

quées par nos tribunaux au contrat de mariage des
Français, qu'il soit passé en France ou à l'étranger.

Mais dans quelle mesure restreignent-elles la liberté
des conventions matrimoniales des étrangers?

Les étrangers ne peuvent évidemment pas éluder la
règle de l'art. 1387 *in fine*, et faire produire effet en
France à des clauses qui seraient considérées chez nous
comme contraires aux mœurs.

De même, l'art. 1390, qui interdit aux futurs époux
de stipuler, d'une manière générale et par simple réfé-
rence, que leur association sera régie par l'une des coutumes de l'ancienne France, doit limiter la volonté des
étrangers comme celle des Français; car cette disposition est faite pour empêcher la survivance de nos anciennes coutumes, dont l'adoption aurait pu comprommet-
tre l'unité législative de la France.

A l'inverse, malgré la disposition de l'art. 1388, des
époux étrangers auront pu, même aux yeux des juges
français, déroger valablement aux droits résultant de
la puissance paternelle ou maritale ou aux droits du
mari envisagé comme chef de la communauté, lorsque
leur loi nationale autorise de pareilles clauses; car
celles-ci concernent l'état et la capacité des personnes
et leur validité s'apprécie d'après le statut personnel.

La prohibition de l'art. 1389, d'après laquelle les
époux ne peuvent, même par contrat de mariage, faire
aucune convention ou renonciation dont l'objet serait
de changer l'ordre légal des successions, ne devrait pas
lier les étrangers dont la loi nationale ne contient pas
de prohibition semblable, sauf en ce qui concerne les
conventions incompatibles avec notre organisation politique et économique de la propriété, telles que les conventions établissant les substitutions. La jurisprudence,
au contraire, applique ici la solution qu'elle a adoptée
pour trancher le conflit des lois en matière de succession et décide, en général, que ces conventions, en
tant qu'elles ont pour objet des immeubles, doivent être
appréciées, par application de l'art. 3 al. 2 C. civ., d'après

la *lex rei sitæ*. En conséquence, elle les déclare toutes sans effet sur les immeubles situés en France.

2° *Inaliénabilité dotale.* — Le régime dotal, en tant qu'il a pour conséquence l'inaliénabilité et l'imprescriptibilité des immeubles dotaux, est, d'après plusieurs décisions de nos tribunaux, de statut réel ; dès lors, il doit être gouverné par la *lex rei sitæ* et le régime dotal, tel qu'il est organisé par la loi étrangère à laquelle les époux se sont référés, ne saurait s'appliquer à des immeubles situés en France.

Cette solution repose sur une interprétation inexacte de l'art. 3 al. 2 C. civ. S'agissant en effet du règlement des intérêts pécuniaires des époux, sans que le régime de la propriété foncière soit en cause, l'application du statut réel est abusive.

L'inaliénabilité dotale est le résultat de la volonté des époux qui ont adopté le régime qui l'édicte ; le régime dotal, tel qu'il est réglementé par la loi à laquelle les époux ont entendu se soumettre, doit donc s'appliquer en tous pays, à moins que l'inaliénabilité ne soit considérée par la *lex rei sitæ* comme contraire à l'ordre public (1).

3° *Immutabilité des conventions matrimoniales.* — D'après les art. 1394 et 1395 C. civ., le contrat de mariage doit être fait avant le mariage et ne peut être modifié après sa célébration. Quelle est la portée de cette règle en droit international? Des Français peuvent-ils s'y soustraire par application de la loi étrangère et, inversement, des étrangers se mariant en France y sont-ils soumis?

D'après notre jurisprudence, ces questions doivent être résolues par application de la règle « *Locus regit*

___

(1) La loi applicable au régime dotal sera le plus souvent, par interprétation de la volonté des époux, leur loi nationale, c'est-à-dire la loi nationale du mari. Mais on aurait tort de prétendre que c'est cette loi qui doit nécessairement être suivie sous prétexte que l'inaliénabilité dotale n'est pas une indisponibilité réelle et constitue une incapacité personnelle de la femme : cette incapacité est, en effet, volontaire, contractuelle et doit être régie par la loi choisie par les contractants.

actum », les dispositions des art. 1394 et 1395 se rattachant aux formalités du contrat : c'est ainsi que le contrat de mariage fait à l'étranger par des époux français après la célébration du mariage a été plusieurs fois déclaré valable.

Ce système est généralement critiqué. Si la nécessité de l'acte notarié prescrit par l'art. 1394 est une règle de forme, il en est autrement de la nécessité pour les époux d'arrêter définitivement leurs conventions matrimoniales antérieurement au mariage, édictée par les art. 1394 et 1395 : la loi a voulu protéger les époux contre les entraînements qu'ils pourraient subir au cours de la vie conjugale et les empêcher de se faire des libéralités irrévocables, sous prétexte de modifications à leur contrat de mariage. Dès lors, les prescriptions des art. 1394 et 1395 concernent la capacité des parties : à ce titre, elles rentrent dans le statut personnel et sont gouvernées par la loi nationale des époux.

Il s'ensuit que des Français se mariant à l'étranger devront rédiger leur contrat avant le mariage et ne pourront y apporter après aucune modification, et qu'à l'inverse les étrangers se mariant en France ne seront pas tenus d'obéir aux exigences des art. 1394 et 1395, si celles-ci sont ignorées de leur loi personnelle (1).

4° *Prohibitions édictées par la loi personnelle.* — Si des époux ont adopté un régime matrimonial prohibé par leur loi nationale, les juges étrangers dont la loi personnelle admet ce régime devront-ils donner effet à la volonté des époux? Par exemple, des Italiens, dont la loi nationale prohibe toute communauté, à moins qu'elle

(1) Toutefois, certains auteurs, qui acceptent la première de ces deux propositions, refusent de souscrire à la seconde : ils font remarquer que la protection des époux n'est pas le seul motif de l'immutabilité des conventions matrimoniales; que la loi a aussi voulu mettre les tiers à l'abri des fraudes dont les époux pourraient se rendre coupables, s'il leur était permis de changer leur régime à leur gré. Ces auteurs en concluent que l'immutabilité est une règle protectrice du crédit public et qu'à ce titre elle doit s'appliquer même aux étrangers en France.

ne soit réduite aux acquêts, se sont mariés en France sous le régime de la communauté légale : les juges français devront-ils tenir leur contrat pour valable?

Il faut admettre la négative, malgré les hésitations de notre jurisprudence. Le droit des époux de choisir librement leur régime étant restreint par leur loi nationale, ils sont ainsi frappés d'une véritable incapacité, qui les suit en pays étranger en vertu des règles du statut personnel.

2e Hypothèse. **Les époux n'ont pas fait de contrat de mariage.** — La question de savoir quel est, en pareil cas, le régime qui gouverne leurs intérêts pécuniaires est très pratique et a été, de tout temps, très discutée.

Dumoulin, dans une consultation célèbre de 1525, à propos d'une affaire de Ganey (*Concilium* LIII), soutint que le régime matrimonial devait être déterminé par la coutume du domicile matrimonial, c'est-à-dire du domicile où les époux ont l'intention de s'établir lors du mariage. Dès lors, le régime d'époux domiciliés dans la coutume de Paris était la communauté légale, qui devait s'appliquer même à des biens situés dans les pays de droit écrit où le régime dotal était le régime de droit commun. D'après Dumoulin, en effet, il faut toujours se référer à la volonté des époux : or la communauté légale étant pour lui une communauté conventionnelle tacite, c'est elle que les époux sont présumés avoir adoptée.

La doctrine de Dumoulin fut vivement combattue par d'Argentré : celui-ci nia que le régime légal fût la conséquence d'une convention tacite des époux; d'après lui, ceux qui se marient sans contrat n'ont pas songé au règlement de leurs intérêts pécuniaires. Dès lors, en ce qui concerne les immeubles, la loi applicable est celle de leur situation, quel que soit le domicile des époux.

Au XVIIe siècle, un arrêt du grand conseil de Malines, qui proclame la réalité du statut de communauté, soulève de vives discussions en Belgique et en Hollande.

En France, la doctrine de Dumoulin, consacrée par le Parlement de Paris, admise par Bouhier et par Pothier, triomphe définitivement au xviii° siècle. Cependant Boullenois, s'il admet aussi l'application de la loi du domicile des époux, quelle que soit la situation des biens, décide qu'il en est ainsi, non pas par suite d'une convention tacite ou présumée des contractants, mais parce que le régime légal concerne l'état et la condition des personnes.

De nos jours, c'est encore la doctrine traditionnelle qui triomphe : la loi applicable au régime matrimonial des époux mariés sans contrat est celle qu'ils ont tacitement choisie, c'est-à-dire, en général, la loi du domicile matrimonial.

C'est ainsi que nos tribunaux ont souvent déclaré mariés sous le régime de communauté légale des étrangers établis en France, ou qui étaient venus s'y établir lors de leur mariage, et qu'à l'inverse ils ont soumis au régime de droit commun déterminé par la loi étrangère des Français établis en pays étranger.

Toutefois, les arrêts récents ont une tendance à faire prévaloir la loi nationale des époux, soit par interprétation de la volonté tacite de ceux-ci, soit par application des règles du statut personnel, conformément à la doctrine de Boullenois acceptée de nos jours par beaucoup d'auteurs.

Plusieurs législations ont également rattaché la fixation du régime légal au statut personnel et décidé qu'à défaut de contrat de mariage c'est la loi nationale des époux qui dicte nécessairement le régime des biens (1). A l'appui de cette manière de voir, on peut invoquer le lien étroit qui relie au mariage le régime matrimonial, organisé par chaque législateur en vue des intérêts moraux de la famille et des rapports des époux.

(1) Code civil espagnol (art. 1325) et loi d'introduction au Code civil allemand de 1900 (art. 15).

Le Code civil italien va plus loin encore : il interdit aux époux, d'une part, de stipuler un régime de communauté autre que la communauté d'acquêts (art. 1433); d'autre part, de convenir que leur contrat de mariage sera régi par des lois auxquelles ils ne sont pas légalement soumis (art. 1381).

CHAPITRE IV

Extinction des obligations.

—————

Parmi les différents modes d'extinction des obligations, il en est deux qui présentent, en droit international, une importance particulière. Ce sont le paiement et
la prescription libératoire, auxquels nous bornerons nos
explications.

I. Paiement. — Le paiement, c'est-à-dire l'exécution
même de l'obligation, doit être régi par la loi à laquelle
les parties se sont référées, expressément ou tacitement.
A défaut d'indication par les parties de la loi à laquelle
elles entendent soumettre le paiement, c'est, en principe, la *lex loci solutionis*, la loi du lieu de l'exécution
du contrat, qui doit être appliquée (1).

Ainsi, en cas de vente d'un immeuble, d'une part,
c'est la loi du pays où l'immeuble doit être livré qui
détermine le mode et les formalités de la délivrance;
d'autre part, quant au paiement du prix, à la monnaie
qui doit servir à l'effectuer, à la valeur nominale de
cette monnaie, c'est, dans le silence de la convention,
la loi du lieu où le paiement doit être effectué qui est
applicable.

(1) La subrogation légale, conséquence et modalité du paiement,
est soumise à la loi du paiement lui-même, c'est-à-dire, en principe,
à la *lex loci solutionis.* — Au contraire, la subrogation conventionnelle, qui résulte d'un acte juridique volontaire et indépendant est
régie, comme toute convention, par la loi sous l'empire de laquelle
les parties l'ont placée ou, à défaut d'indication de la volonté des

Il est même généralement admis que, si la valeur de la monnaie au lieu du paiement a varié depuis le moment où le contrat a été passé, ou si le papier-monnaie a été substitué à la monnaie métallique, c'est la loi en vigueur au jour où le paiement doit être effectué qui sera suivie.

— Certaines matières, qui touchent à la procédure autant qu'au paiement, sont également régies par la *lex loci solutionis* : il en est ainsi des conditions et des formes des offres réelles et de la consignation, du droit de poursuite qui appartient au créancier et de la contrainte par corps. Mais, en ces matières, la *lex loci solutionis* s'impose aux parties, sans qu'il y ait lieu de rechercher quelle a été leur intention.

II. Prescription libératoire. — La question de savoir quelle est la loi qui détermine le délai et les conditions de la prescription libératoire est très pratique. Elle est très diversement résolue, chacune des lois susceptibles de s'appliquer ayant ses partisans.

1er Système. — Loi du domicile du créancier.

On prétend, à l'appui de cette opinion, que la prescription est une déchéance pour le créancier auquel elle fait perdre le bénéfice de la créance.

Mais il est facile de répondre que, si elle s'analyse en une déchéance pour le créancier, elle constitue également un avantage, une mesure de protection pour le débiteur qu'elle libère : on ne voit pas, dès lors, pourquoi la loi du domicile du créancier l'emporterait sur celle du domicile du débiteur.

2e Système. — Loi du domicile du débiteur.

C'est l'opinion la plus accréditée et c'est, en général, celle de la jurisprudence. En ce sens, on fait remarquer que la prescription est une mesure de protection du débiteur et que c'est au domicile du débiteur qu'est in-

parties, par une loi qui sera déterminée à l'aide des présomptions que nous avons précédemment signalées (voir p. 23? et s).

tentée l'action à laquelle la prescription est opposée.

Mais on peut faire à cette opinion les objections suivantes : α) d'une part, la prescription n'est pas instituée pour protéger le débiteur; elle se justifie surtout par des considérations d'ordre général; β) d'autre part, si c'est parce que l'action est intentée au domicile du débiteur que l'on veut faire prévaloir la loi du domicile du débiteur, mieux vaut adopter l'opinion d'après laquelle c'est la *lex fori* qui doit régir la prescription; γ) enfin, si le débiteur a changé de domicile entre la formation du contrat et le moment où il se prévaut de la prescription, les partisans de ce système sont en complet désaccord sur la solution qu'il convient d'adopter.

3° Système. — Loi du lieu de l'exécution du contrat, *lex loci solutionis.*

Deux arguments ont été invoqués en faveur de cette opinion. Ni l'un ni l'autre ne paraissent décisifs.

α) La prescription, dit-on, est une peine dont est frappé le créancier à raison de son inaction : c'est donc la loi du lieu où l'obligation doit être exécutée, où se produit la négligence du créancier, qui doit être appliquée. — Cette raison est des plus faibles : la prescription n'est pas destinée à punir le créancier de sa négligence; elle a pour but de transformer un état de fait qui s'est prolongé longtemps en état de droit, pour des raisons d'utilité générale; d'ailleurs, si le créancier commet une faute en tardant à demander l'exécution de l'obligation, cette faute est commise par lui au lieu où il aurait dû poursuivre le débiteur plutôt qu'au lieu où l'obligation devait être exécutée.

β) La prescription repose, affirme-t-on, sur une présomption de paiement, c'est donc la loi du lieu du paiement qui doit la gouverner. — Mais, en admettant même que la raison alléguée soit exacte, il ne s'ensuit pas que la prescription puisse être considérée comme un mode d'exécution de l'obligation, soumis comme tel à la *lex loci solutionis.*

4° Système. — Loi du pays où l'action est intentée, *lex fori.*

C'est le système anglo-américain. Il se confond avec le second, lorsque l'action est intentée devant le tribunal du domicile du défendeur.

On dit, à l'appui de ce système, que la prescription est moins un mode d'extinction de l'obligation qu'un moyen de défense, qui permet au débiteur de repousser l'action du créancier : elle serait relative à la procédure plus qu'au fond même du droit.

On peut répondre que le droit est inséparable de l'action qui le sanctionne et que notre Code civil range la prescription parmi les modes d'extinction des obligations (art. 1234 et 2219). D'ailleurs, en certains cas (notamment art. 420 C. pr. civ.), la loi donne compétence à plusieurs tribunaux, au choix du créancier : or serait-il admissible que le créancier pût, à sa guise, soumettre l'obligation à des prescriptions de durée variable?

5° Système. — Loi du contrat.

La prescription affecte la substance même de l'obligation qu'elle limite dans sa durée : c'est donc sous l'empire de la loi qui régit les effets de la convention que les parties ont entendu placer la prescription des obligations qu'elle engendre.

Toutefois, certains auteurs, partisans, en principe, de cette opinion, la limitent au cas où la *lex contractus* édicte une prescription plus courte que celle de la *lex fori;* ils soutiennent que, si la prescription organisée par la loi du contrat est plus longue que celle qui est établie par la *lex fori,* l'ordre public ne permettra pas aux juges saisis de la contestation de recevoir une action, qui est éteinte d'après la loi locale.

Il semble difficile de souscrire à cette restriction, qui ferait de la prescription une institution d'ordre public absolu, alors surtout que le Code civil ne permet pas aux juges français de suppléer d'office le moyen tiré de la prescription (art. 2223).

TITRE VI

DES SUCCESSIONS

Sous ce titre, nous étudions non seulement les successions *ab intestat*, mais aussi les testaments et les donations, en tant qu'ils ont pour objet la dévolution des biens.

Nous rappelons que, depuis la loi de 1819, les étrangers sont assimilés aux Français quant à la faculté de transmettre et de recueillir à titre gratuit, en France, sous réserve du droit de prélèvement établi par l'art. 2 de cette loi.

A raison de l'importance des questions de compétence judiciaire en matière de succession, nous ferons précéder l'étude du conflit des lois d'un bref exposé des règles de compétence admises par nos tribunaux ou consacrées par nos traités.

Nous diviserons ainsi notre sujet en trois chapitres :

1° Compétence des tribunaux en matière de succession.

2° Conflits de lois.

3° Droit de prélèvement établi par l'art. 2 de la loi de 1819.

CHAPITRE I

Compétence judiciaire en matière
de succession.

Qu'il s'agisse de la succession d'un Français, qui
meurt laissant des biens à l'étranger, ou de la succession
d'un étranger, qui meurt laissant des biens en France,
la jurisprudence, dans le silence de la loi, distingue suivant que la succession est mobilière ou immobilière.

A. Succession mobilière. — Le tribunal compétent
est celui de l'ouverture de la succession, c'est-à-dire
celui du domicile du défunt.

Dès lors, s'il s'agit d'un procès concernant la succession mobilière d'un étranger qui avait son domicile en
France, les tribunaux français sont compétents, quelle
que soit la situation des biens et malgré l'extranéité du
défunt. La jurisprudence qui, en principe, ne considère
comme domiciliés en France que les étrangers établis
avec l'autorisation du Gouvernement, admet que le
simple *domicile de fait* de l'étranger défunt sur le territoire français, en dehors de toute autorisation, suffit
pour donner compétence à nos tribunaux.

Inversement, les contestations relatives à la succession mobilière d'un Français, domicilié à sa mort en
pays étranger, seront portées valablement devant les
tribunaux étrangers. Toutefois, les tribunaux français
pourront être appelés à statuer :

1° Soit par application des art. 14 et 15 C. civ., qui

constituent des dérogations à toutes les règles normales de compétence ;

2° Soit parce que leur incompétence, en notre hypothèse, étant simplement relative et non d'ordre public, ils acceptent souvent de juger les procès qui leur sont soumis lorsque les parties ne déclinent pas leur compétence. Ainsi notamment, lorsque, la succession étant à la fois mobilière et immobilière, ils sont compétents en ce qui concerne la succession immobilière, ils statuent volontiers sur les contestations relatives à toute la succession.

B. Succession immobilière. — Le tribunal compétent est celui de la situation des immeubles : quels que soient la nationalité et le domicile du défunt, ce sont donc les tribunaux français ou les tribunaux étrangers qui doivent être saisis, suivant que les immeubles sont situés en France ou à l'étranger.

Ce n'est pas, comme on l'a prétendu, par application de l'art. 3 al. 2 C. civ. ; car, en admettant même (ce qui est contesté) que ce texte doive être appliqué à la succession immobilière, il ne tranche pas la question de la compétence judiciaire, puisqu'il est relatif au conflit des lois. Mais il est naturel de décider que les tribunaux appelés à statuer seront, conformément à notre ancien droit, ceux de la situation des biens, c'est-à-dire ceux dont la loi est applicable.

Plusieurs tribunaux pourront donc être compétents pour une même succession, soit qu'elle comprenne des immeubles situés dans différents pays, soit qu'elle soit mixte, à la fois mobilière et immobilière.

C. Traités. — Signalons quatre conventions conclues par la France avec des pays étrangers à l'effet de déterminer la compétence respective des tribunaux en ce qui concerne les contestations relatives aux successions :

1° Le traité *franco-autrichien* du 11 déc. 1866, art. 2.

2° Le traité *franco-suisse* du 15 juin 1869, art. 5.

3° Le traité *franco-russe* du 1er avril 1874, art. 10.

4° Le traité *franco-belge* du 8 juillet 1899, art. 7.

Les trois premiers de ces traités confirment purement et simplement la règle admise par notre jurisprudence pour la compétence en matière de succession immobilière. Au contraire, en ce qui concerne les successions mobilières, ils attribuent compétence non pas aux tribunaux de l'ouverture de la succession, mais aux tribunaux du pays auquel appartenait le défunt par sa nationalité (1-2).

(1) Par exception, l'al. 2 de l'art. 10 du traité franco-russe du 1er avril 1874 décide que les actions relatives aux successions mobilières seront de la compétence des tribunaux du pays où la succession s'est ouverte, lorsqu'un sujet de ce pays a des droits à faire valoir à ladite succession.

(2) L'art. 5 du traité franco-suisse de 1869 donne lieu à de graves difficultés. Il est ainsi conçu : « Toute action relative à la liquidation et au partage d'une succession testamentaire ou *ab intestat* et aux comptes à faire entre les héritiers ou légataires sera portée devant le tribunal de l'ouverture de la succession, c'est-à-dire, s'il s'agit d'un Français mort en Suisse, devant le tribunal de son dernier domicile en France, et s'il s'agit d'un Suisse décédé en France, devant le tribunal de son lieu d'origine en Suisse. Toutefois, on devra, pour le partage, la licitation et la vente des immeubles, se conformer aux lois du pays de leur situation. »

A première vue, il semble que ce texte contienne deux dispositions, l'une relative à la compétence, l'autre au conflit des lois : la première attribuant compétence pour toutes les successions, sans distinction, au tribunal du pays d'origine (plutôt qu'au tribunal de l'ouverture de la succession, comme le dit d'abord en termes impropres l'article précité); la seconde, s'occupant uniquement du conflit des lois relatif aux successions immobilières, pour leur appliquer la loi de la situation des immeubles. Ainsi les contestations relatives à la succession d'un Suisse mort en France devraient toujours être portées devant les tribunaux suisses, sauf obligation pour ceux-ci de faire régir par la loi française les immeubles situés en France.

Cette interprétation, quelquefois consacrée par nos tribunaux, est douteuse : il est peu vraisemblable que la convention donne compétence aux tribunaux de la patrie du défunt et les oblige à appliquer à la succession immobilière la loi d'un autre pays, celle du pays de la situation des biens. Il semble que, malgré sa généralité apparente, la première phrase de l'art. 5 ne gouverne que les successions mobilières et que la seconde phrase, relative aux successions immobilières, les régisse aussi bien au point de vue de la compétence judiciaire qu'au point de vue du conflit des lois : dès lors, pour les immeubles, le tribunal compétent et la loi applicable seraient ceux de la situation des biens.

— D'autre part, cet article 5 ne saurait être étendu en dehors de la

Le traité franco-belge de 1899 donne compétence au tribunal du lieu de l'ouverture de la succession, sans faire aucune distinction entre la succession mobilière et la succession immobilière.

Il convient d'ajouter qu'un grand nombre de conventions consulaires et de traités d'amitié et de commerce conclus par la France donnent aux consuls des puissances contractantes d'importants pouvoirs, concernant l'administration et la conservation des biens héréditaires laissés par leurs nationaux, dans le pays où ils exercent leurs fonctions (1).

matière des successions : il ne peut donc s'appliquer à la liquidation d'une communauté entre époux, qui restera régie, au point de vue de la compétence, par les dispositions des art. 1 et 2 du traité.

Seulement, certaines matières ont avec celle des successions une telle connexité qu'on peut être tenté de leur appliquer les règles de compétence de l'art. 5; il en sera ainsi notamment des donations, spécialement des donations de biens à venir, surtout lorsqu'elles mettront en jeu des questions de réserve et de quotité disponible.

— Enfin, les règles de compétence de l'art. 5 s'imposent-elles aux parties et aux tribunaux ou sont-elles relatives et facultatives? Cette difficulté, qui tient à l'interprétation de l'art. 11 du traité, a déjà été examinée par nous à propos des règles de compétence posées par les art. 1 et 2 (voir *suprà*, p. 103 et 122).

(1) Outre le traité franco-russe du 1er avril 1874, nous avons une convention avec l'Espagne du 7 janvier 1862, avec l'Italie du 10 juillet 1862, avec l'Autriche-Hongrie du 11 décembre 1866, etc.

La détermination exacte des pouvoirs des consuls et des hypothèses dans lesquelles leur intervention est autorisée soulève, en pratique, de nombreuses difficultés, dont la solution varie d'ailleurs suivant les termes mêmes des conventions.

CHAPITRE II

Conflit des lois en matière de succession.

Notions préliminaires. — Un certain nombre des conflits de lois qui naissent de la diversité des législations relatives aux successions, aux donations et aux testaments, sont tranchés par les règles générales que nous avons posées à propos des actes juridiques.

Ainsi la *capacité* des successibles pour exercer leurs droits héréditaires (acceptation, répudiation, partage de la succession) est régie par leur loi personnelle ; de même, la capacité de disposer et celle de recevoir par donation ou par testament sont déterminées par les lois respectives du gratifié et du disposant.

Les *formes* de l'acceptation et de la renonciation, celles du partage, celles des donations et testaments sont gouvernées par la règle « *Locus regit actum* » (voir *suprà*, p. 108 et ss.).

Enfin, les *actes juridiques*, tels que partage, donation, testament, sont soumis au principe de l'*autonomie de la volonté*, sous réserve toutefois des dispositions d'ordre public international (1), et aussi, dans l'opinion générale, des restrictions (réserve, irrévocabilité des donations) apportées par la loi qui régit la succession à la faculté de disposer.

(1) Ainsi, en matière de partage, la liberté des contractants se trouverait restreinte, pour les biens situés en France, par la disposition de l'art. 815 C. civ., aux termes duquel nul ne peut s'obliger à rester dans l'indivision pendant plus de cinq ans.

Nous n'avons dès lors à nous occuper que des conflits de lois relatifs à la *dévolution des biens*, en y rattachant les conflits relatifs à l'irrévocabilité des dons entre vifs, au rapport des libéralités, à la réserve et à la quotité disponible.

Ces conflits de lois sont extrêmement fréquents. Il suffit de supposer qu'un étranger meurt laissant des biens en France, ou, à l'inverse, qu'un Français meurt laissant des biens à l'étranger : si la loi nationale du défunt et la loi du pays où les biens sont situés réglementent différemment la matière des successions, il y aura lieu de choisir entre l'une ou l'autre.

Le conflit sera plus compliqué et trois lois différentes se trouveront en concurrence, si l'on suppose que le défunt était domicilié dans un pays autre que sa patrie. — Remarquons que l'on ne peut opter qu'entre trois lois : celle du domicile du défunt, sa loi nationale et la loi de la situation des biens. On ne peut songer à suivre la loi nationale ni la loi du domicile des héritiers, ni la loi du pays où le défunt est décédé sans y être domicilié.

Nous diviserons ce sujet en trois sections : 1° ancien droit; 2° législation française; 3° législations étrangères et solution rationnelle.

SECTION I. — Ancien droit.

Dans notre ancien droit, les conflits entre la loi française et les lois étrangères étaient rares, le *droit d'aubaine* ayant d'ordinaire pour conséquence la confiscation des biens laissés en France par les étrangers. Le conflit s'élevait souvent, au contraire, entre nos différentes coutumes, lorsqu'un Français, domicilié dans le ressort d'une coutume, laissait à sa mort des biens situés sur le territoire d'autres coutumes. Il était résolu différemment suivant qu'il s'agissait de meubles ou d'immeubles, d'après une distinction formulée déjà au xiv⁰ siècle.

α) La succession immobilière était régie par la coutume du lieu de la situation des biens; et si le défunt laissait des immeubles sur le territoire de plusieurs coutumes, chacune gouvernait les immeubles situés dans son ressort. La succession immobilière se trouvait ainsi démembrée en plusieurs successions, gouvernées par des coutumes diverses : *quot sunt bona diversis territoriis obnoxia, tot sunt patrimonia.*

Cette solution s'imposait : le régime des successions était lié dans chaque coutume au régime même de la propriété et organisé d'après des considérations politiques; si l'on eût fait régir les immeubles par une coutume autre que celle de leur situation, on eût risqué de bouleverser le régime de la terre et l'organisation féodale tels qu'ils étaient établis sur le territoire de la coutume.

β) Les meubles, au contraire, étant sans grande valeur et la propriété mobilière sans rapport avec le régime féodal, la coutume du lieu de leur situation ne s'imposait pas; d'autant plus que les meubles n'ont pas de situation fixe. On appliquait donc à la succession mobilière une loi unique, celle du domicile du défunt, quelle que fût la situation des biens (*mobilia personam sequuntur, mobilia ossibus personæ inhærent*).

Mais, d'accord sur la solution, nos anciens auteurs différaient d'opinion sur sa justification. D'Argentré, au xvi⁰ siècle, Bouhier, au xviii⁰ siècle, estimaient que les meubles, n'ayant pas de véritable situation, sont « des espèces d'accessoires de la pérsonne, qui doivent suivre la nature du principal dont elles dépendent et avoir les mêmes lois que leurs maîtres ». C'était donc, d'après eux, en vertu du statut personnel que la loi du domicile du défunt devait régir sa succession mobilière.

. Dumoulin, au contraire, et plus tard Boullenois, ainsi d'ailleurs que Paul Voët et Rodenburgh, faisaient de cette règle une disposition de statut réel : ils réputaient les meubles situés fictivement au domicile du défunt. Suivant le langage imagé de Boullenois, « les meubles, en quelque endroit qu'ils puissent être hors le domicile, sont toujours réputés être comme dans un entrepôt, et on les présume assis et existants dans le lieu du domicile même ».

Cette seconde opinion était seule logique et rationnelle : elle faisait dépendre toute la matière des successions, mobilières et immobilières, d'un seul et même statut, le statut réel, au lieu de faire régir les successions mobilières par le statut personnel et les successions immobilières par le statut réel.

SECTION II. — Droit français actuel.

Nous exposerons d'abord les différentes opinions proposées en doctrine pour la solution du conflit des lois en matière de succession ; nous verrons ensuite le système suivi par notre jurisprudence ; nous étudierons enfin les règles posées dans les conventions internationales.

I. Solutions proposées par la doctrine. — Aucun texte ne tranche formellement le conflit. Dès lors, les auteurs sont divisés :

1re opinion. — La *loi de la situation des biens* régit leur dévolution, sans distinguer entre les meubles et les immeubles.

Ce système n'est pas conforme à la tradition et repose sur cette idée fausse qu'une loi ne peut s'appliquer à des biens situés à l'étranger. Il ne compte plus guère de partisans. On conçoit à la rigueur qu'une loi étrangère ne puisse régir les immeubles situés en France ; mais il n'existe aucune bonne raison d'écarter l'application de la loi étrangère, relativement aux meubles, dont la dévolution intéresse d'autant moins la souveraineté territoriale qu'ils n'ont pas de situation fixe.

2e opinion. — La *loi nationale du défunt* doit être appliquée à toute la succession mobilière et immobilière.

Ce système prend pour point de départ le silence complet de notre législation sur le conflit des lois relatives aux successions; il en conclut qu'il faut adopter la solution la plus rationnelle, c'est-à-dire comme nous le verrons, suivre la loi personnelle du défunt.

Nous allons montrer, en exposant la troisième opinion, que ce système, contraire à la tradition, n'est pas celui de notre Code civil.

3e opinion. — Il y a lieu de distinguer entre la succession mobilière et la succession immobilière : les immeubles seront soumis à la loi locale, les meubles à la loi du domicile du défunt.

α) En ce qui concerne les immeubles, l'application de la loi locale résulte de la disposition de l'art. 3 al. 2 C. civ.

Sans doute, le texte ne parle pas spécialement des immeubles au point de vue des successions ; mais il résulte des travaux préparatoires que c'est la doctrine statutaire dans son dernier état que le législateur a voulu reproduire. Or, la réalité des coutumes, en ce qui concerne les successions immobilières, était un principe constant de notre ancien droit.

β) En ce qui concerne les meubles, on peut induire du silence du Code civil que le législateur a entendu maintenir également la vieille règle *mobilia sequuntur personam*.

Seulement, ainsi que nous l'avons dit, l'application de la loi du domicile du défunt à la succession mobilière était autrefois, pour certains auteurs, une conséquence de l'application du statut personnel et résultait, pour d'autres, du statut réel.

L'intérêt du débat, purement théorique pour nos anciens auteurs, est aujourd'hui considérable, la loi nationale ayant supplanté la loi du domicile envisagée comme loi personnelle. D'où il résulte qu'aujourd'hui c'est la loi nationale du défunt qui régit la succession mobilière, si l'on fait dépendre la dévolution des meubles du statut personnel, alors que c'est au contraire la loi du domicile du défunt, si l'on considère le règlement de la succession mobilière comme une dépendance du statut réel, les meubles étant réputés situés au domicile de leur propriétaire.

C'est cette dernière solution qui paraît la meilleure : ainsi que nous l'avons dit précédemment, elle a pour résultat de placer toute la succession sous l'empire du statut réel.

II. **Jurisprudence**. — La jurisprudence française, elle aussi, distingue les successions mobilières et les successions immobilières.

α) *Succession immobilière*. — En ce qui concerne les successions immobilières, nos tribunaux se prononcent en faveur de la loi de la situation des immeubles.

β) *Succession mobilière*. — En ce qui concerne les successions mobilières, une sous-distinction est nécessaire pour comprendre les décisions de nos tribunaux.

S'il s'agit de la succession mobilière d'*un Français* domicilié à l'étranger, elle est régie, quant à sa dévolution et à tout ce qui s'y rattache, par la loi du domicile.

S'il s'agit de la succession mobilière d'*un étranger* domicilié en France, notre jurisprudence n'admet l'application de la loi du domicile, c'est-à-dire de la loi française que si cet étranger a en France un domicile autorisé dans les termes de l'art. 13 C. civ. Si le défunt était domicilié en France sans autorisation du Gouvernement, nos tribunaux décident que ce *domicile de fait* est impuissant à rendre la loi française applicable et se prononcent en faveur de la loi du pays où cet étranger avait conservé son domicile de droit, c'est-à-dire, en général, en faveur de la loi nationale du défunt.

La loi nationale étant ainsi appliquée par notre jurisprudence à la succession mobilière de l'étranger mort en France sans y avoir un domicile autorisé, certaines décisions récentes ont cru pouvoir déclarer que la succession mobilière est de statut personnel, se mettant ainsi en contradiction avec le point de départ du système de la jurisprudence.

Il y a lieu de remarquer que, dans le cas où c'est la loi étrangère qui doit être appliquée en notre matière, nos tribunaux consacrent fréquemment la théorie du *renvoi*. Il en résulte parfois que c'est la loi française qui, par application de la loi étrangère, gouverne le règlement de la succession mobilière d'un étranger qui n'avait en France qu'un domicile de fait (1).

Cette théorie du domicile de fait, bien qu'elle aboutisse souvent à une solution désirable en tant qu'elle conduit à l'application de la loi nationale, doit être critiquée. Nos tribunaux admettent bien que le domicile du *de cujus* étranger sur le territoire français leur donne com-

(1) La jurisprudence a eu l'occasion d'appliquer à la fois les règles du domicile de fait et la théorie du renvoi dans une affaire célèbre que nous croyons devoir exposer brièvement.

Forgo, enfant naturel bavarois, établi en France depuis son enfance, y était mort laissant une importante succession mobilière. A défaut d'héritiers, l'administration des domaines se fit envoyer en possession. Mais des collatéraux de la mère naturelle du défunt vinrent réclamer la succession, alléguant que Forgo, n'ayant jamais eu en France un domicile autorisé, était censé domicilié en Bavière et que, d'après la loi bavaroise, ils étaient appelés à recueillir la succession. La Cour de cassation se prononça, en effet, pour l'application de la loi bavaroise, consacrant ainsi la théorie du domicile de fait, et la cour à laquelle l'affaire fut renvoyée après cassation donna gain de cause aux héritiers bavarois. Mais l'administration des domaines forma un nouveau pourvoi, soutenant que la loi bavaroise avait été mal appliquée, car la loi bavaroise exigeait elle-même l'application de la loi du pays où le défunt était établi et où se trouvait sa succession, c'est-à-dire de la loi française. La théorie du renvoi fut admise par la Cour suprême et celle-ci cassa l'arrêt qui lui était déféré pour mauvaise application de la loi étrangère, contrairement à sa jurisprudence habituelle (V. *suprà*, p. 149), parce que cette application défectueuse de la loi étrangère avait pour conséquence la non-application de la *loi française* elle-même. — V. Cass., 22 février 1882, D. 82.1.301).

pétence en matière de succession mobilière, même s'i.
n'a pas été établi avec l'autorisation du Gouvernement;
pourquoi dès lors ce domicile de fait ne serait-il pas
suffisant pour rendre la loi française applicable au règlement de cette succession?

Dispositions d'ordre public. — Au reste, quelle que
soit la solution qu'on adopte pour trancher le conflit des
lois relatif à la dévolution successorale, il est certain
que la loi étrangère ne pourra jamais recevoir son
application en France, lorsqu'elle se heurtera à une disposition d'ordre public international ou absolu. C'est
ainsi que la prohibition des substitutions édictée par
notre droit (art. 896 C. civ.) ne pourrait être violée par
l'application des dispositions d'une loi étrangère ; c'est
ainsi encore que la jurisprudence refuse de reconnaître,
relativement aux biens situés en France, le droit d'aînesse et le privilège de masculinité consacrés par la loi
étrangère.

III. **Traités.** — Les traités conclus par la France
avec l'Autriche en 1866 et avec la Russie en 1874, en
même temps qu'ils règlent la question de compétence
relative aux successions, décident que la loi applicable
est celle de la situation des biens en ce qui concerne
les immeubles, la loi nationale du défunt en ce qui concerne les meubles.

L'art. 5 du traité franco-suisse du 15 juin 1869
décide que les successions immobilières seront régies
par la loi du lieu de leur situation. A la vérité, en ce qui
concerne les successions mobilières, pour le règlement
desquelles il donne compétence aux tribunaux du pays
d'origine du défunt, il ne tranche pas expressément les
conflits de lois (voir *suprà*, p. 251, note 2); mais on
admet, en général, que, tout en ne réglant en apparence
que la compétence, il a statué sur le fond même du droit
et imposé l'application de la loi nationale du défunt.

SECTION III. — Législations étrangères
et point de vue théorique.

Législations étrangères. — En Belgique et en Hollande, c'est le système de notre jurisprudence qui prévaut.

En Allemagne, jusqu'en 1900, la solution du conflit des lois en matière successorale était différente suivant les États : en général, les lois successorales étaient considérées comme dépendant du statut personnel et déterminées par le domicile du défunt. Depuis le Code civil de 1900 applicable à toute l'Allemagne, les successions dépendent encore du statut personnel, mais elles sont régies, en principe, par la loi nationale du défunt, avec application de la théorie du renvoi. Toutefois, l'art. 25 de la loi d'introduction au Code civil a pris contre certaines législations étrangères une mesure de rétorsion : il dispose qu'un Allemand peut faire valoir, sur la succession d'un étranger domicilié en Allemagne, des prétentions qui ne sont fondées que sur les lois allemandes, lorsque, d'après la loi nationale du *de cujus*, les lois allemandes ne seraient pas exclusivement applicables à la succession d'un Allemand qui aurait son domicile dans ce pays étranger.

D'après le Code civil italien de 1865, le Code civil espagnol de 1889, le projet de Code civil belge, c'est aussi la loi nationale du *de cujus* qui gouverne sa succession.

Solution rationnelle. — De l'exposé que nous venons de faire de la doctrine et de la jurisprudence françaises et des législations étrangères, il résulte que quatre systèmes ont été proposés ou appliqués pour régler le conflit des lois en matière de successions :

1° Système traditionnel, d'après lequel les immeubles sont régis par la loi du lieu où ils sont situés réellement, les meubles par la loi du lieu où ils sont situés fictivement, c'est-à-dire par la loi du domicile.

2° Système d'après lequel tous les biens sont régis par la loi du lieu où ils sont réellement situés.

3° Système d'après lequel tous les biens sont régis par la loi du domicile du défunt.

4° Système d'après lequel tous les biens sont régis par la loi nationale du défunt.

En réalité, ces quatre systèmes se réduisent à deux : les deux premiers déclarent le statut réel applicable à la matière des successions, que les deux derniers font rentrer dans le statut personnel.

Au point de vue rationnel, c'est le statut personnel qui a de nos jours les préférences de tous.

Deux arguments décisifs sont invoqués en sa faveur :

α) D'une part, le régime successoral est en rapport étroit avec l'organisation de la famille; c'est d'après la volonté expresse ou présumée du défunt, d'après l'ordre de ses affections, d'après la conception que le législateur se fait des droits et des devoirs du chef de famille et de la cohésion de cette famille elle-même qu'est dévolue la succession : le régime des successions est donc une dépendance du droit de famille, c'est-à-dire du statut personnel.

β) D'autre part, le patrimoine, malgré la diversité des éléments qui le composent, forme un tout : il est un et indivisible. La succession, qui est la dévolution du patrimoine, doit être une également, quelle que soit la situation de ses différents éléments. Or, l'application du statut réel a pour résultat de diviser l'hérédité en autant de successions qu'il y a de pays où sont situés les biens qui en dépendent, chacune étant régie par des lois et des règles différentes : le principe de l'unité du patrimoine reçoit ainsi une grave atteinte et ce morcellement de la succession est une source de difficultés et de complications inextricables. Seule l'application du statut personnel respecte l'unité du patrimoine.

Ce statut personnel doit, d'ailleurs, avoir pour base,

en cette matière comme en toute autre, la loi nationale plutôt que la loi du domicile : car c'est la loi nationale qui règle l'organisation de la famille d'où dépend le régime des successions.

C'est en faveur de la loi nationale du défunt que se sont prononcés l'Institut de droit international, dans sa session d'Oxford en 1880, et la conférence de la Haye, qui, dans ses réunions de 1893, de 1894, de 1900 et de 1904, a élaboré un important projet de traité en ce sens.

Toutefois, ce système, malgré tous ses avantages, devrait cesser de recevoir son application dans les pays où le régime des successions, au lieu d'être une dépendance du droit de famille, est organisé dans un intérêt économique et politique : dans ces pays, la loi des successions est de statut réel.

CHAPITRE III

Droit de prélèvement établi par l'art. 2 de la loi de 1819.

———

Nous avons vu que l'art. 1er de la loi du 14 juillet 1819 avait reconnu aux étrangers la capacité de recevoir à titre gratuit en France. Toutefois, le droit de succéder n'a été conféré aux étrangers que sous une réserve importante, édictée par l'art. 2 de la loi de 1819, qui établit un droit de prélèvement sur les biens situés en France au profit des héritiers français lésés par l'application d'une loi étrangère.

Cette disposition trouve sa place logique dans l'étude de la condition des étrangers et de leur participation à la jouissance des droits civils (art. 11 C. civ.) : néanmoins, nous en avons réservé le commentaire, parce que, dans le cas où elle doit recevoir son application, elle modifie la solution du conflit des lois.

L'art. 2 de la loi de 1819 dispose : « Dans le cas de partage d'une même succession entre des cohéritiers étrangers et français, ceux-ci prélèveront sur les biens situés en France une portion égale à la valeur des biens situés en pays étranger, dont ils seraient exclus, à quelque titre que ce soit, en vertu des lois et coutumes locales. »

I. **Conditions d'application du prélèvement.** — Pour que les *Français* aient droit au prélèvement, il faut :

1° Qu'une succession doive se partager entre des cohéritiers français et des cohéritiers étrangers.

La jurisprudence n'exige pas cette condition ; elle décide, au contraire, que le prélèvement doit avoir lieu même lorsque tous les héritiers sont français. La Cour de cassation prétend que l'art. 2 de la loi de 1819 a eu pour but de sauvegarder le principe de l'égalité dans les partages, égalité qui doit être respectée aussi bien lorsque tous les héritiers sont français que lorsque les uns sont français et les autres étrangers.

Cet argument, conforme à l'esprit de notre législation interne en matière successorale, ne peut cependant prévaloir contre le texte formel de la loi de 1819, dont le but a d'ailleurs été de protéger les Français contre les étrangers avantagés par les dispositions des lois étrangères : du moment où ce qui est perdu par un Français est gagné par un autre Français, l'intérêt national n'est plus en jeu et il n'y a plus de raison d'écarter l'application de la loi étrangère.

2° Que les biens de la succession ou quelques-uns d'entre eux soient situés en France. — Peu importe que ces biens soient des immeubles, des meubles corporels, ou même, d'après la jurisprudence, des meubles incorporels, c'est-à-dire des créances, pourvu que le débiteur soit domicilié en France ou tout au moins que les titres se trouvent en France.

3° Que la succession soit gouvernée, au moins en partie, par la loi étrangère.

Le prélèvement s'exercera-t-il lorsque la succession tout entière sera gouvernée par la loi étrangère : par exemple, s'il s'agit de la succession mobilière d'un individu domicilié à l'étranger? On a soutenu la négative, sous le prétexte que la loi française ne peut autoriser le prélèvement que sur des biens dont elle règle la dévolution ; mais l'esprit de la loi conduit à admettre que le prélèvement s'exercera sur les meubles situés en France, même s'ils sont régis par la loi étrangère.

4° Que les héritiers français soient exclus en tout ou

en partie de la succession, à quelque titre que ce soit, en vertu des lois et coutumes locales étrangères.

Le prélèvement s'exerce, d'après la jurisprudence, non seulement lorsque le cohéritier français est exclu à raison de sa qualité de Français, mais encore lorsqu'il est privé de tout ou partie de la succession, soit par l'application des dispositions générales de la loi étrangère qui règlent la dévolution autrement que la loi française, soit même par une disposition émanée de la volonté du défunt (donation ou testament), qui est efficace d'après la. loi étrangère et qui serait sans effet d'après la loi française.

5° Que les héritiers français soient *héritiers ab intestat* : un Français privé en tout ou en partie, par application de la loi étrangère, du bénéfice d'un legs universel ou particulier ou d'une donation ne peut invoquer l'art. 2 de la loi de 1819.

II. Mode d'opérer le prélèvement. — Ses effets. — Pour opérer le prélèvement, on calcule la part qui reviendrait à l'héritier français dans la succession si la loi française était seule applicable; on calcule la part qui lui revient d'après la loi étrangère : si cette part se trouve moindre, on attribue la différence à l'héritier français sous forme de prélèvement sur les biens situés en France.

Ce prélèvement ne peut, d'ailleurs, s'exercer que sur la part des biens situés en France revenant aux héritiers qui sont avantagés sur les biens situés hors de France par suite de l'application de la loi étrangère; il n'est pas admis au détriment des héritiers, même étrangers, qui n'obtiennent sur les biens situés à l'étranger qu'une part inférieure ou égale à celle que leur aurait attribuée un partage fait conformément à la loi française.

L'art. 2 de la loi de 1819 a, en définitive, pour conséquence d'empêcher, au moins en partie, l'application de la loi étrangère aux biens héréditaires situés en

France, lorsque cette loi peut léser les intérêts d'héritiers français : les résultats auxquels aurait conduit l'application des règles admises précédemment pour la solution du conflit des lois en matière de successions se trouveront donc, dans cette mesure, modifiés ou écartés.

Ainsi un étranger domicilié à l'étranger meurt laissant des meubles et des immeubles tant en France qu'à l'étranger. Si les conditions d'application de l'art. 2 de la loi de 1819 ne se trouvaient pas réunies, il y aurait lieu, d'après le système consacré par notre jurisprudence, d'appliquer la loi étrangère aux meubles et immeubles situés à l'étranger ainsi qu'aux meubles situés en France, la loi française aux immeubles situés en France. Par suite de la disposition de la loi de 1819, il faudra, dans la mesure où cela est nécessaire pour donner à l'héritier français tout ce qu'il aurait eu si la loi française avait été applicable à toute la succession, soustraire les meubles situés en France à l'application de la loi étrangère et permettre à l'héritier français de prendre, tant dans les meubles que dans les immeubles situés en France, une part supérieure à celle de ses cohéritiers favorisés par la loi étrangère.

III. **Traités.** — Aucune convention n'écarte formellement l'application de l'art. 2 de la loi de 1819.

Mais une opinion très accréditée estime que cette disposition doit être tenue pour non avenue en présence des traités qui stipulent pour les étrangers la successibilité suivant les lois respectives de chaque pays. Il en serait ainsi, soutient-on, par application de l'art. 1 du traité franco-autrichien du 11 décembre 1866, qui décide que les sujets des deux parties contractantes « seront habiles à recevoir de la même manière que les nationaux les biens situés dans l'autre pays ». Par suite le droit de prélèvement des héritiers français cesserait aussi de s'exercer en présence de traités contenant la clause de la nation la plus favorisée et relatifs à la jouissance des droits civils.

Cette interprétation du traité franco-autrichien est très contestée. Il semble, en effet, que la disposition précitée n'est que la confirmation de l'art. 1 de la loi de 1819, dont elle reproduit presque textuellement les termes, et que les parties contractantes n'ont pas eu l'intention de faire échec au droit de prélèvement accordé aux héritiers français par l'art. 2 de cette loi.

L'art. 5 al. 2 du traité franco-suisse de 1869 n'écarte pas davantage l'application de l'art. 2 de la loi de 1819 ; mais, dans les hypothèses analogues à celles où les Français ont le droit de prélèvement sur les biens situés en France, il reconnaît aux Suisses le droit de se prévaloir, sur les biens situés en Suisse, des droits et avantages particuliers qui leur appartiendraient d'après les lois suisses. En fait, les législations cantonales de la Suisse ne contiennent aucune disposition analogue à l'art. 2 de la loi de 1819 (1).

(1) La loi belge du 27 avril 1865 (art. 4) et la loi hollandaise du 7 avril 1809 (art. 1 et 2), en même temps qu'elles ont accordé aux étrangers le droit de succéder, ont établi au profit de leurs nationaux un droit de prélèvement semblable à celui qui est établi par la loi de 1819 en faveur des Français.

TITRE VII

PROCÉDURE ET PREUVES

SECTION I. — **Procédure.**

Lorsqu'un débat s'élève, devant nos tribunaux, entre Français et étrangers ou entre étrangers, dans quelles formes doit-on procéder pour mettre la cause en état, l'instruire et la juger?

Nos anciens auteurs, distinguant entre les *decisoria litis* ou règles de droit applicables à la solution du litige et les *ordinatoria litis* ou règles de procédure, étaient d'accord pour décider que la loi du tribunal saisi, *lex fori*, devait seule être prise en considération, lorsqu'il s'agissait de déterminer les formes de procédure à suivre.

Le principe que nous avons adopté pour la solution des conflits de loi commande encore aujourd'hui cette solution, car il est conforme à la nature des choses qu'un tribunal procède, pour arriver à la solution d'un litige, suivant les formes que lui impose la loi nationale.

Il suffit, d'ailleurs, pour justifier cette solution, de remarquer, que les règles de procédure sont d'ordre public et qu'un tribunal ne peut pas s'y soustraire.

Un débat dans lequel un étranger est en cause s'élevant en France, c'est la loi française qui déterminera :

1° Le tribunal compétent;

2° Les formes de l'assignation.

Le législateur français s'est, à ce propos, préoccupé

de l'assignation des personnes résidant à l'étranger qui n'ont en France ni résidence, ni domicile connu.

L'art. 69-10° C. proc. civ., successivement modifié par les lois des 8 mars 1882 et 11 mai 1900, dispose que ceux qui habitent à l'étranger seront assignés au parquet du procureur de la République, qui visera l'original et enverra directement la copie au ministre des Affaires étrangères ou à toute autre autorité déterminée par les conventions diplomatiques. *Adde* art. 73 et 74 C. proc. civ.

La convention de la Haye du 14 novembre 1896 (art. 1-4), a rendu obligatoire entre les États signataires et adhérents un procédé de communication des actes judiciaires et extra-judiciaires que l'on suivait déjà souvent en pratique (1).

3° Les règles à suivre pour l'instruction du procès;
4° Les délais à observer;
5° Les formes dans lesquelles sera rendu le jugement;
6° Les voies de recours dont il sera susceptible, etc.

Signalons toutefois une difficulté particulière à la péremption d'instance.

Péremption d'instance. — La péremption d'instance, lorsqu'elle est accomplie, fait considérer comme non avenus tous les actes de procédure. A ce titre, elle rentre bien dans les règles de procédure. Mais, indirectement, elle peut aboutir à la perte du droit, lorsque celui-ci se trouve éteint par la prescription, qui a pu se produire au cours de l'instance périmée. Ne doit-elle pas, à ce titre, être régie par les règles de la prescrip-

____

(1) Art. 1. — En matière civile ou commerciale, les significations d'actes à destination de l'étranger se feront, dans les États contractants, sur la demande des officiers du ministère public ou des tribunaux d'un de ces États, adressée à l'autorité compétente d'un autre de ces États. — La transmission se fera par voie diplomatique, à moins que la communication directe ne soit admise entre les autorités des deux États.

Art. 2. — La signification sera faite par les soins de l'autorité requise. Elle ne pourra être refusée que si l'État, sur le territoire duquel elle devrait être faite, la juge de nature à porter atteinte à sa souveraineté ou à sa sécurité. V. aussi les art. 3 et 4.

tion qui, au moins dans l'opinion de nombreux auteurs, n'est pas soumise à l'application de la *lex fori* (V. *suprà*, p. 245)?

On est d'accord pour adopter la négative, la péremption d'instance devant être envisagée uniquement dans ses effets directs, c'est-à-dire comme une règle de procédure soumise à ce titre à la *lex fori*.

Commissions rogatoires. — Des mesures d'instruction doivent parfois être accomplies hors du ressort du tribunal saisi. Lorsqu'il doit y être procédé dans l'intérieur du pays, nos juges peuvent adresser à leurs collègues une commission rogatoire.

Cet usage est également suivi dans les rapports internationaux. Mais il dépend de l'autorité requise de refuser la mission qu'on lui confie : ainsi le veut l'indépendance respective des États. Une loi ou un traité peuvent seuls l'y obliger.

Il n'existe pas en France de loi de ce genre.

Comme traité, on pouvait déjà signaler autrefois le traité franco-suisse du 15 juin 1869 (art. 21).

Le traité de la Haye du 14 novembre 1896 (art. 8-10) est venu rendre obligatoire la commission rogatoire dans les rapports des États signataires ou adhérents.

Quant à la manière de l'exécuter, il consacre la pratique généralement suivie, en décidant que l'autorité requise doit procéder suivant les lois de son pays, à moins que l'autorité requérante n'ait sollicité l'observation d'une forme spéciale, qui ne soit pas prohibée par la législation de l'autorité requise. C'est ce qu'avait prescrit à nos juges une circulaire du ministre de la Justice en date du 19 décembre 1891.

SECTION II. — **Preuves.**

La matière des preuves soulève une double question : 1° quels sont les modes de preuve admissibles? 2° dans quelle forme telle ou telle preuve peut-elle être administrée?

La seconde question est facile à résoudre. On s'accorde pour admettre que l'administration des preuves est régie par la *lex fori*. C'est donc cette loi qui détermine les formes de la vérification d'écritures, de l'expertise, de l'enquête, de l'interrogatoire sur faits et articles, etc.

Mais la question de savoir quels modes de preuve peuvent être admis est plus délicate.

On a soutenu que le juge devait encore sur ce point suivre la *lex fori*. Un juge, dit-on, ne peut se convaincre que d'après les modes de conviction admis par sa loi nationale. C'est l'opinion suivie en Angleterre et aux Etats-Unis.

L'opinion générale est, au contraire, que la loi applicable est celle du lieu où l'acte juridique est intervenu. Il est naturel, en effet, que la loi, qui détermine les formes dans lesquelles l'acte doit être passé, détermine également les modes de preuve de cet acte : toute autre solution risquerait de rendre impossible la preuve d'un acte passé en pays étranger. Un acte, qui devrait être authentique d'après notre loi, pourra donc être prouvé en France par un écrit sous seing privé ou par témoins, s'il a été passé dans un pays où il pouvait être prouvé de cette manière.

Ce n'est pas à dire que la *lex loci actus* soit exclusivement applicable, ainsi que le décident parfois nos tribunaux. Les parties, en effet, ne sont pas obligées de suivre, pour la forme des actes juridiques, la loi du lieu où elles les accomplissent : la règle *Locus regit actum* est, en principe, simplement facultative. C'est ainsi que des parties de même nationalité pourront prouver par témoins l'acte que leur loi nationale leur permet de faire sans écrit, même si cet acte a été passé dans un pays dont la loi exigeait un écrit.

QUATRIÈME PARTIE

JUGEMENTS, SENTENCES ARBITRALES ET ACTES PUBLICS ÉTRANGERS

CHAPITRE PREMIER

Effets en France des jugements étrangers.

Un jugement rendu en matière contentieuse par une juridiction française, soit en France, soit dans les pays d'Orient où nos consuls ont des pouvoirs de juridiction, produit trois effets : 1° il a l'autorité de la chose jugée; 2° il a la force exécutoire; 3° il emporte, dans certains cas, hypothèque judiciaire.

Un jugement rendu par des juges étrangers produit-il en France les mêmes effets? Nous répondrons à cette question dans trois sections consacrées respectivement à l'hypothèque judiciaire, à la force exécutoire et à l'autorité de la chose jugée.

SECTION I. — **Hypothèque judiciaire.**

Nous avons vu précédemment qu'aux termes de l'art. 2123 C. civ. les jugements étrangers n'emportent hypothèque sur les biens situés en France qu'autant qu'ils ont été déclarés exécutoires par un tribunal français (*suprà*, p. 204).

SECTION II. — **Force exécutoire.**

La solution qui vient d'être donnée pour l'hypothèque judiciaire doit s'appliquer *a fortiori* à la force exécutoire. On ne comprendrait pas que des autorités étrangères donnent des ordres à nos agents d'exécution.

Aussi l'art. 546 C. proc. civ. dispose-t-il : « Les jugements rendus par les tribunaux étrangers (et les actes reçus par les officiers étrangers) ne seront susceptibles d'exécution en France que de la manière et dans les cas prévus par les art. 2123 et 2128 C. civ. ». Pour recevoir son exécution en France, un jugement étranger doit donc avoir été, au préalable, revêtu de l'*exequatur* par un tribunal français.

SECTION III. — **Autorité de la chose jugée.**

I. Législation française. — Le jugement étranger a-t-il en France l'autorité de la chose jugée ?

En d'autres termes, quelle est la mission du juge français auquel l'*exequatur* est demandé ? Doit-il juger de nouveau ?

Cette question de l'autorité en France de la chose jugée à l'étranger se poserait également si, au cours d'un débat devant nos tribunaux, une des parties prétendait qu'un jugement étranger a déjà tranché le litige ou l'un des points du litige actuellement pendant.

L'accord existe pour permettre au tribunal français d'examiner le jugement étranger à deux points de vue :

1° Le tribunal doit certainement vérifier la régularité en la forme du jugement qui lui est soumis, rechercher s'il émane d'une juridiction étrangère légalement constituée, s'il est en état d'être exécuté ;

2° Il doit aussi se demander si son exécution n'est pas de nature à porter atteinte à l'ordre public français.

Mais, lorsqu'il a répondu affirmativement à ces deux questions qu'il doit d'abord se poser, peut-il examiner la décision au fond pour voir si elle a été bien ou mal rendue ?

On a proposé quatre systèmes principaux pour résoudre cette difficulté.

1er Système. — Le Code, dit-on, n'ayant pas réglé la matière de l'autorité de la chose jugée qui s'attache aux jugements étrangers, il y a lieu d'appliquer les dispositions de notre ancien droit, qui ne sont abrogées par l'art. 7 de la loi du 30 ventose an XII que dans les matières qui font l'objet du Code civil. Or, l'art. 121 de l'ordonnance de 1629 (Code Michaud), après avoir refusé aux jugements étrangers la force exécutoire et l'hypothèque judiciaire, faisait une distinction en ce qui concerne l'autorité de la chose jugée : si le jugement était rendu entre deux étrangers ou au profit d'un Français, il avait autorité de chose jugée en France et s'imposait à nos tribunaux; si le jugement était rendu contre un Français, il était non avenu en France et le tribunal français pouvait librement statuer à nouveau. Cette distinction devrait encore être appliquée dans le droit actuel.

A cette argumentation on peut répondre que l'art. 2123 C. civ. règle la matière que réglait l'art. 121 de l'ordonnance de 1629 : ce dernier texte est donc abrogé par l'art. 7 de la loi du 30 ventose an XII. — D'autre part, l'art. 2123 sainement interprété reconnaît, dans une certaine mesure, l'autorité de la chose jugée aux jugements étrangers, puisqu'il suppose qu'ils peuvent être revêtus de l'*exequatur*. On ne donne pas la force exécutoire à quelque chose qui n'existe pas.

2e Système. — Les jugements étrangers ne sont pas entièrement dépoui ıs de l'autorité de la chose jugée, ils ne sont pas néce. irement non avenus en France ; mais, d'autre part, ils .e peuvent avoir pleine autorité de chose jugée. Le tribu il français auquel l'*exequatur* est demandé doit examiner au fond la décision étrangère : il la déclare exécutoire s'il la trouve bien rendue ; sinon, il la réforme, comme peut faire un tribunal d'appel, et lui substitue sa propre décision.

Ce système, dit de la *revision*, est celui qui est, en général, suivi par notre jurisprudence.

A l'appui de ce système, les arrêts ont parfois fait observer qu'un jugement étranger, émanation de la souveraineté étrangère, ne pouvait produire en France aucun effet. Cet argument doit être écarté, car, s'il était exact, le tribunal français auquel l'*exequatur* est de-. mandé devrait, dans tous les cas, substituer sa sentence au jugement étranger, que celui-ci fût bien ou mal rendu.

La jurisprudence invoque, à l'appui de son opinion, deux autres motifs qui sont loin d'être concluants.

α) Les tribunaux français ne peuvent reconnaître pleine autorité aux décisions étrangères, parce qu'ils doivent avoir le droit d'examiner si elles émanent d'un pays où la justice est sérieusement organisée, où les juges présentent des garanties suffisantes de capacité et d'impartialité, bref si le jugement dont l'*exequatur* est demandé n'est pas inique.

L'argument, pris en lui-même, semble juste ; mais la solution est excessive : les tribunaux français peuvent avoir le droit d'examiner si le jugement étranger est inique, sans avoir celui de le reviser (voir le 4⁰ système).

β) L'art. 2123 al. 3 décide que les sentences arbitrales françaises sont rendues exécutoires par une simple ordonnance du président qui délivre le visa d'*exequatur ;* au contraire, l'art. 2123 *in fine* exige l'intervention du tribunal tout entier pour donner l'*exequatur* aux jugements étrangers. C'est donc que le rôle de ce tribunal ne se borne pas à un visa d'*exequatur,* mais qu'il comporte l'examen au fond de l'affaire.

Cet argument n'est pas décisif, parce que, même si le tribunal français n'a pas le droit de reviser le jugement étranger, on conçoit fort bien que son intervention soit requise uniquement pour examiner si ce jugement a été régulièrement rendu et n'est pas contraire au droit public ou à l'ordre public français.

La jurisprudence, en appliquant le système de la revision, paraît oublier que le tribunal français a reçu pour mission d'accorder ou de refuser l'*exequatur,* non de juger le procès. L'art. 2123 implique, en effet, comme nous l'avons déjà observé, que le jugement étranger a en France l'autorité de la chose jugée, au moins dans une certaine mesure. Or, dans le système de la jurisprudence, ce n'est jamais un jugement étranger qui est exécutoire : c'est toujours un jugement français, même s'il adopte la même solution que le jugement étranger. — Les arrêts tentent vainement d'échapper à cette contradiction, en prétendant que le juge français ne fait pas un nouveau jugement, mais revise le jugement étranger : c'est une pure question de mots.

3⁰ Système. — Les jugements étrangers ont l'autorité de la chose jugée pleine et entière et doivent être revêtus de l'*exequatur,* dès que le juge français s'est assuré que le jugement étranger est régulier en la forme et peut être exécuté en France, sans porter atteinte à l'ordre public.

Ce système, qui prend le contre-pied de la jurisprudence, sera peut-être le système de l'avenir. Mais il est peu en harmonie avec l'esprit de défiance à l'égard des tribunaux étrangers, qui a présidé à la rédaction de nos Codes et le pouvoir de contrôle qu'il accorde au tribunal français est insuffisant à l'égard des jugements rendus dans les pays où la justice n'est pas encore bien organisée.

4° Système. — Le tribunal français peut refuser l'*exequatur* au jugement étranger, si celui-ci lui paraît mal rendu, mais il ne peut pas le reviser.

Cette dernière solution proposée récemment a recueilli de nombreuses adhésions dans la doctrine (en ce sens, M. Laîné à son cours) et a même été consacrée par quelques décisions judiciaires.

Elle part de ce point de vue, qui seul paraît en harmonie avec les textes, à savoir que l'ordonnance de 1629 étant abrogée et aucun texte ne conférant un pouvoir de révision au juge français, celui-ci n'a pas d'autre mission que celle de donner l'*exequatur* au jugement étranger : il ne peut donc examiner sous toutes ses faces, en fait comme en droit, l'affaire qui a déjà été solutionnée par la juridiction étrangère.

Toutefois, à la différence de l'opinion précédente, elle permet au juge français de vérifier si la sentence étrangère a été honnêtement rendue et ne contient pas quelque flagrante iniquité.   -

Cet examen fait, si le jugement étranger est exempt de partialité et si d'ailleurs il est régulier en la forme et non contraire à l'ordre public français, le tribunal français lui confère l'*exequatur;* — si le jugement étranger ne satisfait pas à ces conditions, le tribunal français n'a pas le droit que lui confère le système de la revision de substituer sa décision à la décision étrangère; il a seulement, en pareil cas, la faculté de refuser l'*exequatur.*

Ce système, qui est théoriquement très acceptable, soulève une objection pratique très grave : la partie à qui le tribunal français aura refusé l'*exequatur* sera, en effet, désarmée, en ce sens qu'elle ne pourra faire exécuter en France le jugement rendu à son profit et qu'il lui sera impossible d'en obtenir un autre à l'étranger, puisqu'elle s'y heurtera à l'autorité de la chose jugée. En vain soutient-on qu'elle pourra solliciter un nouveau jugement en s'adressant à la justice française : dans la plupart des cas, nos tribunaux seront incompétents, soit *ratione personæ*, soit parce qu'il s'agira d'une contestation entre étrangers.

— Il est une catégorie de jugements auxquels on est d'accord pour reconnaître l'autorité de la chose jugée : ce sont ceux qui statuent sur des *questions d'état*, parce qu'ils sont considérés comme des dépendances du statut personnel. Le juge français doit en ordonner l'exécution sans revision, à moins qu'on ne les invoque pour procéder à des actes d'exécution sur les biens (V. *suprà*, p. 179).

Restent deux questions communes à tous les jugements : quel est le tribunal compétent pour donner l'*exequatur?* Comment s'introduit la demande d'exequatur?

Tribunal compétent. — La jurisprudence décide que le tribunal compétent *ratione materiæ* est le tribunal civil, quelle que soit la nature du litige, civile ou commerciale. Cette solution, qui semble être en contradiction avec le système de la revision, s'impose dans les 3e et 4e systèmes que nous avons exposés.

Il est d'ailleurs admis que c'est au tribunal du premier degré qu'il faut s'adresser, quel que soit le degré de la juridiction dont émane la décision.

Ratione personæ, c'est le tribunal du lieu où l'exécution doit être faite qui est compétent.

Formes de la demande d'exequatur. — On n'est pas d'accord sur la manière d'introduire l'instance devant le tribunal.

Quelques décisions judiciaires ont jugé qu'il fallait procéder par voie d'assignation. Cette solution est logique dans le système de la revision.

D'autres admettent que la demande à fin d'*exequatur* peut être introduite par voie de requête.

II. Traités. — La France a signé, avec un certain nombre de pays, des traités qui consacrent le système généralement adopté par la doctrine, d'après lequel les jugements étrangers ont en France l'autorité de la chose jugée.

Le tribunal de l'un des Etats contractants, saisi d'une demande d'*exequatur* d'un jugement émanant d'une juridiction de l'autre Etat, n'a qu'à examiner la décision qui lui est soumise aux points de vue suivants :

1° Emane-t-elle d'une juridiction compétente?

2° Est-elle régulière au point de vue de la forme?

3° Les règles du droit public ou les intérêts de l'ordre public du pays où l'exécution est demandée ne s'opposent-ils pas à l'exécution de cette décision (1)?

C'est la solution que consacrent les traités suivants :

1° *Traité franco-sarde du 24 mars 1760* (art. 22, § 3), interprété par la déclaration du 11 septembre 1860, et applicable aujourd'hui à toute l'*Italie* (2).

(1) Les intéressés pourraient-ils renoncer au bénéfice de ces conventions et demander une revision au fond? La question a été tranchée de diverses façons.

(2) Signalons, à propos de ce traité franco-sarde de 1760-1860, deux difficultés principales:

1° Lorsqu'un tribunal français aura, en vertu de l'art. 14 C. civ., statué dans un procès entre un demandeur français et un défendeur italien domicilié hors de France — ou lorsqu'un tribunal italien aura, en vertu de l'art. 105 C. proc. civ. italien, statué dans un procès entre un demandeur italien et un défendeur français domicilié hors de l'Italie (V. p. 106), le jugement rendu par les juges d'un des deux pays contractants sera-t-il considéré par les juges de l'autre pays comme rendu par une *juridiction compétente* et susceptible, comme tel, d'être revêtu par eux de l'*exequatur?* Dans la première hypothèse, les tribunaux italiens décident que le jugement rendu en France émane de juges incompétents et ne peut obtenir l'*exequatur;* — dans la deuxième hypothèse, les tribunaux français, au contraire, reconnaissent la compétence des tribunaux italiens.

2° Le traité dit que l'*exequatur* sera accordé aux *décrets* et jugements : on s'est demandé si le mot *décrets* ne devait pas s'entendre des actes de la juridiction graci...e, lorsqu'ils doivent servir de base à des actes d'exécution.

L'exequatur doit être demandé à la cour d'appel dans le ressort de laquelle doit avoir lieu l'exécution.

Il faut d'ailleurs, pour l'obtenir, se pourvoir, en principe, de *lettres rogatoires* émanées de la cour d'appel qui a rendu l'arrêt dont l'exécution est demandée, ou de la cour dans le ressort de laquelle se trouve le tribunal qui a rendu le jugement dont l'exécution est poursuivie.

2° *Traité franco-suisse du 15 juin 1869* (art. 15-18). La juridiction compétente pour donner l'*exequatur* en France est le tribunal civil en chambre du conseil.

3° *Convention franco-badoise du 16 avril 1846* (art. 12), étendue à l'*Al ace-Lorraine* par le traité de Francfort du 11 décembre 1871 (art. 18).

La force exécutoire est imprimée à la sentence soit par la Cour d'appel, soit par le tribunal du premier degré, suivant qu'elle émane du second ou du premier degré de juridiction.

4° *Traité franco-belge du 8 juillet 1899.* — La force exécutoire est donnée par le tribunal civil du lieu où l'exécution doit avoir lieu (art. 12 al. 2).

L'*exequatur* est conféré par le tribunal ou par la cour, selon que la sentence émane d'une juridiction du premier ou du second degré.

5° *Traité de la Haye du 14 novembre 1896.* — Il contient deux articles relatifs à l'*exequatur* de la décision contenant condamnation aux frais et dépens d'un demandeur étranger, dispensé en vertu de ce traité de la caution *judicatum solvi.*

Cette décision est rendue exécutoire par l'autorité compétente d'après la loi du pays où l'exécution doit avoir lieu (art. 12).

L'autorité compétente examine : 1° si l'expédition de la décision réunit les conditions nécessaires à son authenticité; 2° si cette décision est passée en force de chose jugée (art. 13).

III. **Aperçu de législation comparée.** — A. Plusieurs législations étrangères suivent encore le système de la revision, malgré l'esprit de méfiance à l'égard des tribunaux étrangers dont il s'inspire. C'est ce qui a lieu en Belgique (loi du 25 mars 1876, art. 10), aux Pays-Bas (art. 431 C. civ.), et aussi, en général, en Suisse et aux Etats-Unis.

B. Quelques législations, au contraire, reconnaissent l'autorité de la chose jugée aux décisions étrangères et autorisent leurs tribunaux à accorder l'*exequatur* sans revision au fond : il en est ainsi en Italie (art. 941 et 942 C. proc. civ.) et en Portugal (art. 1087-1091 C. proc. civ.).

C. Dans certaines législations, enfin, on donne également l'*exequatur* sans revision au fond, sous cette réserve qu'on autorise l'examen au fond des jugements émanés de tribunaux appartenant à des pays où l'on suit la doctrine de la revision. Telles sont la législation allemande (C. Proc. civ. de 1877 revisé en 1900, art. 722, 723 et 338); la législation austro-hongroise (loi du 1ᵉʳ août 1895 art. 38 et 39); la législation espagnole (C. proc. civ. art. 552 et suiv.).

CHAPITRE II

Effets en France des sentences arbitrales étrangères.

Une sentence arbitrale est une décision rendue par un ou plusieurs arbitres, simples particuliers, auxquels les plaideurs ont confié la mission de trancher leur différend. Cette décision, en droit interne, est rendue exécutoire par une ordonnance du président du tribunal (art. 1021 C. proc. civ.).

L'arbitrage peut être volontaire ou forcé.

Le dernier cas d'arbitrage forcé admis par la législation française a été aboli par la loi du 17 juillet 1856, qui a abrogé l'art. 51 C. comm. Mais il en existe encore dans les législations étrangères.

Comment la sentence arbitrale étrangère est-elle revêtue de la force exécutoire en France ?

On distingue généralement selon qu'il s'agit d'un arbitrage volontaire ou forcé.

Dans le premier cas, la sentence étant le résultat d'une convention pourrait, comme les actes publics étrangers, être revêtue de la force exécutoire par le président du tribunal.

Dans le second cas, l'*exequatur* serait donné par le tribunal.

Cette distinction est vivement critiquée par un certain nombre d'auteurs, qui attribuent toujours compétence au tribunal (1). Ils font remarquer qu'il est

(1) Lainé, *De l'exécution en France des sentences arbitrales étrangères*, dans *J. du dr. int. pr.*, 1899, p. 641 et suiv.

inexact de considérer la convention d'arbitrage (compromis) comme une sorte de mandat donné par les plaideurs aux arbitres de trancher leur différend : les arbitres, en effet, n'agissent pas au nom des plaideurs, ils statuent; leur décision est un jugement. D'ailleurs, même en envisageant la sentence arbitrale comme un accord des parties elles-mêmes fait par acte public, l'*exequatur* devrait être donné par le tribunal (Cf. p. 295-296).

On admet généralement que la demande d'*exequatur* s'introduit par voie de requête, par analogie avec ce que décide l'art. 1020 C. proc. civ. pour les sentences arbitrales françaises.

C'est une raison de plus pour admettre que l'*exequatur* doit être donné par le tribunal : son intervention sauvegardera mieux que celle du président seul les droits de l'autre partie.

C'est à cette opinion que paraît vouloir se rallier la jurisprudence, qui a longtemps admis que l'*exequatur* était donné par le président seul en cas d'arbitrage volontaire.

Toutefois, la *convention franco-belge* du 8 juillet 1899 (art. 15) accorde compétence au président du tribunal, dans le ressort duquel l'exécution est demandée, pour donner l'exequatur.

— Quant à l'autorité de la chose jugée qui s'attache à la sentence arbitrale, dont l'*exequatur* est demandé, le tribunal (ou son président) a, d'après la jurisprudence, un pouvoir de revision au fond, comme à l'égard des jugements étrangers.

Ce pouvoir de revision ne lui appartient pas cependant pour les sentences arbitrales belges, aux termes de l'art. 15 de la *convention du 8 juillet 1899.*

On admet, en outre, que les traités franco-sarde de 1760-1860, franco-badois de 1846 et franco-suisse de 1869, bien qu'ils ne statuent expressément que sur l'autorité des jugements étrangers, ont implicitement consacré la même solution pour les sentences arbitrales.

CHAPITRE III

Effets en France des actes publics étrangers.

————

Les actes reçus en France par un officier public français jouissent d'une double prérogative : ils ont la force probante et la force exécutoire.

Les actes reçus par les officiers publics étrangers ont certainement la force probante, en vertu de la règle *locus regit actum*.

Mais peuvent-ils obtenir en France la force exécutoire? et quelle est l'autorité compétente pour donner l'*exequatur*?

L'art. 546 C. proc. civ. dit que « (les jugements rendus par les tribunaux étrangers et) les actes publics reçus par les officiers étrangers ne seront susceptibles d'exécution en France que de la manière et dans les cas prévus par les art. 2123 et 2128 C. civ. ».

Mais, d'une part, l'art. 2123 n'est relatif qu'aux jugements étrangers ; d'autre part, l'art. 2128, relatif aux actes, se borne à dire qu'une hypothèque ne peut être constituée sur des biens situés en France par des actes publics étrangers. La loi ne statue donc pas expressément sur notre question.

Quelques auteurs en ont conclu que les actes publics étrangers ne pouvaient jamais recevoir l'*exequatur* en France ; — d'autres que l'*exequatur* leur serait donné par le président du tribunal.

Plus généralement on décide qu'il résulte de la tradition (1) et des travaux préparatoires (2) que le législateur a voulu assimiler, à cet égard, les actes et les jugements étrangers. L'*exequatur* leur sera donc donné aux uns et aux autres par le tribunal français dans le ressort duquel ils doivent recevoir leur exécution. — En fait, cet *exequatur* sera nécessaire au porteur d'un acte public étranger, soit pour pratiquer une saisie, soit pour produire dans un ordre ou dans une contribution.

Il faut cependant signaler une double différence entre les jugements et les actes :

1° Le tribunal, qui peut, d'après la jurisprudence, reviser un jugement au fond, ne peut pas reviser un acte : il ne peut que donner ou refuser l'*exequatur*.

2° Un acte étranger ne peut pas donner hypothèque sur les biens de France, au lieu qu'un jugement étranger revêtu de l'*exequatur* emporte hypothèque judiciaire.

D'après le *traité franco-belge de 1899*, les actes authentiques, exécutoires dans l'un des deux pays, peuvent être déclarés exécutoires dans l'autre par le *président du tribunal civil* de l'arrondissement où l'exécution est demandée. — Ce magistrat vérifie si les actes réunissent les conditions nécessaires pour leur authenticité dans le pays où ils ont été reçus et si les dispositions, dont l'exécution est poursuivie, n'ont rien de contraire à l'ordre public ou aux principes de droit public du pays où l'*exequatur* est requis (art. 12).

(1) L'ord. de 1629 assimilait les actes aux jugements. C'était aussi la doctrine de Boullenois, d'après lequel une lettre du grand chancelier était nécessaire pour les uns et les autres.

(2) Locré, t. 22, p. 617 et 618.

APPENDICE

MATIÈRES COMMERCIALES

SOCIÉTÉS ÉTRANGÈRES — LETTRE DE CHANGE — FAILLITE

Nous avons groupé, dans un appendice, l'étude, en droit international privé, des trois matières les plus importantes qui relèvent du droit commercial : 1° les sociétés étrangères ; 2° la lettre de change ; 3° la faillite.

Nous n'avons pas cru devoir intercaler ces matières dans le corps même de nòtre ouvrage pour deux raisons : la première, c'est qu'elles ne sont pas enseignées da ns toutes les Facultés ; la seconde, c'est que, à part la lettre de change qui ne soulève que des questions de conflits de lois, elles présentent des difficultés très complexes et touchent à presque tous les sujets que nous avons précédemment traités.

TITRE PREMIER

DES SOCIÉTÉS ÉTRANGÈRES

SECTION I. — Nationalité des sociétés.

Le premier problème que soulève l'étude des sociétés étrangères en droit international est celui de savoir quand une société est étrangère.

Nos lois ne contiennent aucune indication relative à la nationalité des sociétés et au critérium auquel il faut s'attacher pour savoir si une société est française ou étrangère.

La nationalité d'une société ne se détermine certainement ni par la nationalité des membres qui la composent, ni par le pays où l'acte constitutif de la société a été passé. C'est le siège social ou le centre d'exploitation qui servent à la déterminer.

Si la société a à la fois son siège social et son centre d'exploitation dans le même pays, elle aura la nationalité de ce pays. Mais si son siège social et son centre d'exploitation sont situés en deux pays différents, on doit se demander quel est celui qui donnera à la société sa nationalité.

a) Beaucoup d'auteurs se prononcent en faveur du pays où est situé le centre principal d'exploitation de la société : s'agit-il, par exemple, d'une société de mines situées en Russie, la société serait russe, alors même que son siège social serait à Paris. On peut présumer, dit-on, que chaque législateur entend soumettre à ses lois les sociétés dont les opérations se font sur son territoire.

Cette opinion se heurte toutefois à une objection très grave. En fait, beaucoup de sociétés étendent le champ de leurs opérations dans plusieurs pays, sans qu'il soit possible de dire quel est celui où se trouve leur exploitation la plus importante.

b) C'est en faveur du pays où se trouve le siège social, c'est-à-dire le siège administratif, les organes de droit de la société, que se prononce, en principe, notre jurisprudence : c'est là qu'est, en effet, le siège de la vie juridique de la société. — Toutefois, il faut que ce siège social soit réel et non fictif.

SECTION II. — De l'existence des sociétés étrangères en France (1).

L'existence légale en France des sociétés étrangères a été contestée.

Certains auteurs soutiennent que les sociétés, étant des personnes fictives créées par la loi, ne peuvent être reconnues en dehors du territoire que cette loi régit.

(1) *Personnes morales de droit public.* — On a soutenu que, créées dans chaque pays en vue d'un intérêt général, elles sont d'ordre public et, à ce titre, strictement territoriales. Cet argument repose sur une confusion entre la fonction propre à la personne civile et les actes de la vie privée qui permettent à la personne civile de subsister et de remplir sa fonction. C'est simplement la vie civile consistant à acquérir, à contracter et à plaider qu'il s'agit d'ouvrir aux personnes morales étrangères, non pas l'exercice de leurs fonctions, lequel est limité au territoire du pays qui les a investies.

Au reste, on est à peu près d'accord pour reconnaître que les États étrangers jouissent en France de la personnalité, leur personnalité civile ne pouvant être distinguée de leur personnalité politique.

Quant aux établissements publics et d'utilité publique étrangers, un avis du Conseil d'État du 12 janvier 1851 consacre leur existence, en leur accordant le droit de recevoir des libéralités. — On admet d'ailleurs que, pour l'acceptation de ces libéralités, ils seront soumis à l'autorisation administrative, comme les établissements français en vertu de l'art. 910 C. civ. Au contraire, on discute la question de savoir si cette nécessité de l'autorisation sera nécessaire en France aux États étrangers pour accepter les libéralités qui leur seront faites. — Voir sur toutes ces questions, Lainé, *J. dr. int. pr.*, 1893, p. 273 et s.

Cette opinion n'est pas admissible : les sociétés ne sont pas de pures fictions, puisqu'elles constituent des groupements de personnes réelles, lesquelles ont partout la vie juridique. D'ailleurs, pourquoi refuserait-on de reconnaître en France les effets de la loi étrangère qui les a douées de la personnalité, alors que l'on accepte ses dispositions dans beaucoup d'autres cas?

Au surplus, l'existence légale des sociétés étrangères résulte de la loi du 30 mai 1857, qui ne soumet à des conditions spéciales que la reconnaissance de certaines sociétés étrangères.

Il faut donc distinguer deux sortes de sociétés étrangères :

1° Celles qui échappent à la loi de 1857 et qui, régulièrement constituées d'après leur loi nationale, sont admises de plein droit à la vie juridique en France, alors même que les conditions exigées pour la constitution des sociétés par la loi française n'auraient pas été observées.

2° Celles qui sont soumises à la loi de 1857 et qui n'ont d'existence légale que si les prescriptions de cette loi ont été suivies.

Loi du 30 mai 1857. — Avant 1857, on se demandait si les sociétés anonymes avaient, comme les autres sociétés étrangères, l'existence légale en France, ou si, pour y être reconnues et y exercer leurs droits, elles devaient obtenir l'autorisation du Gouvernement français, nécessaire aux sociétés anonymes françaises, en vertu de l'art. 37 C. comm.

Tandis que l'administration déniait aux sociétés anonymes étrangères non autorisées le droit de poursuivre en France leurs opérations, les tribunaux ne s'étaient jamais déclarés incompétents pour connaître des actions introduites par ces sociétés, et, par là même, leur avaient reconnu la personnalité juridique en France.

Cette jurisprudence était, avec raison, très combattue. L'art. 37 était, observait-on, une disposition d'ordre public et l'autorisation gouvernementale, véritable mesure de police et de sûreté, devait être imposée aux sociétés anonymes étrangères ou françaises, sans distinction (art. 3 al. 1 C. civ.).

En Belgique, où les sociétés anonymes étaient également soumises à l'autorisation du Gouvernement, la même question se posait. La Cour de cassation·belge ayant dénie aux sociétés anonymes françaises, qui n'avaient pas été autorisées en Belgique, le droit d'agir en justice, la loi belge du 14 mars 1855 vint décider que les sociétés anonymes françaises, autorisées en France, pourraient exercer leurs droits et ester en justice en Belgique, sous la condition que les sociétés belges, légalement établies en France, y jouiraient des mêmes droits : cette réciprocité devait être constatée soit par des traités, soit par la production de lois ou actes propres à en établir l'existence.

Bien que la jurisprudence française reconnût l'existence en France des sociétés anonymes belges, les tribunaux belges continuèrent à refuser aux sociétés françaises le droit d'agir en justice, en faisant remarquer que la réciprocité exigée par la loi de 1855 ne pouvait résulter des décisions d'une jurisprudence toujours variable.

Pour mettre fin à ces difficultés, le Gouvernement français fit voter la loi du 30 mai 1857, qui règle à la fois la condition des sociétés anonymes belges et celle des sociétés anonymes étrangères en général.

Cette loi contient deux articles ainsi conçus :

Art. 1. Les sociétés anonymes et les autres associations commerciales, industrielles ou financières, soumises à l'autorisation du Gouvernement belge et qui l'ont obtenue, peuvent exercer tous leurs droits et ester en justice en France, en se conformant aux lois de l'Empire.

Art. 2. Un décret impérial, rendu en Conseil d'Etat, peut appliquer à tous les autres pays le bénéfice de l'article premier.

La loi de 1857 a donc un double objet :

1° Elle reconnaît l'existence légale en France des sociétés belges qui ont obtenu l'autorisation en Belgique;

2° Elle permet au Gouvernement français de conférer, par un décret d'une portée générale, la personnalité juridique à toutes les sociétés autorisées d'un pays quelconque autre que la Belgique.

En fait, toute une série de décrets sont venus autoriser en France, *in globo*, les sociétés d'un grand nombre d'Etats (1).

On admet d'ailleurs que l'autorisation collective du Gouvernement français peut résulter, pour les sociétés d'un pays étranger, d'une convention diplomatique : c'est ainsi que le traité franco-anglais du 30 avril 1862 a reconnu aux sociétés constituées ou autorisées en Angleterre le droit d'agir en France.

Quant aux conventions qui contiennent la clause de la nation la plus favorisée, il ne semble pas qu'elles confèrent la vie juridique dans notre pays aux sociétés anonymes des Etats avec lesquels la France les a conclues.

La question s'est posée pour les sociétés allemandes en France et les sociétés françaises en Allemagne, à raison de l'art. 11 du traité de Francfort. La jurisprudence française a décidé que les sociétés anonymes allemandes devaient être reconnues en France ; mais cette interprétation est très discutée : d'une part, la clause ne paraît viser que les individus, non les sociétés ; d'autre part, elle n'a trait qu'aux droits de douane et à la faculté pour les sujets des parties contractantes de faire le commerce sans être soumis à des taxes spéciales à raison de leur extranéité.

De graves difficultés se sont élevées sur l'application de la loi de 1857 :

1° La loi du 30 mai 1857 a-t-elle été abrogée par la loi du 24 juillet 1867?

(1) L'autorisation donnée conformément à la loi de 1857 habilite en France toutes les sociétés par actions du pays visé par le décret, sauf les sociétés d'assurances sur la vie depuis la loi du 17 mars 1905 (Voir p. 300).

On a soutenu que la loi du 24 juillet 1867, qui, en réglementant les sociétés anonymes françaises, les a dispensées de l'autorisation préalable, aurait implicitement abrogé la loi du 30 mai 1857, de telle sorte que les sociétés étrangères pourraient exercer librement leurs droits en France, sans aucun décret d'autorisation.

Cette opinion, qui a parfois triomphé devant les tribunaux, est généralement repoussée.

On ne peut, en effet, sérieusement soutenir qu'il y eût, entre l'autorisation exigée par la loi de 1857 et l'autorisation préalable des sociétés anonymes françaises (art. 37 C. comm.), une corrélation telle que la disparition de celle-ci ait entraîné la suppression de celle-là. L'autorisation prescrite par l'art. 37 C. comm. était, en effet, une autorisation spéciale accordée à une société déterminée, alors que celle que prescrit la loi de 1857 est une autorisation générale et collective habilitant toutes les sociétés d'un même pays.

D'ailleurs, si la loi de 1867 a supprimé la nécessité de l'autorisation pour les sociétés françaises, elle l'a remplacée par une réglementation sévère et minutieuse, dont l'observation n'est pas imposée aux sociétés étrangères.

En fait, le Gouvernement français a, même depuis 1867, rendu plusieurs décrets d'autorisation collective en faveur des sociétés de différents pays.

2° Quelles sont les sociétés soumises au régime de la loi du 30 mai 1857?

La suppression de l'autorisation préalable dans un grand nombre d'Etats, qui ont suivi l'exemple de la France et proclamé la liberté des sociétés anonymes, a fait naître une autre difficulté très sérieuse.

A s'en tenir aux termes des art. 1 et 2 de la loi de 1857, il semble :

1° Que les sociétés belges qui ont obtenu en Belgique l'autorisation préalable soient reconnues en France ;
2° que les sociétés anonymes étrangères ne puissent être habilitées en France par un décret collectif qu'autant qu'elles ont été autorisées dans leur pays.

Si cette interprétation devait prévaloir, il en résulterait :

1° Que les sociétés formées en Belgique sous l'empire de la loi du 10 mai 1873, qui a supprimé la nécessité de l'autorisation, ne pourraient se prévaloir en France de la loi de 1857 ;

2° Que les sociétés créées en pays étranger, à une époque où l'autorisation n'y était plus exigée, ne sauraient être habilitées à agir en France par un décret ;

3° Que ces mêmes sociétés ne pourraient se prévaloir du décret général d'autorisation rendu par le Gouvernement français à une époque où les sociétés anonymes de ce pays étaient soumises chez elles à l'autorisation préalable.

Cette opinion rigoureuse n'a pas prévalu.

Si la loi de 1857 semble viser seulement les sociétés étrangères autorisées dans leur pays, c'est qu'à cette époque tous les pays soumettaient les sociétés anonymes au régime de l'autorisation préalable : les mots « sociétés autorisées » sont synonymes des mots « so- « ciétés régulièrement constituées à l'étranger ».

D'ailleurs, la nécessité d'une autorisation ayant été remplacée, dans les législations étrangères, comme dans notre loi de 1867, par une réglementation spéciale des sociétés anonymes, ces sociétés étrangères présentent de sérieuses garanties. Si la législation d'un Etat ne paraissait pas suffisamment protectrice des droits des tiers, le Gouvernement n'aurait qu'à refuser aux sociétés de ce pays le décret collectif d'autorisation ou même à révoquer celui qui aurait été rendu à une époque antérieure.

— A côté des sociétés anonymes, la loi de 1857 soumet à l'autorisation toutes les sociétés qui sont soumises dans leur pays à l'autorisation préalable et qui l'ont obtenue.

Les sociétés en commandite par actions, constituées à l'étranger avec l'autorisation préalable de leur Gou-

vernement, sont donc soumises en France au régime de
la loi de 1857.

Il est manifeste, au contraire, que la loi de 1857 ne
concerne pas les commandites par actions, constituées
dans les pays fort nombreux où elles ne sont pas soumises à l'autorisation préalable. Qu'en faut-il conclure?

En général, on admet que ces sociétés peuvent s'ins-
taller en France et y exercer leurs droits, sans qu'aucun décret d'autorisation leur soit nécessaire.

Avant 1857, en effet, les commandites par actions
étrangères avaient l'existence légale en France, sans
distinction; la loi de 1857 exige un décret général d'autorisation pour celles qui sont soumises, en pays étranger, à la nécessité de l'autorisation préalable, mais ne
modifie pas les règles antérieures quant aux autres.

Cette opinion soulève, en législation, des critiques jus-
tifiées.

Il est tout à fait étrange que les commandites étrangères par actions, qui ont été autorisées par le Gouvernement étranger et qui, à ce titre, présentent de sérieuses garanties, soient les seules qui aient besoin d'un
décret général d'autorisation en France, alors que celles
qui se sont formées dans des pays où l'autorisation
préalable n'est pas imposée, puissent agir librement
chez nous (1).

(1· Aussi certains auteurs soutiennent-ils que s'., en 1857, le législateur a laissé en dehors de ses dispositions les commandites par
actions formées à l'étranger sans autorisation, c'est qu'il a entendu
les soumettre, à raison des abus graves auxquels les commandites par
actions avaient donné lieu en France, à toutes les règles qu'il venait
d'édicter dans la loi du 17 juillet 1856 : la réglementation des commandites par actions serait en France d'ordre public international.
Dès lors, les commandites étrangères par actions n'auraient en France
une existence légale que dans deux hypothèses : 1º lorsque, autorisées par le Gouvernement étranger, elles pourraient invoquer en
France un décret général d'autorisation rendu en vertu de la loi de
1857; 2º lorsque, constituées librement en pays étranger, elles auraient
obéi à toutes les prescriptions de la loi du 24 juillet 1867, qui a remplacé la loi de 1856.
Cette doctrine n'a pas prévalu : la société étrangère est tenue d'o-
béir à la loi étrangère et ne peut se conformer en même temps à
notre loi; les commandites par actions constituées à l'étranger sans

SECTION III. — Condition juridique des sociétés étrangères en France et conflits de lois.

Il semble que le problème de la condition juridique des sociétés étrangères ne peut se poser qu'en ce qui concerne les sociétés ayant en France une existence légale. Nous verrons toutefois que les sociétés qui n'ont pas en France une existence légale, par suite de la loi de 1857, n'y sont pas absolument inexistantes et qu'il y a lieu de ne pas les passer sous silence.

I. Sociétés ayant en France une existence légale. — Il faut rechercher : α) quelle est leur condition juridique, c'est-à-dire quels sont les droits qui leur sont reconnus ; β) d'après quelle loi elles exercent ces droits, c'est-à-dire quelle solution comporte le conflit qui s'élève entre la loi française et la loi étrangère.

A. *Condition juridique.* — En ce qui concerne les sociétés autorisées conformément à la loi de 1857, elles peuvent, aux termes mêmes de cette loi (art. 1) « exercer tous leurs droits et ester en justice en France ».

Il en est de même des sociétés de personnes (sociétés en nom collectif, commandite par intérêt) et même, dans l'opinion qui prévaut, des commandites par actions non autorisées dans leur pays.

La condition juridique des sociétés étrangères est donc la même que celle des individus étrangers ; elles jouissent des mêmes droits, tout au moins de ceux qui sont compatibles avec leur nature de personnes juridiques, et sont soumises aux mêmes restrictions.

Elles pourront en France acquérir ou aliéner, con-

autorisation préalable ne pourraient donc avoir en France une existence légale. Si grave que soit la lacune de la loi de 1857 relativement à ces sociétés, mieux vaut admettre qu'elles peuvent librement fonctionner en France.

tracter, exploiter un brevet, avoir la propriété d'une marque de fabrique, créer des succursales.

Elles auront le droit d'ester en justice, comme demanderesses ou comme défenderesses. Demanderesses, elles devront fournir la caution *judicatum solvi* (art. 16 C. civ.); défenderesses, elles pourront, en vertu de l'art. 14 C. civ., être poursuivies par des Français devant les tribunaux de France, comme tout étranger, alors même que ces tribunaux ne seraient compétents ni d'après la règle *actor sequitur forum rei*, ni d'après la disposition de l'art. 420 C. proc. civ. (1). Toutefois, les statuts des sociétés stipulent souvent que les contestations sociales devront être portées devant le tribunal du siège social : cette clause constitue une dérogation licite à l'art. 14 C. civ.

B. *Conflit de lois.* — La loi du 3 mai 1857 décide que les sociétés qu'elle régit et qui ont été dûment autorisées en France peuvent y exercer tous leurs droits, *en se conformant aux lois françaises.*

Cette formule ne peut être prise à la lettre. Les sociétés étrangères, quelles qu'elles soient, devront se conformer à la loi française dans la mesure où les individus étrangers y sont soumis d'après les principes généraux, c'est-à-dire en ce qui concerne l'organisation de la propriété (art. 3-2°, al. 2, C. civ.), — les dispositions d'ordre public, de police et de sûreté (art. 3, al. 1), — la procédure et les impôts.

A tous autres points de vue, il n'est pas admissible que les sociétés étrangères, qui doivent, dans leur pays, se conformer à leur loi nationale, soient tenues de suivre

____

(1) En ce cas, la société étrangère sera actionnée devant le tribunal dans le ressort duquel se trouve sa succursale, si elle en a une.

C'est en ce sens que l'art. 3 § 2 de la convention franco-belge du 8 juillet 1899 décide que toute société de l'un des deux pays qui établit une succursale dans l'autre est réputée faire élection de domicile, pour le jugement concernant les opérations de la succursale, au lieu où celle-ci a son siège. — Si la société étrangère n'a pas de succursale en France, le Français demandeur l'assignera devant le tribunal de son propre domicile.

en France les lois françaises : c'est donc leur loi nationale, à titre de statut personnel, qui régit les sociétés étrangères. Il suffit par conséquent, ainsi que nous l'avons dit précédemment, que la société étrangère soit constituée conformément à sa loi nationale pour qu'elle puisse exercer ses droits en France.

C'est également cette loi qui réglera le fonctionnement de la société, les pouvoirs des gérants ou des administrateurs, la mise au porteur des actions, etc.

C'est elle enfin qui décidera si les sociétés étrangères ont en France la personnalité et qui déterminera les conséquences de cette personnalité.

II. Sociétés étrangères dépourvues d'existence légale en France. — La loi de 1857, en décidant que les sociétés par actions, qui ont obtenu en France une autorisation générale, peuvent y exercer leurs droits, admet implicitement que les sociétés qu'elle soumet à l'autorisation et qui ne l'ont pas obtenue sont sans existence légale en France (1).

Ces sociétés ont toutefois une *existence de fait* dont il faut tenir compte.

C'est ainsi que la jurisprudence, qui refuse à ces sociétés le droit d'agir en justice comme demanderesses, reconnaît qu'elles peuvent être valablement poursuivies devant nos tribunaux, sans qu'elles puissent se prévaloir de leur inexistence pour se soustraire à l'exécution de leurs engagements; elles seront même valablement assignées en la personne de leurs administrateurs. — Les actionnaires ne seront tenus envers les tiers, conformément à leur loi nationale, que jusqu'à concurrence de leur apport et non pas personnellement et solidairement. — Enfin, il est admis que le Gouvernement pourrait s'opposer à l'établissement en France de ces sociétés

---

(1) En fait, ces sociétés sont peu nombreuses, car les sociétés de presque tous les pays ont été habilitées en France soit par des décrets généraux d'autorisation, soit par des conventions diplomatiques.

et de leurs succursales ; mais, en fait, il n'a jamais
songé à recourir à ces mesures rigoureuses.

SECTION IV. — Emission et négociation
des actions et obligations des sociétés étrangères.

Les règles qui déterminent les conditions auxquelles
les actions et obligations des sociétés étrangères peuvent être émises, cotées à la Bourse et négociées en
France, concernent aussi bien les sociétés non autorisées
que les sociétés autorisées.

Les *souscriptions* et les *émissions* en France d'actions des sociétés étrangères sont libres dans l'état actuel de notre législation. Peu importe le taux des actions
et le montant des versements exigés; peu importe que
les règles établies par la loi française pour la constitution des sociétés aient été ou non observées : les dispositions pénales de la loi de 1867 qui sanctionnent les
art. 1, 2, 3 et 24 de ladite loi ne sont pas applicables
aux sociétés étrangères. — Les souscriptions d'obligations des sociétés étrangères en France sont également
libres, sauf le cas où il s'agirait d'obligations à lots,
pour l'émission desquelles il faut une loi (L. 21 mai 1836).

L'*admission à la cote officielle* et la *négociation en
Bourse* des titres des sociétés étrangères sont actuellement réglementées par le décret du 6 février 1880,
modifié par les décrets des 7 octobre 1890, 1er décembre 1893, et 10 août 1896. Il faut que le taux des
actions et le montant des versements effectués soient
les mêmes que ceux qui sont exigés pour la constitution
des sociétés françaises par la loi du 1er août 1893. — Ce
sont les chambres syndicales des agents de change qui
accordent, refusent, suspendent ou interdisent, dans
leurs Bourses respectives, les négociations des actions
et obligations étrangères, le ministre des finances ayant
toujours la faculté d'interdire la négociation. Elles doi-

vent exiger certaines justifications prévues à l'art. 3 du décret de 1880 et peuvent demander toutes celles qu'elles jugent nécessaires.

Les négociations des titres étrangers faites autrement qu'en Bourse sont libres et ne sont pas soumises aux règles prescrites pour l'admission à la cote et la négociation en Bourse(1).

SECTION V. — Critique du système français.

Notre législation sur les sociétés étrangères prête à la critique à plusieurs points de vue.

α) Il semble rigoureux de ne pas reconnaître l'existence légale en France, indépendamment de toute autorisation, aux sociétés par actions soumises à la loi de 1857, qui ont été régulièrement constituées d'après la loi étrangère et de leur interdire d'agir en justice en France, même pour des opérations conclues à l'étranger.

β) Les émissions en France des actions et obligations des sociétés étrangères devraient être entourées de certaines garanties : il faudrait notamment n'autoriser l'émission des actions de ces sociétés qu'autant que leur taux ne serait pas inférieur à celui des actions des sociétés françaises.

γ) Aucune mesure de publicité n'étant prise, dans l'état actuel, pour porter à la connaissance des tiers les statuts des sociétés étrangères, il y aurait lieu de soumettre ces sociétés à des mesures de publicité, lorsqu'elles créent en France des succursales (2).

δ) Constatons enfin que la loi française a longtemps présenté une grave lacune, qui a été récemment comblée. L'autorisation générale donnée par le Gouvernement, conformément à la loi de 1857, habilitait en

(1) Nous ne croyons pas devoir exposer, dans un ouvrage élémentaire, les règles fiscales qui gouvernent en France les sociétés étrangères.
(2) Un projet de loi sur les sociétés étrangères par actions, déposé

France les sociétés étrangères d'assurances sur la vie, alors qu'au contraire toute société française d'assurances sur la vie était soumise à une autorisation préalable du Gouvernement et tenue d'observer des règles rigoureuses quant à son fonctionnement (art. 66, L. 24 juill. 1867 et D. 22 janv. 1867).

La loi du 17 mars 1905 est venue mettre un terme à cette situation anormale. Désormais, les entreprises françaises ou étrangères qui contractent des engagements dont l'exécution dépend de la durée de la vie humaine ne peuvent fonctionner qu'après avoir été enregistrées par le ministre du Commerce, l'enregistrement pouvant être refusé en cas d'infraction soit aux dispositions des lois, spécialement de celles qui régissent les sociétés, soit aux décrets pris pour assurer l'exécution de la nouvelle loi; en outre, la surveillance et le contrôle des entreprises françaises ou étrangères d'assurances sur la vie sont organisés.

par le Gouvernement sur le bureau de la Chambre le 4 juin 1903, et repris au début de la nouvelle législature le 18 juin 1906, corrige la plupart des imperfections et des lacunes que nous venons de signaler.

Il divise les sociétés étrangères par actions en deux groupes : 1º celles qui veulent établir une succursale en France; 2º celles qui veulent seulement y faire des opérations isolées.

Toutes les sociétés ont de plein droit l'existence légale en France et peuvent y faire toutes sortes d'opérations. Cependant l'émission et la vente publique d'actions et d'obligations est soumise à un régime de publicité.

Mais pour pouvoir établir une succursale en France, il faut que la société appartienne à un pays au profit duquel existe un décret collectif du Gouvernement français autorisant ces sociétés à s'établir en France; il faut, en outre, qu'elle fasse le dépôt de ses statuts au greffe du tribunal de commerce et se soumette à des formalités de publicité.

TITRE II

LETTRE DE CHANGE

Les conflits de lois qui s'élèvent à propos de la lettre de change sont particulièrement nombreux et graves. D'une part, le développement des relations commerciales entre les peuples civilisés augmente chaque jour la circulation internationale des effets de commerce, destinés à opérer le règlement des transactions; d'autre part, les législations obéissent sur ce sujet à des règles très variables, qui tiennent notamment à une conception différente de la nature même de la lettre de change.

D'après la vieille conception de la lettre de change, en grande partie acceptée par notre Code de commerce, la lettre de change est, en effet, destinée à réaliser le contrat de change.

Au contraire, d'après la conception allemande, qui domine la législation de la plupart des Etats de l'Europe centrale, la lettre de change est, avant tout, un instrument de crédit : c'est un acte abstrait, qui vaut indépendamment de sa cause. — Dès lors, la nécessité de l'indication de la valeur fournie et celle de la remise de place en place n'existent pas (1) et la théorie de la provision est inconnue ; mais l'expression do lettre de change doit se trouver sur l'effet.

Nous étudierons successivement, au point de vue du

---

(1) La nécessité de la remise de place en place a disparu même en France depuis la loi du 7 juin 1894.

conflit des lois : 1° la capacité en matière de lettre de change ; 2° les formes de la lettre de change ; 3° les effets de la lettre de change.

Les solutions que nous donnerons sur les conflits de lois en matière de lettre de change sont également applicables, en principe, au billet à ordre.

SECTION I. — Capacité en matière de lettre de change.

La capacité de souscrire une lettre de change ou de faire les différents actes qui y sont relatifs (acceptation, endossement, aval) est déterminée par le statut personnel, c'est-à-dire par la loi nationale, conformément au principe de l'art. 3 al. 3 C. civ. Il en est ainsi, alors même que la capacité de s'obliger par une lettre de change est régie par des règles spéciales différentes de celles qui gouvernent la capacité de s'obliger en général : ainsi l'engagement par une lettre de change d'une femme française non commerçante ne vaudra que comme simple promesse, conformément à l'art. 113 C. comm., en quelque lieu qu'il soit souscrit.

De même, les tribunaux français devront appliquer aux étrangers les règles de capacité établies par les lois étrangères, à moins qu'elles ne soient contraires à l'ordre public international.

Cependant, notre jurisprudence a une tendance regrettable à écarter l'application de la loi étrangère, lorsqu'elle léserait les Français de bonne foi envers lesquels l'incapable s'est obligé. — Cette dérogation aux principes du statut personnel est pourtant consacrée formellement par quelques législations (1).

____

(1) Ainsi la loi allemande sur le change de 1848 décide que l'étranger, qui souscrit une lettre de change en Allemagne, est valablement obligé, même s'il est incapable d'après sa loi nationale, lorsqu'il remplit les conditions de capacité exigées par la loi locale. — Cette dis-

SECTION II. — **Forme de la lettre de change.**

Les conflits de lois relatifs à la forme de la lettre de change et des différents actes qui s'y rattachent doivent être tranchés par application de la règle *Locus regit actum.*

L'émission de la lettre de change, l'endossement, l'aval, l'acceptation, les protêts, seront valablement faits en la forme prescrite par la loi du pays où ces différents actes sont accomplis.

S'ils interviennent entre des parties qui ne sont pas dans le même pays, il faudra rechercher en quel lieu le contrat s'est formé : c'est ainsi que l'émission ou l'endossement d'une traite par un commerçant de Paris au profit d'un commerçant de Londres sera faite d'après les formes françaises et que l'acceptation par un Anglais, à Londres, d'une traite au profit d'un Français habitant Paris devra être conforme à la loi anglaise (1).

D'ailleurs, la règle *Locus regit actum* n'étant que facultative pour les actes privés (*suprà*, p. 226 et s.), les parties pourront également suivre les formes établies par leur loi nationale, pourvu qu'elles aient même nationalité, toutes les fois que l'acte ne sera pas rédigé en la forme authentique.

position se retrouve dans la plupart des législations qui se sont inspirées de la loi allemande.

(1) *Règles fiscales.* — Le droit de timbre de 0 fr. 05 par 100 francs, auquel sont soumis en France lettres de change et billets à ordre, frappe les effets émis en France et payables à l'étranger et les effets émis à l'étranger et payables en France (art. 3 et 9 L. 5 juillet 1850).

Quant aux effets tirés de l'étranger sur l'étranger, lorsqu'ils sont négociés, endossés, acceptés ou acquittés en France, ils paient un droit de timbre de 0 fr. 50 par 2.000 francs ou fraction de 2.000 francs (art. 3 L. 20 déc. 1872).

L'amende de 5 0/0, édictée comme sanction de ces dispositions fiscales contre le souscripteur, l'accepteur, le bénéficiaire ou premier endosseur, celui qui encaisse ou fait encaisser l'effet non timbré (art. 4 et 7 L. 5 juin 1850), sera appliquée : toutefois, l'amende ne pourra atteindre que ceux qui ont négocié ou accepté l'effet en France.

Quant à la déchéance dont est frappé le porteur d'un effet non timbré

SECTION III. — **Effets de la lettre de change.**

Les effets des différents actes qui se rattachent à la lettre de change et l'étendue des obligations qui en découlent sont régis par le principe de l'*autonomie de la volonté*. Les parties contractantes se soumettent à la loi qu'il leur plaît de désigner ou que l'on doit déterminer, en l'absence de toute manifestation de volonté de leur part, à l'aide de présomptions.

Ce sont donc ces présomptions de fait, que nous avons déjà recherchées à propos des contrats en général (*suprà*, p. 231 et s.), dont nous allons faire l'application à la letttre de change.

1re hypothèse. — Si les contractants ont la même nationalité ou si, de nationalités différentes, ils ont leur domicile dans le même pays, leur convention sera régie quant à sa substance, quant à ses effets et même quant à son exécution, par la loi qui leur est commune, c'est-à-dire par la loi nationale ou par la loi du domicile, plutôt que par la *lex loci actus.*

2e hypothèse. — Si les parties n'ont ni la même nationalité, ni le même domicile, on peut dire que, d'une manière générale, sauf manifestation de volonté contraire, on doit appliquer :

La *lex loci contractus* aux divers actes et contrats auxquels donne lieu la lettre de change ;

ou insuffisamment timbré, à l'égard des signataires, dans les termes de l'art. 5 de la loi de 1850, elle recevra en France son application.

Si un effet de commerce a été créé en pays étranger en violation des règles fiscales étrangères, nos tribunaux n'auront pas à prononcer les amendes édictées par la loi étrangère ; mais si celle-ci prononce la nullité de cet effet non timbré, on admet que cette nullité sera valablement invoquée en France par application de la règle *Locus regit actum.*

Les effets de commerce, même tirés de l'étranger, devront être enregistrés en France en même temps que le protêt ou quand des poursuites seront exercées en France.

La *lex loci solutionis* à tout ce qui concerne son exécution.

Nous allons examiner la portée de cette double règle.

Émission de la lettre de change. Acceptation. — En
ce qui concerne les rapports du tireur et du preneur,
ils sont réglés, en principe, par la loi du lieu où la traite
a été émise.

C'est cette loi qui détermine les obl' ,ations du tireur
envers le preneur et envers les porteurs successifs que
celui-ci s'est substitués, notamment en ce qui concerne
la garantie de l'acceptation et du paiement, l'obligation
de faire la provision, l'étendue de l'engagement du
tireur pour compte, les droits du porteur sur la provision (1).

Quant aux rapports entre le tireur (ou le donneur
d'ordre) et le tiré, comme ils résultent du contrat de
mandat par lequel le tireur charge le tiré de payer
au porteur et que ce contrat se forme au domicile du
tiré (art. 1985, al. 2 C. civ.), ils sont, dans l'opinion
générale, régis par la loi du tiré : c'est elle qui fixera
les obligations du tiré, qui dira si la provision a été ou
n'a pas été faite et qui determinera le caractère et les
effets de l'*acceptation.*

Endossement. — Les effets de chaque endossement
sont gouvernés par la loi du lieu où il est intervenu.
C'est d'après cette loi que seront appréciés les obligations de l'endosseur envers son cessionnaire et envers les
porteurs ultérieurs et les autres effets de l'endossement.

(1) On admet généralement que la détermination de l'échéance, en
ce qui concerne les lettres de change payables à vue, à un certain
délai de date ou à un certain délai de vue, faite différemment dans
plusieurs législations, est une règle qui tient au fond même du droit
et non à l'exécution de l'obligation. Dès lors, il faut suivre sur ce
point la loi du lieu d'émission de la traite.

Cependant l'art. 160 C. comm., par dérogation à ce princine, fixe
lui-même le délai dans lequel le porteur d'une lettre de change à vue
ou à un certain délai de vue, tirée de l'étranger sur la France, doit
en requérir l'acceptation ou le paiement. — C'est, au contraire, à juste
titre, qu'il détermine le délai dans lequel le porteur doit présenter la lettre de change tirée de France ou des colonies françaises sur l'étranger.

En cas d'endossements successifs, il peut ainsi arriver qu'un endosseur soit tenu envers son cessionnaire plus rigoureusement que ne sont tenus envers lui-même les endosseurs antérieurs et le tireur; mais la situation de ceux-ci ne se trouvera pas empirée, car le dernier endosseur n'a pu transmettre à son cessionnaire, contre les endosseurs précédents et le tireur, des droits plus étendus que ceux qu'il possède lui-même.

Inversement, le dernier endosseur peut être tenu envers le porteur moins rigoureusement que les précédents signataires ne sont tenus envers lui : la condition de ceux-ci envers le porteur n'en est pas améliorée; elle subsiste telle qu'elle se trouvait déterminée par la loi du lieu où ont été faits les actes qui l'ont créée.

En un mot, chaque endossement est indépendant des autres endossements et de l'émission de la lettre de change.

Aval. — En principe, les obligations de l'avaliseur sont déterminées par la loi du lieu où l'aval a été donné. Toutefois, il arrivera souvent que l'avaliseur aura entendu se référer de préférence à la loi qui régit l'engagement de l'obligé qu'il garantit.

Paiement. — La validité et les effets du paiement sont gouvernés par la loi qui régit l'obligation du tiré, c'est-à-dire par la loi du tiré lui-même.

Quant au mode d'exécution, les parties sont réputées avoir voulu les régler par la loi du lieu d'exécution : c'est cette loi qui déterminera les jours où le paiement ne peut être exigé, les droits du tiré qui veut se libérer lorsque le porteur ne s'est pas fait connaître, la faculté pour les juges d'accorder des délais de grâce au tiré.

En ce qui concerne la *monnaie* du paiement, il faut, conformément à l'art. 143 C. comm., tenir compte de la clause par laquelle il aurait été stipulé, lors de la création de la traite, que le paiement serait effectué en telle monnaie. Ainsi, dans l'opinion générale, une traite payable en France pourrait être stipulée payable en monnaie étrangère, ou bien en monnaie métallique et non en billets.

Toutefois si, dans le pays où le paiement doit être effectué, une loi venait, en temps de crise, donner cours forcé à des titres fiduciaires qui en sont dépourvus en temps normal, cette loi serait considérée comme d'ordre public et aucune clause contraire insérée dans une lettre de change ne pourrait y faire échec. C'est ainsi que, la loi du 12 août 1870 ayant décidé le cours forcé des billets de la Banque de France, la jurisprudence a décidé que le porteur d'une traite tirée de l'étranger sur la France ne pouvait se prévaloir de la clause portant que le paiement aurait lieu en monnaie métallique. — Cette loi n'est, d'ailleurs, plus en vigueur depuis le 1er janvier 1878.

Défaut de paiement. — Lorsque la lettre de change n'est pas payée à l'échéance, le porteur est astreint à certaines obligations pour recourir contre ses garants. En France, il doit faire dresser protêt le lendemain de l'échéance et agir contre ses garants dans la quinzaine; mais les législations étrangères contiennent des prescriptions très diverses.

À cet égard, le porteur doit se soumettre à la loi qui régit l'engagement de chacun des signataires qu'il poursuit : loi du lieu d'émission pour le tireur, loi du lieu de chaque endossement pour les endosseurs. Cette loi détermine les obligations qui incombent au porteur non payé et les délais dans lesquels il doit les remplir.

Cette solution est conforme à l'art. 166 C. comm., qui détermine les délais de recours du porteur d'une traite tirée de France et payable à l'étranger contre les tireurs et endosseurs résidant en France (1).

Lorsque le porteur non payé agit contre ses garants, tireurs, endosseurs, donneurs d'aval, à quelle loi faut-il

___

(1) C'est également la loi d'après laquelle chaque signataire s'est obligé, qui doit être consultée pour savoir si la force majeure constitue ou non une excuse valable pour le porteur, au cas où celui-ci n'a pas exercé son recours en temps utile.

se référer pour déterminer le taux et le point de départ des intérêts moratoires qu'il peut leur réclamer?

D'après l'opinion générale, c'est la loi du lieu où la lettre de change devait être acquittée, qui doit être prise en considération : les divers obligés ayant garanti au porteur le paiement en ce lieu doivent l'indemniser du préjudice qu'il subit; or, ce préjudice consiste dans la privation des intérêts de la somme d'argent qu'il devait toucher au lieu d'exécution.

Il existe des pays où la lettre de change constitue, aux mains du porteur, un titre exécutoire contre les divers obligés (C. comm. italien, art. 323 et 324). Une lettre de change tirée de l'étranger sur ce pays y jouira-t-elle de la force exécutoire ?

Les tribunaux italiens l'admettent, sous prétexte qu'il s'agit du mode d'exécution et que la *lex loci solutionis* doit s'appliquer. Cette solution, si elle est exacte, constitue une dérogation à la règle d'après laquelle un acte passé dans un pays n'a pas force exécutoire en pays étranger.

En tout cas, il est certain que le porteur d'une traite, émise dans un pays où, comme en Italie, la lettre de change a force exécutoire, ne saurait se prévaloir, dans un pays où il en est autrement, des dispositions de la loi du lieu d'émission.

Enfin, si le porteur non payé, au lieu d'actionner ses garants, recourt contre eux au moyen d'une traite accompagnée d'un compte de retour (art. 181 C. comm.), la loi qui régit l'engagement de chaque obligé détermine le rechange que le porteur est en droit d'exiger de lui et règle la question de savoir si les endosseurs sont tenus de supporter plusieurs comptes de retour ou plusieurs rechanges, contrairement à ce que décident, en droit interne, les art. 182 et 183 de notre Code de commerce.

Prescription. — Les conflits de lois que soulève la prescription libératoire en matière d'effets de commerce seront résolus conformément à la règle admise pour la prescription en général. Nous nous sommes prononcés pour l'application de la loi du contrat : c'est donc la loi qui régit l'engagement de chacun des signataires, qui déterminera le délai de la prescription (1).

Dès lors, quand l'effet a circulé dans plusieurs pays, les différents signataires se trouveront soumis à des prescriptions différentes : il pourra se faire ainsi qu'un endosseur soit encore tenu vis-à-vis du porteur ou des endosseurs postérieurs, alors que le tireur ou les précédents endosseurs, libérés par la prescription, sont à l'abri de tout recours de sa part.

(1) Toutefois, on admet généralement que l'obligation du donneur d'aval sera éteinte quand celle de l'obligé principal sera prescrite.

TITRE III

FAILLITE

L'étude de la faillite et de la liquidation judiciaire, en droit international privé, soulève de graves difficultés dans les deux hypothèses suivantes :

1° Le débiteur, établi en France où il exerce exclusivement son commerce et où tous ses biens se trouvent situés, est un étranger.

En ce cas, on doit se demander si cet étranger peut être mis en faillite ou obtenir la liquidation judiciaire en France et quelle loi régira sa faillite ou sa liquidation judiciaire (sa loi nationale ou la loi française).

2° Le débiteur, Français ou étranger, a des établissements de commerce ou possède des biens à la fois en France et à l'étranger.

En ce cas, une question primordiale se pose : celle de savoir si plusieurs faillites peuvent être simultanément déclarées ou si une faillite unique s'impose.

Si une seule faillite peut être déclarée, quel effet produit-elle en dehors du pays où elle est ouverte et dans quelle mesure la loi qui régit cette faillite est-elle applicable aux biens situés en pays étranger ?

Si, au contraire, plusieurs faillites sont prononcées, comment résoudre les difficultés qui naissent de leur simultanéité ?

Dans un chapitre premier, intitulé *Faillite d'un*

étranger en France, nous examinerons sommairement notre première hypothèse.

Dans un chapitre II, intitulé : *Unité de la faillite et pluralité des faillites*, nous verrons succinctement les différentes questions que soulève notre seconde hypothèse.

CHAPITRE PREMIER

Faillite d'un étranger en France.

Un étranger peut être déclaré en faillite en France ou y être admis au bénéfice de la liquidation judiciaire : c'est la conséquence du droit qui lui est reconnu de faire le commerce en France.

Mais faut-il du moins se référer à sa loi personnelle pour savoir si la faillite (ou la liquidation judiciaire) peut ou doit être déclarée et quelles sont les règles auxquelles elle doit obéir? Ces questions dépendent de la solution que l'on adopte pour trancher les conflits de lois en matière de faillite.

α) Quelques auteurs soutiennent que la faillite est une institution qui relève du *statut personnel*. Ils prétendent qu'elle modifie l'état et la capacité du débiteur et que le dessaisissement dont celui-ci est frappé par le jugement déclaratif présente une véritable analogie avec la situation résultant, pour l'absent, le mineur ou l'interdit, de l'éloignement, de l'âge ou de l'infirmité intellectuelle. Ils soutiennent, en conséquence, que les conditions de fond et les effets de la faillite doivent être déterminés par la loi nationale du débiteur.

Mais on critique très généralement cette opinion, en faisant remarquer que la faillite frappe seulement d'indisponibilité les biens du failli au regard de la masse et qu'en France elle n'exerce aucune influence sur la capacité civile du failli.

β) Est-ce à dire que la faillite dépende du statut réel?

On l'a soutenu, en faisant remarquer que la faillite n'est qu'une mesure de liquidation collective du patrimoine du débiteur, un mode d'exécution des biens de l'insolvable.

Cette opinion ne paraît pas exacte : seules les lois qui ont pour objet l'organisation de la propriété, les droits et les modes d'aliénation dont les biens sont susceptibles rentrent dans le statut réel : or, les lois sur la faillite ont pour but immédiat la protection des créanciers.

γ) Aussi, s'inspirant de cette idée que la faillite est commandée par les exigences du crédit et la nécessité de réprimer, dans l'intérêt du commerce en général, les fraudes du débiteur, certains auteurs décident-ils que les lois qui régissent la faillite sont des lois d'ordre public, ou même des lois de police et de sûreté, qui s'imposent aux étrangers.

Ce point de vue est, en partie du moins, celui de notre jurisprudence.

Ces idées générales étant connues, nous allons examiner les principaux conflits de lois qui s'élèvent à propos de la faillite d'un étranger en France.

1° *Conditions et formes de la déclaration de faillite.* — Il est unanimement admis que, en ce qui concerne la manière dont la faillite peut être déclarée, les règles à suivre pour la provoquer et la rendre publique, c'est la loi française, la *lex fori*, qu'il faut suivre.

Quant aux conditions requises pour que le débiteur puisse être mis en faillite, les auteurs qui soutiennent que la faillite dépend du statut personnel décident naturellement qu'il faut se référer à la loi nationale du débiteur. — Nos tribunaux, au contraire, se conforment uniquement à la loi française : la faillite ne pourra donc être prononcée contre un non-commerçant dont la loi nationale n'autorise pas cette mesure contre lui ; d'autre part, c'est la loi française qu'il faudra consulter pour savoir si le débiteur a la qualité de commerçant.

2° *Effets du jugement déclaratif.* — A l'exception

des quelques auteurs qui veulent faire régir la faillite par la loi nationale du débiteur, tous admettent que c'est, en principe, la *lex fori* qui doit régler les effets de la faillite. Le juge, en prononçant la faillite, y attache les conséquences prévues par sa propre loi.

Les conséquences du jugement déclaratif de la faillite d'un étranger en France sont donc celles établies par la loi française.

Il est même admis très généralement que c'est aussi la loi française, et non pas la loi nationale du failli, qui déterminera les effets de la faillite dans le passé, c'est-à-diré l'étendue et les conséquences de la nullité des actes accomplis par le failli avant le jugement déclaratif. Ces nullités, en effet, ne résultent pas d'une incapacité du failli; elles procèdent d'une sorte de rétroactivité attribuée au jugement déclaratif dans l'intérêt des créanciers.

3° *Procédure de la faillite.* — C'est évidemment la loi locale, c'est-à-dire, dans notre hypothèse, la loi française, qui doit être suivie.

4° *Solutions de la faillite et répartition de l'actif.* — Ce sont les solutions consacrées par la loi française qui seules pourront être admises.

La répartition de l'actif se fera également d'après les règles de notre Code de commerce.

CHAPITRE II

Unité de la faillite et pluralité de faillites.

———

Le problème de l'unité de la faillite et de la pluralité
des faillites suppose que le débiteur, français ou étranger, a des établissements ou des biens en plusieurs pays,
notamment en France.

Nous allons voir d'abord quelles solutions comporte
ce problème et ensuite celle que lui donne la jurisprudence française.

SECTION 1. — **Point de vue théorique.**

I. Système de l'unité de la faillite. — Dans ce système, très accrédité parmi les auteurs, une seule faillite
peut être déclarée ; ses effets sont universels et se produisent dans tous les pays où le débiteur a des biens
et dans tous ceux où il a fait le commerce.

C'est le tribunal du domicile ou du principal établissement qui est seul compétent pour déclarer la faillite ;
c'est devant lui qu'elle suivra son cours et qu'elle recevra sa solution.

Enfin, c'est la loi qui gouverne la faillite dans le pays
où elle est déclarée, loi qui doit être, suivant les uns, la
loi nationale du failli, et, suivant l'opinion générale, la
loi même de ce pays, qui régira la faillite en tous lieux.

Ainsi, dans le système de l'unité, la faillite déclarée

par les juges du pays où le débiteur est domicilié produira ses effets en France, sans qu'une nouvelle faillite puisse s'ouvrir chez nous : il ne sera même pas nécessaire, si l'on reconnaît l'autorité de la chose jugée aux décisions étrangères, que le jugement déclaratif ait été revêtu de l'*exequatur* en France, à moins qu'il ne s'agisse de procéder à des actes d'exécution sur notre territoire.

Sa justification. — Cette doctrine de l'unité et de l'universalité de la faillite présente, au point de vue pratique, d'immenses avantages. Elle évite la multiplicité des frais, simplifie la procédure en centralisant toutes les opérations, empêche la contrariété qui peut résulter des décisions différentes prises soit par les tribunaux, soit par les assemblées de créanciers des différents pays.

Au point de vue rationnel, on invoque, pour justifier ce système, deux arguments sensiblement différents :

a) Les uns se fondent sur l'unité du patrimoine et sur la nature même de la faillite.

La faillite est une institution organisée pour répartir entre les créanciers du débiteur insolvable son patrimoine, qui forme un tout indivisible ; les différents biens qui composent ce patrimoine doivent donc être réunis en un seul bloc et attribués aux divers créanciers groupés en une seule masse. C'est un principe fondamental que le débiteur s'oblige sur tous ses biens (art. 2092 et 2093 C. civ.) : les créanciers qui lui ont fait crédit ont entendu avoir pour gage, sans distinction, tout son patrimoine.

b) D'autres rattachent l'unité de la faillite au statut personnel, la faillite constituant, d'après eux, une véritable incapacité. Cette incapacité, déclarée par la juridiction à laquelle la loi personnelle du débiteur attribue compétence à cet égard, c'est-à-dire, en général, par le tribunal de son domicile, doit naturellement produire ses effets en tous lieux, comme le fait la minorité ou l'interdiction.

Il n'est pas indifférent d'opter entre ces deux explications.

Nous avons vu, en effet, à propos de la faillite d'un étranger en France, que les auteurs qui estiment que la faillite relève du statut personnel sont portés à admettre que les conditions et les effets de la faillite sont déterminés par la loi nationale du débiteur : c'est donc cette loi qui serait la loi unique gouvernant la faillite en tous pays.

Au contraire, ceux qui se décident en faveur de l'unité de faillite par suite du principe de l'unité du patrimoine admettent plus volontiers que c'est la loi du pays où la faillite a été déclarée, c'est-à-dire la loi du domicile du débiteur, qui devra être suivie aussi bien dans ce pays que dans tous ceux où la faillite étend son empire. C'est l'opinion communément suivie (1).

D'ailleurs, dans le système de l'unité de la faillite, on s'accorde pour admettre que la loi qui régira la faillite ne s'appliquera dans les pays étrangers que sous les réserves imposées par l'ordre public.

II. Système de la pluralité des faillites. — Dans ce système, la faillite déclarée dans un pays ne peut produire aucun effet hors du territoire de cet Etat. La faillite d'un même débiteur peut donc être prononcée dans chacun des pays intéressés, chaque faillite étant purement territoriale et régie exclusivement par la loi locale.

Sa justification. — Au point de vue théorique, on invoque, en faveur de la multiplicité des faillites, soit l'idée que la faillite est une institution d'ordre public et que les lois qui, dans chaque Etat, l'organisent et en règlent les effets sont des lois de police et de sûreté ; —

____

(1) La jurisprudence belge, qui admet l'unité et l'universalité de la faillite, en vertu des principes du statut personnel, considère cependant que la faillite doit être régie par la loi du pays où elle a été déclarée, c'est-à-dire par la loi du domicile et non par la loi nationale du failli.

soit l'idée que la faillite dépend du statut réel et que le jugement déclaratif, au lieu d'être, comme les jugements en général, la constatation judiciaire d'un droit, est un jugement d'exécution, qui ordonne la saisie des biens et qui, à ce titre, ne peut produire qu'un effet stricte- ment territorial.

Les partisans de ce système font remarquer que les avantages de l'unité de la faillite sont plus apparents que réels. — Cette unité sera fréquemment détruite par suite des différences trop profondes qui existent entre les législations : la loi étrangère, qui régira la faillite dans le pays où elle a été déclarée, devra souvent être écartée, ainsi que nous l'avons déjà remarqué, dans le pays de la situation des biens parce qu'elle viendra s'y heurter à des dispositions d'ordre public ou à des règles qui, de l'avis de tous, sont de statut réel. — D'ailleurs, le système de l'unité se complique des difficultés relatives à l'*exequatur* toutes les fois qu'il est nécessaire de procéder à des actes d'exécution en pays étrangers; et, dans les pays où les tribunaux se reconnaissent, comme les nôtres, le droit de reviser les décisions étrangères, l'unité et l'universalité de la faillite seront facilement compromises.

En faveur de la multiplicité des faillites, on ajoute enfin que, si des créanciers sont obligés de produire à une faillite ouverte en pays étranger, ils risqueront de laisser péricliter leurs droits, car ils ignoreront souvent la déclaration de faillite qui n'est, en général, soumise qu'à des formalités de publicité toutes locales.

SECTION II. — Jurisprudence française

Nos tribunaux ont adopté un système intermédiaire.

Suivant les circonstances et suivant l'intérêt des créan- ciers : — ou bien, acceptant l'unité de la faillite, ils font produire effet en France à la faillite déclarée en pays

étranger, sauf à exiger, sous certaines distinctions, que
le jugement déclaratif ou les jugements rendus au
cours de la faillite à l'étranger obtiennent l'*exequatur*
en France; — ou bien, consacrant la multiplicité des
faillites, ils se reconnaissent le droit de prononcer en
France la faillite du débiteur, alors même qu'il a déjà
été déclaré en faillite à l'étranger et sous la seule condition que le jugement déclaratif étranger n'ait pas été
déjà revêtu de l'*exequatur*.

I. **Faillites multiples**. — Notre jurisprudence est
favorable à la pluralité des faillites à un double point
de vue :

1° Nos tribunaux permettent aux créanciers de provoquer en France la faillite d'un étranger ou d'un Français,
qu'il soit ou non domicilié en France, pourvu, d'une
part, qu'il ait des biens en France et que, d'autre part, il
y ait sa résidence ou un établissement ou une succursale, ou qu'il y ait fait des opérations commerciales.
Ils invoquent à l'appui de leurs décisions les règles
générales de compétence posées par les art. 14 et 15
du Code civil (1).

La faillite ouverte en France dans ces circonstances
sera tenue pour non avenue à l'étranger, même dans
les pays assez rares où l'unité de la faillite est admise,
parce que les tribunaux de ces pays refuseront d'admettre l'exterritorialité d'une faillite déclarée par des juges
incompétents à leurs yeux. Une pluralité de faillites en
résultera.

2° Nos tribunaux vont plus loin encore : ils pronon-

(1) Les créanciers étrangers ont, d'ailleurs, le droit de demander en
France la mise en faillite de leur débiteur au même titre que des
créanciers français, même si leur débiteur est étranger, l'incompétence
des tribunaux français pour les contestations entre étrangers ne re-
cevant pas son application en matière commerciale. Toutefois, les
créanciers étrangers, ne pouvant invoquer le bénéfice de l'art. 14, ne
seront admis à provoquer la déclaration de faillite d'un étranger
qu'autant que celui-ci sera domicilié en France; d'autre part, si leur
débiteur est Français, ils devront fournir la caution *judicatum solvi*
(art. 16 C. civ., mod. par L. 5 mars 1895).

cent la faillite, dans les circonstances que nous venons de relater, alors même que le débiteur a déjà été déclaré en faillite dans le pays où il a son domicile ou son principal établissement. Une seconde faillite s'ouvrira donc chez nous, dans les cas du moins où le jugement déclaratif étranger n'aura pas, au préalable, obtenu l'*exequatur* en France.

— Les difficultés soulevées par la pluralité des faillites sont graves et nombreuses; nous ne pouvons guère en indiquer que quelques-unes.

Il semble admis que chaque faillite doit se développer isolément, comme si elle était la seule, chacune d'elles étant régie par la loi du pays où elle a été déclarée. Chaque faillite aura ses syndics, une procédure préparatoire distincte, recevra une solution propre, l'une se terminant par l'union, l'autre par un concordat qui ne produira d'effets que sur les biens situés dans le pays où il est voté.

En ce qui concerne la *répartition de l'actif* entre les créanciers, il a été soutenu et jugé que chaque faillite a ses créanciers distincts, formant des masses complètement isolées l'une de l'autre, composées chacune des seuls créanciers ayant traité dans chacun des pays où la faillite est ouverte.

Mais on décide, au contraire, en général, que tous les créanciers ont le droit de produire dans les différentes faillites du débiteur. Toutefois, si des créanciers français étaient, à raison de leur nationalité, privés du droit de produire à la faillite étrangère, les créanciers étrangers qui peuvent, en principe, produire à la faillite française devraient, en ce cas, rapporter ce qu'ils ont touché dans la faillite étrangère, ou du moins les créanciers français pourraient prélever, dans la faillite française, les sommes qui leur ont été refusées à l'étranger (1).

(1) Des difficultés particulièrement délicates surgissent, lorsque le débiteur, déclaré en faillite successivement dans deux pays, ou mis en faillite dans l'un et admis à la liquidation judiciaire dans

**II. Faillite unique. — Effet extraterritorial de la
faillite étrangère.** — Nos tribunaux, avons-nous dit,
prononcent parfois la faillite d'un débiteur, qui est déjà
en faillite à l'étranger. Mais ils consentent aussi à reconnaître effet en France à la faillite étrangère et consacrent souvent le principe de l'unité de la faillite, en
donnant l'*exequatur* au jugement déclaratif de faillite
rendu à l'étranger.

*Effet extraterritorial du jugement déclaratif et de ses
conséquences.* — La jurisprudence, déniant aux décisions étrangères l'autorité de la chose jugée, n'accorde
l'*exequatur* au jugement étranger qu'en le revisant au
fond.

Elle devrait même exiger une déclaration préalable
d'*exequatur* pour faire produire en France un effet
quelconque à la faillite déclarée en pays étranger.
Sur ce dernier point, toutefois, nos tribunaux ne font
pas preuve d'une rigoureuse logique ; car ils reconnaissent aux syndics étrangers, avant que le jugement déclaratif qui les a nommés ait été rendu exécutoire en
France, le droit de faire chez nous des actes conservatoires, d'y recouvrer des créances et d'y plaider au nom
de la masse ou du failli (1).

Tous les autres effets de la faillite ne se produiront
en France, d'après la jurisprudence, même s'ils n'impliquent pas des actes d'exécution, qu'après que l'*exequa-*

l'autre, a des biens dans un pays tiers, par exemple, en France, où
aucun jugement déclaratif n'a été rendu. Il y a lieu de décider que
les biens qui y sont situés seront compris dans la faillite ou la liquidation judiciaire prononcée par le jugement qui aura obtenu l'*exequatur* en France ou par celui qui aura été revêtu le premier de cet
exequatur si, par suite de l'ignorance du juge, deux jugements déclaratifs ont été rendus exécutoires en France.

(1) Des arrêts tentent vainement de justifier ces tempéraments en
prétendant que le jugement déclaratif est un acte de juridiction gracieuse, qui constate simplement la cessation des paiements et confère
aux syndics le mandat de représenter le failli dans toutes les actions
actives ou passives qui peuvent l'intéresser. Il est inexact que le jugement déclaratif soit un acte de juridiction gracieuse ; d'autre part, le
syndic n'est investi des actions du failli qu'à raison du dessaisissement
qui atteint celui-ci.

tur aura été accordé : il en sera ainsi du dessaisissement en général, de la cessation des poursuites individuelles, de l'exigibilité des dettes à terme et de la suspension du cours des intérêts. — Des textes formels décident d'ailleurs que les incapacités électorales, conséquences de la faillite, ne frapperont les individus déclarés en faillite par un tribunal étranger qu'autant que le jugement déclaratif aura été rendu exécutoire en France (art. 15-17° D. 2 févr. 1852 et art. 9 L. 3 déc. 1884; art. 2-8° L. 3 déc. 1883).

L'*exequatur* du jugement déclaratif sera demandé soit par voie d'assignation, soit par voie de requête présentée par les syndics : une fois accordé, il fera produire en France à la faillite étrangère les effets qui en découlent et autorisera tous les actes d'exécution qui s'y rattachent.

C'est d'ailleurs la même loi qui régit la faillite à l'étranger, qui en déterminera les conséquences en France (1).

Toutefois, les effets attribués au jugement déclaratif par la loi étrangère ne pourront être reçus en France, lorsqu'ils se heurteront à des principes d'ordre public absolu ou qu'ils concerneront des matières de statut réel. Ainsi, malgré les dispositions de la loi anglaise, le jugement déclaratif rendu en Angleterre n'emportera pas chez nous transmission des biens du failli au profit du syndic représentant la masse des créanciers, parce que les modes de transfert de la propriété dépendent du statut réel.

Effet extraterritorial des solutions de la faillite. — Les différentes solutions que peut recevoir à l'étranger la faillite qui y est ouverte produisent-elles leur effet en France et, en admettant l'affirmative, est-il nécessaire, si ces solutions résultent d'un jugement étranger, que ce jugement ait obtenu en France l'*exequatur*?

----

(1) Cette loi sera ordinairement la loi interne du pays où la faillite a été déclarée, alors même que le failli ne serait pas un national de ce pays.

L'*union*, si elle résulte à l'étranger, comme chez nous, du simple rejet du concordat, sans jugement, existe en France et autorise les syndics à y procéder à la réalisation de l'actif du failli, par cela seul que le jugement déclaratif y a été rendu exécutoire.

En ce qui concerne le *concordat* obtenu en pays étranger, les auteurs et la jurisprudence faisaient autrefois une distinction : ce concordat était considéré comme opposable de plein droit sur les biens situés en France, aux créanciers qui l'avaient voté; mais à l'égard des créanciers n'y ayant pas adhéré, il ne produisait ses effets en France qu'autant que le jugement d'homologation était revêtu de l'*exequatur*. — Cette distinction a été formellement répudiée par la Cour de cassation (arrêt, 20 juill. 1903) : la situation de tous les créanciers est la même; vis-à-vis de tous, il faut que le jugement d'homologation ait obtenu l'*exequatur*, soit qu'ils veuillent procéder à des actes d'exécution pour obtenir les dividendes promis, soit que le failli invoque le concordat, sous forme d'exception, à l'effet de bénéficier des remises ou des délais qui lui ont été concédés.

On a parfois soutenu que l'*ordre de décharge*, par lequel les tribunaux anglais déclarent le failli libéré de ses dettes, ou les *sursis de paiement*, que dans certaines législations, les tribunaux peuvent accorder au débiteur pour lui permettre de se libérer et d'éviter la faillite, sont des institutions exorbitantes, constituant la violation des droits des créanciers, et non susceptibles de produire des effets en France. Mais l'opinion contraire est très généralement suivie : l'ordre de décharge et les sursis de paiement produiront en France toutes leurs conséquences, pourvu, d'après la jurisprudence, que les jugements d'où ils résultent y aient été déclarés exécutoires.

Les conséquences que produiront en France les diverses solutions de la faillite étrangère seront celles qui y sont attachées dans le pays où la faillite s'est ouverte.

Toutefois, la liquidation et la répartition de l'actif situé en France seront régies par la loi française aux points de vue suivants :

1° La vente des biens du failli situés en France sera faite en la forme prescrite par la loi française, les conditions auxquelles le syndic ou le curateur doit satisfaire pour y procéder étant seules déterminées par la loi générale de la faillite.

2° La détermination des droits de préférence qui pourront être invoqués en France par certains créanciers, des biens qui en seront l'objet, de l'ordre dans lequel ils seront exercés et des conditions de publicité auxquelles ils seront soumis relèvera exclusivement de la loi française : c'est, en effet, une matière régie par le statut réel.

C'est ainsi, d'après l'opinion commune, qu'à l'occasion d'une faillite déclarée à l'étranger il faut appliquer, relativement aux biens situés en France, les dispositions de notre Code de commerce qui restreignent les droits de la femme du failli (art. 557-560, 563-564) ou le privilège du bailleur d'immeubles (art. 550, modif. par L. 12 févr. 1872), ou qui suppriment le privilège du vendeur d'effets mobiliers (art. 550, *in fine*), etc.

Réhabilitation. — Seul le tribunal étranger qui a déclaré la faillite est compétent pour statuer sur la réhabilitation. Cette réhabilitation fera-t-elle disparaître les incapacités électorales dont le failli avait été frappé en France par suite de l'*exequatur* accordé au jugement déclaratif?

Les auteurs qui décident que les jugements étrangers, lorsqu'ils ne donnent lieu à aucune mesure d'exécution, ont en France l'autorité de la chose jugée, admettent que le jugement de réhabilitation doit produire tous ses effets, sans qu'il ait besoin d'être revêtu de l'*exequatur*. Notre jurisprudence, étant donné son système sur l'effet des jugements étrangers en France, se prononcerait en sens contraire.

SECTION III. — **Traités.**

Les deux importants traités franco-suisse du 15 juin 1869 et franco-belge du 8 juillet 1899, que nous avons souvent rencontrés au cours de cet ouvrage, règlent les difficultés soulevées par la faillite dans les rapports entre la France et la Suisse ou la Belgique, le premier dans ses art. 6 à 9, le second dans son art. 8.

1. Convention franco-suisse du 15 juin 1869. — *Déclaration de faillite.* — La faillite d'un Français ayant un établissement de commerce en Suisse pourra être prononcée par le tribunal de sa résidence en Suisse, et réciproquement celle d'un Suisse ayant un établissement de commerce en France pourra être prononcée par le tribunal de sa résidence en France (art. 6, al. 1).

Bien que ce texte ne soit pas explicite, on admet qu'il a entendu consacrer le principe de l'unité de la faillite et donner compétence exclusive au tribunal du domicile du débiteur : le mot résidence a été maladroitement pris comme synonyme de domicile.

On décide qu'il faut même étendre le principe de l'unité de faillite, qui n'est posé formellement que pour la faillite des Français établis en Suisse et des Suisses établis en France, au cas où le Suisse ou le Français est établi dans son pays d'origine, mais possède des biens dans l'autre pays contractant.

Exterritorialité du jugement déclaratif et de ses effets. — L'art. 6, al. 2 et 3, dispose : « La production du jugement de faillite dans l'autre pays donnera au syndic ou représentant de la masse, après toutefois que le jugement aura été déclaré exécutoire conformément aux règles établies en l'article 16 ci-après, le droit de réclamer l'application de la faillite aux biens meubles et immeubles que le failli possédera dans ce pays. En ce cas, le syndic pourra poursuivre contre les débiteurs le remboursement des créances dues au failli; il poursuivra également, en se conformant aux lois du pays de leur situation, la vente des biens meubles et immeubles appartenant au failli.»

En prenant ce texte à la lettre, il faudrait admettre qu'avant la délivrance de l'*exequatur* le jugement déclaratif rendu en Suisse ne produira aucun effet en France (1). Cette interprétation aurait le tort de conférer en France aux syndics d'une faillite suisse des pouvoirs moindres que ceux qui appartiennent, d'après notre jurisprudence, aux syndics d'une faillite ouverte dans un pays avec lequel nous n'avons pas de traité (Cf. *suprà*, p. 322). — Il vaut mieux décider que les syndics d'une faillite prononcée en Suisse ou en France pourront exercer, dans l'autre pays, les pouvoirs qu'ils tiennent du droit commun, sans se prévaloir du traité.

Après que le jugement déclaratif rendu dans l'un des deux pays aura été déclaré exécutoire dans l'autre, c'est la loi de l'ouverture de la faillite qui en déterminera les conséquences.

Cependant les actions qui naissent de la faillite ne sont pas concentrées devant le tribunal de l'ouverture de la faillite, ainsi que l'ordonne, en droit interne, l'art. 59 al. 7 C. proc. civ. Ces actions sont portées devant le tribunal du domicile du défendeur, si elles sont personnelles ou réelles mobilières, et devant le tribunal de la situation de l'immeuble, si elles sont immobilières (art. 7).

En ce qui concerne les solutions de la faillite, l'art. 8 décide que le concordat n'est obligatoire, dans le pays autre que celui où la faillite a été déclarée, que si le jugement d'homologation y est rendu exécutoire. — L'*exequatur* est nécessaire lorsque les créanciers se prévalent du concordat pour recourir à des voies d'exécu-

(1) Les conditions et les formes de l'*exequatur* sont indiquées dans les articles 16 à 18 de la convention, que nous avons mentionnés à propos de l'effet en France des jugements étrangers (Voir *suprà*, p. 28!).

tion contre le failli et même lorsque le failli invoque le concordat à l'encontre des créanciers auxquels il se refuse de payer la fraction des dettes dont remise lui a été faite.

La vente des biens du failli ne peut être effectuée par les syndics que dans les formes de la *lex rei sitæ* (art. 6, al. 3).

Quant à la distribution du prix des biens du failli entre les créanciers, on doit distinguer entre les immeubles et les meubles (art. 6, al. 4 et 5).

Le prix des immeubles est réparti d'après la *lex rei sitæ*, qui a seule qualité pour déterminer les droits des créanciers privilégiés et hypothécaires.

« Le prix des biens meubles et les sommes recouvrées par le syndic dans le pays d'origine du failli seront joints à l'actif de la masse chirographaire du lieu de la faillite et partagés avec cet actif, sans distinction de nationalité, entre tous les créanciers, conformément à la loi du pays de la faillite ». — Il ne faut pas entendre cette disposition en ce sens que les privilèges mobiliers seront régis par la loi du pays de la faillite, mais seulement en ce sens qu'une seule contribution s'ouvrira, toujours au siège du tribunal qui a déclaré la faillite, tandis que, pour les immeubles, il y a des ordres distincts qui s'ouvrent au lieu de leur situation : les droits de préférence sur les meubles ou sur les immeubles dépendent tous de la *lex rei sitæ*.

II. — Traité franco-belge du 8 juillet 1899. — Ce traité, mieux rédigé que le précédent, ne paraît pas susceptible de soulever les mêmes difficultés d'interprétation. Les solutions qu'il consacre sont d'ailleurs plus libérales.

Il pose d'abord très nettement le principe de l'*unité de la faillite :* « Le tribunal du lieu du domicile d'un commerçant français ou belge dans l'un ou l'autre des deux pays est seul compétent pour déclarer la faillite de ce commerçant. Pour les sociétés commerciales françaises ou belges ayant leur siège social dans l'un des deux pays, le tribunal compétent est celui de ce siège social » (art. 8, § 1ᵉʳ) (1). — Toutefois, l'unité et l'universalité ne sont adoptées qu'en ce qui concerne les Belges et les Français domiciliés en Belgique ou en France : ceux qui sont domiciliés dans un pays tiers peuvent être déclarés en faillite dans l'un des deux pays, s'ils y possèdent un établissement commercial (art. 8 § 1ᵉʳ al. 2).

Les effets de la faillite déclarée dans l'un des deux pays s'étendent *de plano* à l'autre pays, sans qu'il soit besoin d'*exequatur,* celui-ci n'étant nécessaire au syndic ou curateur que pour procéder à des actes d'exécution.

Il en est de même du concordat : le jugement d'homologation du concordat rendu par les tribunaux d'un des deux pays peut être invoqué dans l'autre, sauf la nécessité de l'*exequatur* pour les actes d'exécution (art. 8 § 2).

De même, enfin, les effets des sursis, concordats préventifs ou liquidations judiciaires, organisés par le tribunal du domicile du débiteur dans l'un des deux Etats, s'étendent au territoire de l'autre État, toujours sous réserve de l'*exequatur* pour les actes d'exécution (art. 8 § 4).

---

(1) D'ailleurs, lorsque la faillite déclarée dans l'un des deux pays comprend une succursale ou un établissement dans l'autre, les formalités de publicité exigées par la législation de ce dernier pays doivent être remplies (art. 8 § 3).

TABLE MÉTHODIQUE

TABLEAUX SYNOPTIQUES

SERVANT DE

MEMENTO [1]

(1) Les astérisques indiquent les matières les plus importantes pour l'examen.

La nationalité est le lien qui unit chaque individu à un Etat déterminé.

NATIONALITÉ D'ORIGINE

Ancien droit. { Influence prépondérante du lieu de naissance (*jus soli*). L'influence du lien de filiation (*jus sanguinis*) apparaît à la fin.

Code civil et lois postérieures. { Le Code consacre la doctrine du *jus sanguinis* et en outre faci-lite aux étrangers nés en France l'acquisition de la nationalité française. Des lois postérieures élargissent progressivement l'importance du *jus soli* (LL. 7 février 1851, 16 décembre 1874).

Législation actuelle. { Loi fondamentale sur la nationalité du 26 juin 1889, modifiée par celle du 23 juillet 1893, fait une part très large au *jus soli*.

A. Influence du jus sanguinis (art. 8-1°).

Enfant légitime. { Si les deux parents sont Français, l'enfant est Français. Si un seul parent est Français, l'enfant suit la condition du père. *Quid* si la nationalité du père a changé entre la conception et la naissance? V. page 7, note 1.

Enfant naturel. { Il faut qu'il soit reconnu pendant *sa minorité*. La reconnaissance par deux auteurs de nationalité différente, résultant du même acte, lui donne la nationalité du père; — résultant de deux actes séparés, la nationalité du premier qui a reconnu.

***B. Influence du jus soli.

I. *Individus nés en France d'un étranger qui lui-même y est né* (art. 8-3°).

Ils sont Français, — sauf faculté de décliner cette qualité dans l'année de leur majorité, aux conditions de l'art. 8-4°, lorsque c'est la *mère* qui est née en France, ou, pour un enfant naturel, lorsque le parent né en France n'est pas celui dont il devrait suivre la nationalité (L. 1893).

II. *Individus nés en France d'un étranger qui lui-même n'y est pas né et domiciliés en France lors de leur majorité* (art. 8-4°).

Ils sont Français, sauf faculté de décliner cette qualité dans l'année de la majo-rité par une déclaration formelle, en prouvant qu'ils ont conservé la nationa-lité de leurs parents et répondu dans leur pays à l'appel sous les drapeaux.
Pendant leur *minorité*, sont-ils Français ou étrangers? Controv., p. 13.
Intérêts pratiques : Quelle loi régit leur capacité? Peuvent-ils être expulsés?

III. *Individus nés en France d'un étranger qui lui-même n'y est pas né et non domiciliés en France lors de leur majorité* (art. 9).

Ils ne sont pas Français, mais peuvent le devenir aux conditions suivantes :
1° Faire, de 21 à 22 ans, leur soumission de fixer leur domicile en France;
2° Etablir effectivement leur domicile dans l'année de l'acte de soumission;
Peuvent-ils établir leur domicile s'ils sont expulsés? Controv., p. 18-19.
3° Réclamer la qualité de Français par une déclaration qui doit, à peine de nullité, être enregistrée au ministère de la Justice. — La déclaration peut être faite par les représentants légaux du réclamant mineur.
L'enregistrement de la déclaration peut être refusé (L. 1893) :
a) Pour inobservation des conditions requises par la loi;
b) Pour *indignité* du réclamant. — En ce cas, le refus doit être formulé dans les trois mois, par décret sur avis conforme du Conseil d'Etat.
Cette acquisition de la qualité de Français n'est pas une véritable naturali-sation, qui doit être conférée par décret; — elle a lieu lorsqu'elle est récla-mée, sauf refus par décret.

IV. *Individus nés en France de parents inconnus ou dont la nationalité est inconnue* (art. 8-2°).

Ils sont Français.

C. Législation comparée — Conflits de lois — Traités.

Législations étrangères. {
1° Législations qui, comme la nôtre, déterminent la nationa-lité, en principe, par le lien de filiation, quelquefois par le *jus soli* et facilitent en tout cas l'acquisition de la natio-nalité à ceux qui sont nés sur leur sol. — Belgique, Hol-lande, Luxembourg, Danemark, Suède, Russie, Italie, Espa-gne, Grèce.
2° Législations ne tenant compte que du *jus sanguinis*. — Allemagne, Autriche-Hongrie, Norvège, Suède, Roumanie.
3° Législations ne tenant compte que du *jus soli*. — Etats de l'Amérique du Sud.
4° Législations attribuant la nationalité à la fois aux fils de nationaux et aux individus nés sur le territoire. — Angle-terre, Etats-Unis, Portugal.

Conflits de lois. { Conflits de lois très graves naissant de la diversité des légis-lations. Le juge d'un des deux pays dont les lois sont en conflit appli-que toujours sa loi, car la nationalité est de droit public.

Deux *traités* conclus par la France règlent les conflits relatifs à la nationalité d'origine.

1° Convention franco-espagnole du 7 janvier 1862.
Les Espagnols nés et domiciliés en France sont inscrits à 20 ans dans le contingent militaire à moins qu'ils ne produisent un certificat établissant qu'ils ont tiré au sort en Espagne. — Règle inverse pour les Français en Espagne.

'2° Convention franco-belge du 30 juillet 1891.
L'individu né en Belgique de parents français était Français sans droit d'option d'après la loi française, mais la loi belge lui permettait de devenir Belge; inversement, le Belge né en France pouvait, d'après la loi française seule-ment, devenir Français. — Il avait deux nationalités (affaire Carlier).
La Convention recule jusqu'à 22 ans, c'est-à-dire après l'option qu'il peut faire, son inscription sur les listes de recrutement; si, dans l'année de sa majorité, il opte pour le pays auquel il appartient *jure soli*, il n'est pas soumis au service dans le pays auquel il appartient *jure sanguinis*.

NATURALISATION

I. Naturalisation d'un étranger en France.

La naturalisation est l'acquisition, par un étranger, sur sa demande, d'une nationalité nouvelle, en vertu d'un acte volontaire et gracieux du Gouver-nement qui l'accorde. — **Différences avec le bienfait de la loi de l'art. 8-4° et même des art. 9 et 10.

Historique.

Ancien droit. { Naturalisation conférée par des lettres de naturalité du roi, libre de refuser.

Droit intermédiaire. { L'étranger qui se soumet à certaines conditions devient Fran-çais, même malgré lui.

Empire. { Naturalisation accordée par décret du Gouvernement, qui peut toujours refuser.

Restauration. { La naturalisation ordinaire ne confère plus l'éligibilité aux Chambres; la grande naturalisation accordée par une loi la confère.

L. 29 juin 1867 : La naturalisation accordée par décret confère tous les droits.
Droit actuel : L. 26 juin 1889 sur la nationalité.

Naturalisation d'un étranger en France (suite).

Conditions (art. 8-5°).

1° *Stage* — a) Étranger admis à domicile : 3 ans ; par exception : 1 an en cas de services rendus à la France ou de mariage avec une Française.

b) Étranger non admis à domicile : 10 ans de résidence en France ou de séjour à l'étranger pour fonction conférée par la France.

2° *Demande* au ministère de la Justice : elle ne peut être faite qu'à 21 ans et doit l'être dans les 5 ans de l'admission à domicile.

3° *Décret* du chef de l'Etat, après enquête.

Effets

pour le naturalisé. — Il acquiert tous les droits civils et politiques, sauf : a) L'éligibilité aux Chambres, qu'il n'a que 10 ans après sa naturalisation, et même, en vertu d'une loi, au bout d'un an (art. 8 L. 1889) ; b) Le droit d'être évêque (art. 16 Art. Organiques).

pour sa famille (art. 12, al. 2 et 3).

1° Enfants mineurs. — Deviennent Français, sauf à décliner dans l'année de leur majorité, conformément à l'art. 8, § 4.

2° Enfants majeurs. — Peuvent se faire comprendre sans stage dans le décret de naturalisation du père. A défaut, ils peuvent devenir Français par déclaration faite dans les termes de l'art. 9 ; est-ce à dire dans l'année de leur majorité? Controv. Non, mais dans l'année qui suit la naturalisation de leur père.

3° Femme. — Même situation que les enfants majeurs.

II. Naturalisation d'un Français à l'étranger.

Conditions.

1° Acquisition d'une véritable nationalité étrangère (denization anglaise et droit de bourgeoisie insuffisants) ;

2° Naturalisation demandée et non imposée ;

3° Capacité. — Le mineur et l'interdit ne peuvent se faire naturaliser ; — la femme non séparée de corps doit être autorisée du mari ou de justice ;

4° Autorisation du Gouvernement français, lorsque le Français qui se fait naturaliser à l'étranger est encore soumis aux obligations militaires dans l'armée active ou sa réserve. — Cette autorisation est-elle requise de celui qui acquiert la nationalité étrangère par l'effet de la loi? Non, p. 39, note.

Effets.

Le Français perd la nationalité française.

Effet individuel ; la dénationalisation ne s'applique ni à la femme ni aux enfants. — Mais l'ex-Français peut recouvrer facilement la qualité de Français (art. 18) et les enfants nés après sa naturalisation peuvent à tout âge devenir Français en se conformant à l'art. 9 (art. 10).

Naturalisation frauduleuse. — Le Français qui s'est fait naturaliser à l'étranger dans le seul but de se soustraire à la loi française ne peut, d'après la jurisprudence, invoquer sa naturalisation à l'encontre des intérêts français qu'il a voulu léser.

Législations étrangères relatives à la naturalisation.

1° *Au point de vue du pays qui confère la naturalisation.*

Conditions.

1° Naturalisation considérée comme une faveur accordée par le Gouvernement ou par une loi (la plupart des pays) ;

2° Naturalisation considérée comme un droit pour celui qui remplit les conditions légales (Etats-Unis) ;

3° Naturalisation imposée à ceux qui se trouvent dans certaines conditions (certains Etats d'Amérique du Sud).

Effets.

1° Naturalisation individuelle pour le naturalisé seul (Portugal, Roumanie, Russie).

2° Naturalisation collective : les enfants mineurs du naturalisé acquièrent la nouvelle nationalité de leur père (Allemagne, Autriche-Hongrie, Suisse, Italie, Grande-Bretagne, Etats-Unis).

3° Naturalisation individuelle avec facilités pour les enfants d'acquérir la nationalité de leur père (Belgique, Grèce, Brésil).

2° *Au point de vue du pays d'origine du naturalisé.*

Conditions.

1° Pays donnant toute liberté à leurs nationaux pour acquérir une nouvelle nationalité (Belgique, Italie, Angleterre, Autriche-Hongrie).

2° Pays apportant, comme la France, certaines restrictions à la dénationalisation (Allemagne, Suisse).

3° Pays d'allégeance perpétuelle (Russie, Vénézuéla, République Argentine).

Effets.

— Certains pays, qui admettent l'effet collectif de la naturalisation par eux conférée, refusent de reconnaître l'effet collectif de la naturalisation conférée par un Etat étranger (France, Luxembourg).

Conflits de lois relatifs à la naturalisation.

1° Entre les pays qui imposent la nationalité et ceux qui n'admettent pas la naturalisation forcée de leurs sujets (difficultés entre le Vénézuéla et la France).

2° Entre les pays d'allégeance perpétuelle ou qui restreignent la faculté d'expatriation et ceux qui confèrent la nationalité, sans se préoccuper de la loi nationale du naturalisé (difficultés entre les Etats-Unis et l'Allemagne, traité de 1868).

3° Entre les pays qui font produire un effet collectif à la naturalisation et ceux qui ne reconnaissent qu'un effet individuel à la naturalisation de leurs sujets en pays étranger.

— Pour éviter tous ces conflits, il suffirait de n'accorder la naturalisation qu'à ceux qui seront en règle avec leur pays d'origine (lois suisse et luxembourgeoise).

Traités relatifs à la naturalisation.

1° *Convention franco-suisse du 23 juillet 1879.*

L'enfant mineur d'un Français naturalisé Suisse reste Français, sauf option pour la Suisse dans l'année de sa majorité.

2° *Convention franco-belge du 30 juillet 1891.*

L'enfant mineur d'un Belge naturalisé Français ou d'un Français naturalisé Belge n'est inscrit sur les listes de recrutement d'aucun des deux pays avant 22 ans.

*CHANGEMENT DE NATIONALITÉ PAR LE MARIAGE

1° *Femme étrangère épousant un Français* devient Française (art. 12, al. 1).
Quid des enfants mineurs d'un précédent mariage ? Controv., p. 18.
2° *Femme française épousant un étranger* devient étrangère, si la loi étrangère lui confère la nationalité du mari (art. 19).
— Le mari ne change pas de nationalité par son mariage, sauf facilités pour la naturalisation de l'étranger qui a épousé une Française (art. 8, 5°-4°).

CHANGEMENT DE NATIONALITÉ PAR L'ANNEXION

Les *sujets de l'État démembré* qui appartiennent au territoire annexé prennent la nationalité de l'État annexant.

Sujets atteints par l'annexion.
Soit ceux qui sont domiciliés sur le territoire annexé,
Soit les originaires de ce territoire,
Soit ceux qui sont domiciliés et originaires,
Soit à la fois les domiciliés et les originaires.
— Traité de Turin (24 mars 1860) : à la fois les Sardes domiciliés et les Sardes originaires.
— Traité de Francfort (10 mai 1871) : d'après le texte, seulement les Français domiciliés et originaires ; la France a consenti à y ajouter les originaires non domiciliés ; l'Allemagne y ajoute même les domiciliés non originaires.

Faculté d'option.
Les annexés peuvent recouvrer leur ancienne nationalité par une déclaration d'option et le transport de leur domicile hors du territoire annexé : l'option a un effet rétroactif.
Quid des femmes mariées ? — Traité de Turin : droit d'option personnel ; — Traité de Francfort : droit d'option personnel d'après la France, pas de droit d'option et nationalité du mari d'après l'Allemagne.
Quid des mineurs ? — Traité de Turin : droit d'option personnel d'après l'Italie, pas de droit d'option et nationalité du père d'après la France ; — Traité de Francfort : droit d'option personnel avec le concours de leurs représentants, d'après la France ; pas de droit d'option, en général, et nationalité du père d'après l'Allemagne.

DÉCHÉANCES DE LA NATIONALITÉ

1° *Refus de résigner une fonction publique conférée par un gouvernement étranger.*
Ce n'est plus, comme sous le Code, la simple acceptation de cette fonction.
2° *Prise de service militaire à l'étranger*, aux conditions suivantes :
a) Le Français a agi volontairement. — *Quid* du mineur ? Il ne perd pas la nationalité française. — *Quid* si ce mineur devient majeur ? P. 57.
b) Il a été incorporé dans une armée régulière : pouvoir d'appréciation des tribunaux.
c) Il n'a pas été autorisé par le Gouvernement.
3° *Possession et trafic d'esclaves.* — Décret-loi du 27 avril 1848 : même la simple possession d'esclaves, après un délai de 3 ans, entraînait la déchéance. D'après la loi du 17 mai 1858, la déchéance n'est pas attachée à la possession antérieure à 1848 ou acquise par la suite par succession, donation, testament, contrat de mariage.
L'établissement hors de France sans esprit de retour a été supprimé par la loi de 1889.

Effet.
La nationalité française est perdue, même sans acquisition d'une nationalité étrangère : l'ex-Français est sans patrie (heimathlosat).

RECOUVREMENT DE LA NATIONALITÉ FRANÇAISE

Conditions (art. 18 et 21).
1° Fixation en France du domicile de l'ex-Français,
2° Décret de réintégration.
Cette double condition est exigée même de l'ex-Française devenue étrangère par son mariage dissous par la mort du mari ou le divorce.
— Par exception, celui qui a pris du service militaire à l'étranger ne peut rentrer en France qu'autorisé par décret et doit satisfaire à toutes les conditions de la naturalisation.

Effets.

Vis-à-vis du réintégré.
Il a la plénitude des droits civils et politiques.
Seul celui qui a pris du service militaire à l'étranger est traité comme un naturalisé.

Vis-à-vis de ses enfants ou de sa femme.
1° Enfants mineurs deviennent Français, sauf option à leur majorité, comme ceux d'un naturalisé (art. 18, *in fine*).
Cependant, ceux de l'ex-Française devenue étrangère par son mariage et réintégrée après la mort de son mari ont besoin d'être compris dans le décret de réintégration de la mère ou dans un décret ultérieur (art. 19, al. 2).
2° Femmes et enfants majeurs peuvent se faire comprendre dans le décret de réintégration, sans pouvoir devenir Français, comme ceux d'un naturalisé, par une option dans les termes de l'art. 9 (art. 18, al. 2).

Les enfants d'un ex-Français *non réintégré* peuvent à tout âge devenir Français, en se conformant à l'art. 9 (art. 10), avec tous les droits civils et politiques.
— L'acquisition de la qualité de Français dans les cas des art. 8-4°, 9 et 10 (bienfait de la loi) produit-elle certain effet collectif comme la naturalisation (art. 12) ou la réintégration (art. 18)? Controv. Oui, p. 38 et 41.

*Descendants des familles proscrites pour cause de religion.

Loi des 9-15 décembre 1790 accordait réintégration de plein droit aux descendants des Français expatriés pour cause de religion, c'est-à-dire proscrits à la révocation de l'Édit de Nantes.
D'après la loi de 1889, il faut : 1° fixation du domicile en France, sans condition de stage ; 2° décret spécial pour chaque demandeur.

Différences avec la naturalisation.
1° Aucune condition de stage ;
2° Acquisition de la nationalité française purement individuelle ;
3° Effets absolus et sans restriction, comme dans les cas des art. 8-1°, 9 et 10.

**Appendice I. — Des individus qui peuvent décliner la qualité de Français

Sont Français, avec faculté de décliner dans l'année de leur majorité :
1° Individus nés en France d'un étranger qui lui-même n'y est pas né et qui sont domiciliés en France à l'époque de leur majorité (art. 8-4°).
2° Individus nés en France d'une mère étrangère qui elle-même y est née, si le père n'y est pas né (art. 8-3°, modifié par la loi du 22 juillet 1893).
3° Enfants naturels nés en France d'étrangers dont l'un y est né, lorsque celui-ci n'est pas le parent dont les enfants naturels devraient suivre la nationalité (art. 8-3°, al. 2, ajouté par la loi de 1893).
4° Enfants mineurs d'un étranger naturalisé (art. 17).
5° Enfants mineurs d'un ex-Français réintégré (art. 18).

Des individus qui peuvent décliner la qualité de Français (suite).

*** Quid de l'option en minorité ?**

L'option en minorité pour la nationalité française avait été autorisée en certains cas par les lois des 19 décembre 1874, 14 février 1882 et 28 juin 1883.

La loi du 26 juin 1889 donne le droit d'opter en minorité pour la nationalité française à deux catégories d'*étrangers* qui peuvent acquérir la nationalité française : individus des art. 9 et 10.

Quid en minorité des *Français* qui peuvent *décliner* à leur majorité la qualité de Français ?

Le décret du 13 août 1889 autorise les représentants légaux des individus des art. 8 § 4, 12 et 18 à décliner pour eux au cours de leur minorité la qualité de Français.

La même règle doit-elle être appliquée pour les individus de notre 2° et 3°, qui ne peuvent décliner que depuis 1893 ?

En revanche, les individus de l'ar. 8 § 4, étant étrangers en minorité, ne devraient pas pouvoir renoncer à abdiquer la qualité de Français.

Le décret du 13 août 1889 est-il *légal* ? Non, jurispr.

APPENDICE II. — **Rétroactivité des lois du 26 juin 1889 et du 22 juillet 1893.**

Individus nés en France d'un étranger qui lui-même y est né.

Avant la loi de 1889, ils étaient Français, sauf option pour la nationalité de leurs parents dans l'année de leur majorité.

La loi de 1889 les déclare Français sans droit d'option.

Ceux qui, en 1889, n'avaient pas décliné la qualité de Français, ont-ils cessé de pouvoir le faire à partir de la loi du 26 juin 1889 ?

1er S. Oui, sans distinction ; c'est la meilleure solution.

2e S. Non, sans distinction.

3e S. Les individus majeurs lors de la loi de 1889 ont conservé leur droit d'option ; les mineurs l'ont perdu.

— Les individus nés en France d'une étrangère qui elle-même y est née (et les enfants naturels dans le cas de l'art. 8-3° al. 2) ont recouvré leur droit d'option en 1893. L'art. 2 de la loi du 22 juillet 1893 a accordé 1 an aux majeurs pour l'exercer.

Individus nés en France d'un étranger né hors de France et domiciliés en France à leur majorité.

Avant la loi de 1889, ils étaient étrangers, sauf option pour la nationalité française. Depuis la loi de 1889, ils sont Français, sauf option pour la nationalité de leurs parents dans l'année de leur majorité. Quelle est la situation de ceux qui étaient nés en 1889 ?

Ou ils étaient mineurs : ils sont atteints par la loi nouvelle.

Ou ils avaient plus de 22 ans et n'ont pas opté pour la nationalité française : ils sont restés étrangers.

Ou ils avaient de 21 à 22 ans : s'ils ont laissé écouler leur 22e année sans opter, ils sont restés étrangers (Controv.).

Étrangers naturalisés.

Avant 1889, ils étaient éligibles aux Chambres législatives. Depuis la loi du 26 juin 1889, ils ne le sont plus qu'après 10 ans.

Les naturalisés avant 1889 sont restés éligibles.

Étrangers devenant Français par déclaration.

Depuis 1893, l'acquisition de la qualité de Français par voie de déclaration est soumise à un contrôle du Gouvernement (art. 9 et 10). Ce contrôle s'exerce sur toutes les déclarations postérieures à la loi de 1893.

***I. Histoire de la condition des étrangers en droit privé.**

Ancien droit.

L'aubain jouissait des droits appartenant au *jus gentium* (mariage, propriété et ses démembrements, faculté de contracter à titre onéreux, de plaider relativement aux facultés du droit des gens, de recevoir à titre gratuit par donation entre-vifs).

Il n'avait pas les droits faisant partie du *jus civile*, savoir :

1° La faculté de transmettre ou de recevoir par testament ou *ab intestat* (droit d'aubaine proprement dit).

Le droit d'aubaine, dans un sens plus étroit, était seulement l'incapacité pour l'étranger de transmettre une succession testamentaire ou *ab intestat*, qui fût recueillie d'abord par le seigneur, ensuite par le roi.

Exception pour les enfants régnicoles. Exemptions nombreuses. Traités établissant un simple droit de détraction, sorte d'impôt sur la succession de l'étranger ;

2° La puissance paternelle, la tutelle, l'adoption ;

3° Dans le domaine de la procédure : *a)* Le Français pouvait assigner l'étranger devant son propre domicile ; *b)* L'étranger demandeur devait la caution *judicatum solvi* ; *c)* L'étranger condamné était passible de la contrainte par corps sans pouvoir faire cession de biens.

Droit intermédiaire.

L. 6 août 1790 supprime le droit d'aubaine ; — L. 8 avril 1791 déclare abrogé le droit d'aubaine, même en tant qu'incapacité pour les étrangers de recueillir les successions.

Code civil. L. 14 juillet 1819.

Le Code civil n'admet les étrangers à jouir des droits civils qu'en vertu de la réciprocité diplomatique (art. 11).

Les art. 726 et 912 appliquaient ce système aux droits de recevoir par succession, donation et testament ; ils ont été abrogés par la loi du 14 juillet 1819, intitulée mal à propos loi abolitive des droits d'aubaine et de détraction.

***II. Condition actuelle des étrangers en droit privé**

A. Étrangers ordinaires.

Quelques textes leur accordent expressément certains droits :

Poursuivre un Français en France (art. 15 C. civ.) ;

Acquérir actions de la Banque de France (art. 3 Décr. 16 janvier 1808) ;

Propriété artistique et littéraire (Décr. 5 février 1850 et 28 mars 1852) ;

Obtenir un brevet d'invention (art. 27 L. 5 juillet 1844) ou une marque de fabrique (art. 5 L. 23 juin 1857) ;

Obtenir une concession de mines (art. 13 L. 21 avril 1810) ;

Recueillir une succession, recevoir et disposer à titre gratuit (L. 1819), etc.

Quelques textes sont défavorables aux étrangers :

L'étranger même non domicilié ni résidant en France peut être poursuivi en France par un Français (art. 14) ;

Demandeur, il doit la caution *judicatum solvi* (art. 16) ;

Il n'a pas droit à l'affouage (art. 105 C. for.) ;

Il ne peut obtenir l'assistance judiciaire (Circ. Garde des sceaux 4 nov. 1857).

— En dehors de ces textes, art. 11, C. civ : « Les étrangers jouissent des mêmes droits civils que ceux qui sont ou seront accordés aux Français par les traités de la nation à laquelle ils appartiennent ».

Étrangers ordinaires (Suite).

Pour deux premiers systèmes, droits civils est synonyme de droits privés et s'oppose à droits politiques :

1ᵉʳ S. Les étrangers n'ont d'autres droits privés, en dehors d'un traité, que ceux qui leur sont expressément ou tacitement reconnus par notre loi.

2ᵉ S. Les étrangers ont tous les droits privés et n'ont besoin d'un traité que pour les droits que des textes leur retirent expressément.

Pour deux autres systèmes, droits civils s'oppose, comme dans notre ancien droit, à droits des gens.

3ᵉ S. Les étrangers ont la jouissance des droits des gens; ils n'ont pas les droits civils, qui sont les droits que des textes leur retirent expressément.

4ᵉ S. Les étrangers ont la jouissance des droits des gens, non des droits civils, et ce sont les tribunaux qui doivent faire la distinction. — La jurisprudence est en ce sens et refuse aux étrangers, comme faisant partie du *jus civile*, l'adoption, l'hypothèque légale, la jouissance légale des père et mère, le droit d'avoir un domicile légal, la tutelle des non-parents, le droit pour deux étrangers de plaider en France.

"Interprétation de l'art. 11 C. civ.

B. *Étrangers autorisés à établir leur domicile en France* (art. 13).

Conditions.
1° Demande au ministre de la Justice suivie d'une enquête;
2° Décret autorisant l'impétrant à fixer son domicile en France;
3° Fixation effective du domicile en France.

"Effets de l'admission à domicile.
1° L'admission à domicile confère à l'étranger la plénitude des droits privés réservés, en principe, aux Français, mais non les droits politiques.
2° Elle est souvent le préliminaire de la naturalisation.
— Effet *collectif* ou *individuel?* Elle profite à la veuve et aux enfants mineurs au point de vue de la naturalisation (art. 13, al. 8, modif. L. 1889); — *quid* au point de vue des droits privés? Controv. : oui.

Fin.
1° Si l'étranger quitte la France;
2° S'il est expulsé;
3° Si au bout de cinq ans, il n'a pas demandé la naturalisation ou si sa demande est rejetée.

Différences entre les étrangers admis à domicile et les étrangers ordinaires.

1° Les étrangers admis à domicile jouissent de *tous* les droits privés. — Les étrangers ordinaires sont frappés de certaines restrictions en vertu de textes formels (art. 14, 15 C. civ., etc.) et, d'après l'art. 11, interprété par la jurisprudence, ne jouissent que des facultés du droit des gens.

2° Les premiers peuvent obtenir la naturalisation après 3 ans de domicile autorisé (ou même après 1 an en cas de services rendus à la France ou de mariage avec une Française). — Les étrangers ordinaires ne peuvent obtenir la naturalisation qu'après 10 ans de résidence.

3° L'expulsion du territoire français pour un étranger admis à domicile cesse après deux mois si un décret ne lui retire pas l'autorisation de domicile. — Celle d'un étranger ordinaire est indéfinie (L. 3 déc. 1849).

4° L'étranger admis à domicile n'a aucune formalité à remplir pour venir résider en France. — L'étranger ordinaire doit faire à la mairie une déclaration spéciale dans les 15 jours de son arrivée (Décr. 2 oct. 1888), et, s'il veut exercer une profession, une déclaration dans les 8 jours de son arrivée (L. 8 août 1893).

C. *Étrangers bénéficiant d'un traité.*

L'art. 11 consacre la réciprocité *diplomatique*, non la réciprocité législative.

"Traités.
1° Traités *franco-espagnol* du 6 février 1882 (art. 3) et *franco-serbe* du 18 juin 1883 (art. 4) accordent aux Espagnols et aux Serbes la jouissance en France de tous les droits civils. Ces traités, dénoncés en 1892 comme traités de commerce, subsistent-ils en tant qu'ils règlent la jouissance des droits civils ?
2° Traités nombreux dérogeant à l'art. 14, ou dispensant de la caution *judicatum solvi*, ou concédant l'hypothèque légale, etc.
3° Traités contenant la *clause de la nation la plus favorisée* : ils ne profitent aux sujets de l'État contractant, quant à la jouissance des droits civils, que s'ils sont relatifs à cette matière. — La disparition du traité fait avec la nation favorisée enlève le bénéfice de la clause aux étrangers qui pouvaient l'invoquer.

III. Législations étrangères.

Les étrangers sont assimilés aux nationaux en Italie, en Espagne, en Allemagne, dans la République Argentine, dans le projet de Code civil belge.

En Angleterre, disparition des anciennes restrictions au droit pour les étrangers (sauf pour ceux qui avaient la denization) d'acquérir ou de louer à long terme un immeuble.

Quelques pays édictent encore des restrictions au droit des étrangers d'être propriétaires d'immeubles (États-Unis, Russie, Norvège).

L'assimilation entre les étrangers et les nationaux devrait être faite chez nous; la distinction entre les facultés de droit civil et celle du droit des gens, faite par la jurisprudence, est difficile à établir et ne se justifie plus.

COMPÉTENCE DES TRIBUNAUX FRANÇAIS

Pour les actions réelles immobilières, le tribunal de la situation de l'immeuble est compétent, quelle que soit la nationalité des parties.

I. Procès entre un Français demandeur et un étranger défendeur.

"""Règle de l'art. 14 C. civ.

Le Français (ou l'étranger admis à domicile) peut assigner un étranger (non admis à domicile) devant un tribunal français, quel que soit le domicile de cet étranger : dérogation à la règle *actor sequitur forum rei*.

Le tribunal compétent sera le tribunal français de la résidence de l'étranger ou le tribunal français compétent d'après l'art. 59 ou l'art. 420 C. pr. civ.; à défaut, le tribunal du domicile du demandeur.

L'art. 14 s'applique-t-il si le Français est devenu titulaire d'un droit qui appartenait à l'origine à un étranger? D'après la jurisprudence, oui en cas de succession ou de legs et de naturalisation; non, en cas de cession, sauf si la créance était à ordre.

Le Français peut-il renoncer au bénéfice de l'art. 14? Oui.

L'art. 14 peut-il être invoqué à l'encontre des agents diplomatiques, des souverains, des États étrangers? Controv.

L'art. 14 peut être invoqué aussi bien pour les obligations contractées à l'étranger qu'en France et dans toutes les contestations entre un Français demandeur et un étranger défendeur (sauf les actions réelles immobilières).

"Traités écartant l'art. 14.

1° Traité franco-suisse du 15 juin 1859.

Règle. — L'art. 1 soumet au juge naturel du défendeur, c'est-à-dire au tribunal du domicile de celui-ci, les actions personnelles et mobilières. *Quid* des actions réelles mobilières? des actions d'état? Controv. Oui.

Exceptions. — 1° Si le Français ou le Suisse défendeur n'a pas de domicile connu en France ou en Suisse, il pourra être cité devant le tribunal du domicile du demandeur.

2° Si l'action est relative à l'exécution d'un contrat passé en Suisse ou en France, hors du domicile du défendeur, elle peut être portée devant le juge du lieu du contrat, si les parties y résident.

3° S'il y a élection de domicile, compétence est donnée au tribunal du domicile élu.

4° Les actions réelles immobilières et même les actions personnelles relatives à un immeuble sont portées devant le tribunal de la situation de l'immeuble.

5° Règles spéciales en matière de succession, tutelle, faillite. Les règles de compétence du traité sont-elles d'ordre public? Controv. à cause de l'art. 11, d'après lequel le tribunal incompétent doit d'office, et même en l'absence du défendeur, se déclarer incompétent.

2° Traité franco-belge du 8 juillet 1899.

Les Français et les Belges sont assimilés aux nationaux, en ce sens que l'art. 14 est supprimé dans les procès entre Français et Belges.

3° Traités contenant la clause de la nation la plus favorisée.

ils peuvent être invoqués lorsqu'ils sont relatifs à la compétence.

Le traité de Francfort permet-il aux Allemands d'invoquer en France les traités franco-suisse ou franco-belge? Controv. pour nous, non.

'Législation comparée.

Les législations étrangères pour un procès entre un national et un étranger suivent la règle « *actor sequitur forum rei* » Cependant plusieurs permettent à leurs nationaux d'assigner un étranger devant leurs tribunaux : *a)* à raison d'obligations contractées dans le pays; *b)* à titre de mesure de rétorsion.

La règle de l'art. 14, qui s'inspire d'un esprit de méfiance à l'égard des tribunaux étrangers, devrait disparaître.

II. Procès entre un étranger demandeur et un Français défendeur.

'Règle de l'art. 15

L'étranger demandeur peut assigner devant un tribunal de France, le Français même non domicilié ni résidant en France et même pour des obligations contractées à l'étranger.

Le même droit appartient à un Français demandeur.

L'art. 15 n'est pas d'ordre public; on peut y renoncer.

Il est écarté par les traités franco-suisse de 1859 et franco-belge de 1899.

'Caution *judicatum solvi* (art. 16, C. civ.)

Le Français (ou l'étranger admis à domicile) défendeur peut l'exiger de l'étranger demandeur (non admis à domicile), en toute matière, même commerciale depuis L. 5 mars 1895. La caution doit être demandée *in limine litis*

Elle garantit le paiement des frais et dommages-intérêts auxquels le demandeur serait condamné envers le défendeur.

'Traités supprimant la caution *judicatum solvi*.

1° Traités conférant aux étrangers la jouissance des droits privés.

2° Traités contenant la clause du libre et facile accès (Conv. franco-espagnole du 7 janvier 1862, art. 2).

3° Traités relatifs à la procédure et contenant la clause de la nation la plus favorisée.

4° Traités dispensant expressément de la caution (Traités franco-sarde 1760-1860, franco-suisse 1869, franco-russe 1896).

5° Traités accordant l'assistance judiciaire : — une dispense expresse de la caution est-elle nécessaire pour l'assisté?

6° Traité de La Haye du 14 novembre 1896 entre la France et un grand nombre d'États européens.

Quelques législations n'exigent plus la caution; certaines ne l'imposent qu'au demandeur qui n'a ni domicile ni résidence dans le pays.

"'III. Procès entre étrangers.

Pas de textes. — La jurisprudence fait la loi.

Principe de l'incompétence.

Nos tribunaux se déclarent, en principe, incompétents parce qu'ils doivent leur temps aux justiciables français et ne connaissent pas les lois étrangères, — leur incompétence étant d'ailleurs relative et facultative.

Cette jurisprudence qui fait du droit d'accès auprès de nos tribunaux un droit civil *stricto sensu* est en désaccord avec l'état des relations internationales : le droit d'être jugé est une faculté du *jus gentium*, au moins pour toutes les contestations relatives aux facultés du droit des gens.

Exceptions et tempéraments

Exceptions. — 1° Lorsqu'un des plaideurs est admis à domicile.

2° Lorsque l'action intéresse l'ordre public. Ex. : actions civiles nées de délits; — mesures urgentes : provision alimentaire, garde des enfants, etc.

3° En matière commerciale : on applique l'art. 420 C. pr. civ.

4° Lorsqu'il s'agit de contestations incidentes.

Tempéraments. — Nos tribunaux usent fréquemment de la faculté qu'ils se reconnaissent de connaître des procès entre étrangers, quand le défendeur accepte, ou qu'il ne peut justifier de l'existence à l'étranger d'un tribunal compétent.

Traités.

I. *Traité franco-suisse du 15 juin 1869.*
Le tribunal français est compétent pour le procès entre deux Suisses domiciliés ou ayant un établissement commercial en France ou entre un Suisse et un étranger domicilié ou ayant un établissement en France. Le tribunal français *doit-il* se déclarer incompétent si le Suisse demandeur contre un autre Suisse est domicilié en France? Controverse à cause de l'art. 11 du traité.

II. *Traité franco-belge du 8 juillet 1899.*
Les Belges sont traités en France comme des Français.

III. *Traités* contenant la clause du *libre et facile accès* (conventions franco-espagnole de 1862 et franco-sarde de 1760-1860).

IV. Traités contenant la *clause de la nation la plus favorisée* (traité franco-brésilien du 6 janvier 1826).

Dans presque tous les pays, les tribunaux connaissent des procès entre étrangers : notre jurisprudence devrait suivre cet exemple.

'I. Histoire de la théorie des statuts.

Théorie italienne.
- Elaborée au XIIIe siècle par les glossateurs (Irnérius, Placentin, etc.), et les postglossateurs (Bartole, Balde, etc.), sur la *loi Cunctos Populos* pour résoudre les conflits entre les statuts des républiques italiennes.
- 1° Toutes les solutions s'appuient sur les lois romaines.
- 2° Il faut diviser les matières par *catégories* juridiques et appliquer à chacune la loi qui lui convient.
- 3° Il existe des lois qui s'appliquent hors du territoire, ce sont les lois *personnelles*.

Théorie française.
- Au XVIe siècle : *d'Argentré* (Commentaire de la coutume de Bretagne, art. 218). Ses opinions furent combattues par Dumoulin, qui se rattache à l'école italienne.
- La règle est que toutes coutumes sont réelles, l'application d'une coutume étrangère serait un empiètement sur la souveraineté locale ; de nombreuses exceptions à la réalité des coutumes sont admises au nom du droit et de la justice.
- Division de *toutes* les lois *réelles* et *personnelles* par leur objet (relatives aux biens ou aux personnes) et par leur étendue d'application (territoriales et extra-territoriales).
- Les lois qui ne sont ni réelles ni personnelles par leur objet, sont des statuts mixtes, généralement traités comme lois réelles au point de vue de leur étendue d'application.
- Au XVIIIe siècle, la personnalité gagne du terrain avec *Froland, Boullenois, Bouhier*.

Théorie hollandaise.
- A la fin du XVIe siècle, les juristes belges et hollandais (Huber, Jean Voet), soutiennent le principe de la réalité ou territorialité des statuts sans exception, sauf de simples tempéraments inspirés par la *courtoisie* internationale.

'II. Doctrines modernes sur le conflit des lois.

Théorie anglo-américaine.
- C'est l'ancienne théorie hollandaise, avec tendance à justifier l'exterritorialité de certaines lois par l'idée de justice et non plus par la *comitas gentium*.

Théorie de Savigny.
- La personne envisagée en elle-même est régie par la loi du domicile. Les rapports de droit sont régis par la loi de leur *siège*; ce siège se détermine par le domicile, le tribunal compétent, la volonté des parties, etc. — Les disciples de Savigny disent que chaque rapport de droit doit être régi par la loi qui lui convient le mieux, d'après la nature des choses.

Nouvelle théorie italienne.
- Fondée sur le principe des nationalités : Mancini en 1851.
- *Principe :* La loi nationale suit l'individu partout où il se fixe, parce que chaque État a une souveraineté personnelle sur ses sujets à l'étranger.
- Exceptions : 1° ordre public; 2° *Locus regit actum;* 3° autonomie de la volonté.
- Critique. — La souveraineté ne dépasse pas les limites du territoire : lorsqu'un pays applique une loi étrangère, c'est en vertu de sa propre souveraineté.
- Cette doctrine a eu un grand succès.

Théorie de M. Pillet.
- La détermination du caractère territorial ou extraterritorial d'une loi résulte du *but* de cette loi. Les lois de garantie sociale sont territoriales, les lois de protection individuelle sont extraterritoriales.
- Les lois extraterritoriales d'un pays s'appliquent à l'étranger en vertu de la souveraineté personnelle.

III. Doctrine du Code civil.

Laconisme de nos lois : art. 3, 48, 170, 999, 2123 et 2128 C. civ. et 546 C. proc. D'où divergences :

1er système. Le Code a adopté l'ancienne théorie française. Arg. : a) l'art. 3, C. civ. en consacre deux importantes applications; — b) les travaux préparatoires paraissent en ce sens.

2e système. Le Code s'est affranchi de l'ancienne doctrine statutaire et nous sommes libres d'adopter une théorie nouvelle, notamment celle de la personnalité.

3e système. Le Code n'a pas reproduit dans son ensemble la théorie traditionnelle : il l'a désagrégée pour en conserver deux règles importantes (al. 2 et 3 de l'art. 3), qui doivent être interprétées avec la portée qu'elles avaient dans l'ancien droit. — Pour le surplus, nous ne sommes pas liés par notre ancien droit et devons opter entre les diverses théories générales; celle de l'ancienne doctrine italienne, reproduite par Savigny, a nos préférences : diviser les matières et appliquer la loi la plus conforme à la nature des choses.

IV. Règles concernant l'application des lois étrangères en France.

1° Conflit des lois étrangères avec les lois d'ordre public en France.

Parmi les lois d'ordre public, il faut distinguer :

1° Lois de droit public.
- Celles qui ont trait aux droits politiques et civiques n'intéressent pas les étrangers; — celles par lesquelles l'Etat assure le bon ordre et veille à l'intérêt général régissent les étrangers comme les Français (lois de police et de sûreté, art. 3, al. 1, C. civ.), lois d'organisation judiciaire, d'impôts, etc.

2° Lois de droit privé d'ordre public.
- Celles qui règlent les rapports des individus entre eux, mais touchent aux intérêts généraux.
- Distinction entre les lois d'ordre public interne ou relatif et les lois d'ordre public international ou absolu : les premières ne concernent que les Français qui ne peuvent y déroger; les secondes font obstacle à l'application des lois étrangères, mais doivent-elles être appliquées aux étrangers? Controv. C'est au juge de décider quelles sont les lois d'ordre public absolu ou international d'après les mœurs et l'état social.

2° *Rôle du juge dans l'application des lois étrangères. — Théorie du renvoi.*

Rôle du juge.
- Doit-il appliquer la loi étrangère, même d'office ?
- D'après la jurisprudence, l'existence et les dispositions d'une loi étrangère ne sont pour les juges que de simples faits, qui doivent être prouvés par la partie qui les invoque.

Rôle de la Cour de cassation.
- 1re *hypothèse*. Les tribunaux ont refusé d'appliquer la loi étrangère. En ce cas, la décision est sujette à cassation.
- 2e *hypothèse*. Les tribunaux ont mal interprété la loi étrangère qu'ils ont voulu appliquer. La Cour de cassation décide que la fausse application de la loi étrangère ne donne pas ouverture à cassation.

"Théorie du renvoi.
- Lorsqu'il faut appliquer la loi étrangère, est-ce la loi étrangère interne ou la loi désignée par la loi étrangère pour la solution du conflit de lois? Ex. : pour l'état et la capacité d'un étranger établi en France, sera-ce la loi nationale de cet étranger ou la loi de son domicile, c'est-à-dire la loi française, à laquelle renvoie sa loi nationale?
- Notre jurisprudence admet la théorie du renvoi et applique la loi française.
- Critique : lorsque le législateur français déclare applicable la loi étrangère, il tranche lui-même le conflit des lois et n'en remet pas la solution au législateur étranger.

État et rapports de famille les Français en pays étranger.	****Principe.** Les Français en pays étranger sont soumis à la loi française, qu'ils soient domiciliés, résidant ou de passage. Cette règle de l'art. 3 al. 3 est traditionnelle, mais la loi nationale s'est substituée à la loi du domicile. Elle ne s'impose pas aux juges étrangers, elle ne lie que les juges français pour apprécier les actes des Français à l'étranger.
État et rapports de famille des étrangers en France.	Les étrangers, même admis à domicile, seront régis en France par leur loi nationale, sauf peut-être application de la théorie du renvoi et sauf règles d'ordre public absolu. L'argument de réciprocité tiré de l'art. 3 al. 3 est inexact; mais les travaux préparatoires et le silence de l'al. 3 de l'art. 3 imposent l'application du statut personnel.
Législation comparée.	1° Système français : loi nationale des parties. — Italie, Pays-Bas, Belgique, Espagne, Allemagne (Code civil de 1900). 2° Ancien système allemand : loi du domicile. — Norvège, Danemark, États d'Amérique du Sud, Suisse pour certaines matières et pour les étrangers domiciliés. 3° Système anglo-américain : loi locale, sauf tempéraments de la loi du domicile au nom de la courtoisie internationale. — Au point de vue rationnel, la loi nationale est la meilleure : chaque législateur fait ses lois d'après la race, les traditions, les mœurs de ses sujets.

Applications.

A. Mariage.

****Conditions intrinsèques du mariage.* ✿

Mariage des Français à l'étranger.	Le Français qui se marie en pays étranger doit satisfaire à toutes les conditions de fond et à toutes les règles de capacité prescrites par la loi française (art. 170). Malgré les mots « pourvu que... » de l'art. 170, toutes ces conditions ne sont pas requises à peine de nullité : la distinction des empêchements dirimants et prohibitifs s'applique. Toutefois, d'après la jurisprudence, le défaut d'acte respectueux, qui n'est, en principe, qu'un empêchement prohibitif, entraîne la nullité du mariage, s'il y a fraude des époux. Le mariage entre un Français et une étrangère et réciproquement sera annulé par nos tribunaux, même si c'est du chef de l'époux étranger et d'après la loi étrangère qu'existe la cause de nullité, à moins qu'elle ne soit contraire à une règle de droit public français.
Mariage des étrangers en France.	Pas de texte : aucun doute. Les conditions de fond sont déterminées par la loi nationale de l'étranger. Ex. : Consentement des parents. Difficultés pour les étrangers de prouver à l'officier de l'état civil qu'ils réunissent les conditions requises p. 163, note 1. La loi étrangère peut être écartée par des règles d'*ordre public absolu* : prohibitions tenant à la race ou à la religion, polygamie. Quid de l'âge? Des circulaires exigent une dispense de l'étranger qui n'a pas l'âge requis par la loi française, même s'il a l'âge exigé par la loi étrangère. C'est arbitraire : en tout cas, leur inobservation ne serait pas une cause de nullité. Quid de nos prohibitions relatives à la parenté ou à l'alliance? Elles sont d'ordre public absolu, sauf peut-être celles qu'une dispense aurait pu lever.

	Effets du mariage. Tous les effets du mariage (incapacité de la femme mariée, contrats et dons entre époux) sont régis par la loi personnelle des époux.
Exceptions.	1° Les lois étrangères contraires à des principes d'ordre public absolu (droit de correction du mari sur la femme) sont inapplicables en France. 2° Notre jurisprudence tend à écarter les lois étrangères relatives à l'incapacité de la femme mariée lorsque leur application léserait des intérêts légitimes français. 3° Notre jurisprudence applique à tort la loi française aux dons entre époux étrangers d'immeubles situés en France.
Influence du changement de nationalité.	1° Les deux époux changent ensemble de nationalité : les effets du mariage sont régis par leur nouvelle loi nationale. 2° Le mari seul change de nationalité : la femme reste soumise à sa loi personnelle (loi du mari au moment du mariage). 3° La femme seule change de nationalité : les effets du mariage ne sont pas modifiés.

***Divorce et séparation de corps.* ✿

Trois groupes de législation : 1° Indissolubilité du mariage et séparation de corps seule (Espagne, Portugal, Italie); 2° Divorce seul, pas de vraie séparation de corps (Allemagne, Suisse, Russie); 3° Divorce et séparation de corps (France, Belgique, Angleterre, États-Unis).

Étrangers en France.	En général, nos tribunaux se déclarent incompétents. S'ils sont compétents, ils suivent la loi nationale des époux; sauf restrictions de l'ordre public absolu : a) avant 1884, des étrangers ne pouvaient divorcer en France; b) les causes de divorce de la loi étrangère différente de celles de la loi française ne peuvent être accueillies. Mais nos tribunaux ne peuvent prononcer le divorce entre étrangers contrairement à leur loi nationale; la loi du divorce n'est pas une loi de police et de sûreté. Avant 1884, la jurispr. avait fini par autoriser le mariage en France de l'étranger régulièrement divorcé à l'étranger.
Français à l'étranger.	Nos tribunaux refusent, en général, tout effet au jugement étranger qui a prononcé le divorce ou la séparation de corps entre époux Français. S'ils reconnaissent compétence aux juges étrangers, il faudra du moins que ceux-ci aient suivi la loi française : or dans le système anglo-américain, l'ancien système allemand et le système suisse actuel, la loi locale sur le divorce ou la séparation s'applique même aux étrangers.

*B. Filiation.

Français à l'étranger.	La loi française sera seule appliquée par nos tribunaux, même en ce qui concerne l'admissibilité des modes de preuves.
Étrangers en France.	La loi nationale de l'étranger est applicable, à condition : 1° Que le fait d'où dérive la filiation ne soit pas un pur droit civil, refusé à l'étranger par la jurisprudence, par exemple, l'*adoption* : en ce cas, aucun conflit de lois n'est possible; 2° Que la loi étrangère ne soit pas contraire à l'ordre public absolu en France. — Quid de la *recherche de la paternité?* Elle ne peut être faite en France; mais celle qui a été faite à l'étranger contre un individu dont la loi nationale l'autorise produit ses effets en France. Quid de la *légitimation* des enfants naturels par mariage subséquent? Notre jurisprudence l'applique même aux étrangers dont la loi nationale l'ignore.

✿ Voir au tableau 16 la convention de la Haye, du 12 juin 1902, sur le mariage.

✿ V. au tabl. 16 la convention de la Haye, du 12 juin 1902, sur le divorce et la séparation de corps.

C. Puissance paternelle.

La puissance paternelle, conséquence de la filiation, est régie par le statut personnel. Si le père (ou la mère) et l'enfant ont une nationalité différente, c'est la loi nationale de l'enfant; — jurispr. contraire.

Quid du droit de correction? C'est la loi nationale, à moins qu'elle ne contienne des dispositions contraires à l'ordre public absolu.

Quid du droit de jouissance légale? C'est un droit civil refusé, en principe, aux étrangers; — dans le cas où il appartient à des étrangers (par admission à domicile ou par traités), il dépend non du statut réel, mais du statut personnel.

Quid de la déchéance de la puissance paternelle de la loi de 1889? Elle suit les Français à l'étranger, mais s'applique aux étrangers en France à titre de loi de police et de sûreté.

'D. Tutelle et protection des incapables.

C'est toujours la loi nationale qui s'applique; — celle de l'incapable plutôt que celle du tuteur ou curateur.

Les étrangers peuvent-ils être en France tuteurs, curateurs, etc.? Distinction : oui, s'ils sont parents de l'incapable français; sinon, non.

Nos tribunaux, pour ne pas laisser les incapables étrangers sans protection, interviennent souvent et leur appliquent la loi française, à titre provisoire. — Des conventions consulaires donnent aux consuls les pouvoirs nécessaires pour organiser la tutelle ou curatelle de leurs nationaux.

Traité franco-suisse de 1869 (art. 10) : c'est la loi nationale des mineurs et interdits qui s'applique et ce sont les tribunaux nationaux qui sont compétents. ✿

Incapacités et déchéances résultant de condamnations prononcées à l'étranger. — Si elles sont contraires à l'ordre public international, elles sont sans effet en France. Ex. : la mort civile. — Sinon, controv. 1re S. : elles sont sans effet en France; — 2e S. : elles y produisent leur plein effet sans avoir besoin de l'exequatur; — 3e S. : elles produisent effet seulement si elles émanent de la juridiction nationale de l'étranger.

E. Absence.

Mesures conservatoires.
En principe, elles sont ordonnées par le tribunal du domicile de l'absent; toutefois, le tribunal de la situation des biens peut prendre celles prescrites par la loi locale.

Constatation judiciaire de l'absence. Ses effets.
La loi nationale du disparu détermine : le délai après lequel le tribunal du domicile déclare l'absence; — la capacité de l'absent quant au droit de recueillir une succession; — les effets de l'absence quant à la personne de l'absent, sous réserve de l'ordre public absolu.
Pour les règles relatives aux biens de l'absent, faut-il appliquer la loi nationale ou suivre les règles des successions? Controv., p. 19).

'DES BIENS *considérés individuellement et en eux-mêmes.*

Toute cette matière est de statut réel : la *lex rei sitæ* doit être suivie.

Régime de la propriété.
La loi de la situation des biens détermine :
1° Les choses susceptibles de propriété privée et celles qui font partie du domaine public;
2° Le régime de la propriété (individuelle ou collective);
3° Les biens meubles et les biens immeubles.

Règles applicables aux immeubles.
Les immeubles même possédés par des étrangers sont régis par la loi française (art. 3 al. 2) : quant aux droits réels dont ils sont susceptibles; quant à la propriété (mines, expropriation, etc.); quant à la possession; quant aux causes de préférence; quant à l'occupation, la prescription acquisitive et quant au transfert par simple convention, sous réserve du rôle de la volonté des parties.

✿ Voir au tableau 18 la convention de la Haye, du 12 juin 1902, sur la tutelle des mineurs.

Règles applicables aux meubles,
Ancien droit : la règle *mobilia sequuntur personam*, c'est-à-dire la loi du domicile [pour les uns, statut personnel et pour les autres statut réel (situation fictive)] ne s'appliquait guère aux meubles envisagés individuellement.
Silence du Code : loi de la situation réelle applicable.
Donc les meubles situés en France même appartenant à des étrangers ne sont pas susceptibles d'hypothèque, sont soumis à la règle « En fait de meubles possession vaut titre », etc.
Difficultés en cas de déplacements successifs du meuble, p. 196.
Les meubles incorporels sont régis par la loi de leur situation fictive : loi du domicile du débiteur (opinion générale).

Justification du statut réel : la souveraineté des États (motif donné par Portalis); — motif véritable : les lois qui réglementent la propriété sont de droit public.

PRIVILÈGES ET HYPOTHÈQUES

En principe, les étrangers ont en France la jouissance des droits de privilège et d'hypothèque. C'est la loi française qui détermine les causes des privilèges et hypothèques, les biens qu'ils peuvent grever, leurs conditions de publicité, leurs effets et leurs modes d'extinction (statut réel).

Privilèges.
Tous ceux qui sont consacrés par notre loi peuvent être invoqués par les étrangers.

Hypothèques légales.
Les étrangers ne peuvent se prévaloir en France d'hypothèques légales consacrées par leur loi et non par la nôtre.
Ils ne peuvent pas, en principe, se prévaloir des hypothèques légales admises chez nous (hypothèques de la femme mariée, du mineur et de l'interdit) : car, d'après la jurispr., l'hypothèque légale est un droit civil dont les étrangers n'ont pas la jouissance (art. 11 C. civ.).
Lorsque, par exception, ils peuvent s'en prévaloir par suite de leur admission à domicile ou de traités, faut-il qu'elles soient aussi consacrées par leur loi nationale? Oui.

Hypothèque judiciaire.
Les jugements français confèrent hypothèque judiciaire aux étrangers sur les biens situés en France.
Les jugements étrangers ne la confèrent, même à des Français, que s'ils ont été rendus exécutoires en France (art. 2123); — faut-il en outre que la loi du tribunal étranger la consacre? Controv.
D'après le *traité franco-belge* de 1899, les décisions belges rendues exécutoires en France n'y emportent pas hypothèque, la Belgique ne connaissant pas l'hypothèque judiciaire.

Hypothèque conventionnelle.
La convention d'hypothèque passée en France confère l'hypothèque aux étrangers comme aux Français.
La convention faite à l'étranger ne confère hypothèque sur les biens situés en France ni aux Français ni aux étrangers (art. 2128). — Règle injustifiable.

Traités.
1° Traité *franco-sarde* 1760-1860 écarte entièrement l'art. 2128 dans les rapports entre la France et l'Italie;
2° Traité *franco-belge* de 1899 décide que les hypothèques consenties dans l'un des pays auront effet dans l'autre quand les actes constitutifs y auront été rendus exécutoires.
3° Plusieurs *conventions consulaires* donnent à nos consuls le droit de dresser des actes constitutifs d'hypothèque sur des immeubles situés en France même au profit d'étrangers.

***I. Capacité des parties.**

La capacité est régie par la loi nationale des parties (art. 3, al. 3).

Le statut personnel (loi du domicile) était admis dans l'ancien droit, sauf restrictions de d'Argentré : 1° quant aux immeubles ; 2° quant aux dispositions *spéciales* concernant la capacité.

La jurisprudence a encore tendance à appliquer le statut réel lorsqu'il s'agit d'actes concernant des immeubles (art. 3, al. 2) ; en outre, elle écarte la loi étrangère lorsque son application nuirait au Français qui a traité sans imprudence et de bonne foi avec un étranger.

****II. Forme des actes : règle « Locus regit actum ». ✿**

Les formes *habilitantes* dépendent du statut personnel et les formalités de *publicité* relatives à la constitution des droits réels dépendent du statut réel.

La règle *Locus regit actum* ne concerne que les formes prescrites pour la constatation et la preuve des actes ou pour l'existence des actes solennels.

Historique de la règle *Locus regit actum*.
- Admise depuis le XIVᵉ siècle (Jean Fabre et Bartole) et confirmée au XVIᵉ par Dumoulin en matière de testament.
- Les anciens auteurs ont à tort voulu la faire rentrer dans la théorie des statuts : personnels (Bouhier), réels (Boullenois), mixtes (Jean Voet).
- Consacrée par le Code dans les art. 47, 170, 999.

Justification de la règle *Locus regit actum*.
- Raison de nécessité pratique.
- Actes publics : les officiers publics étrangers sont tenus de se conformer à la loi locale ; — actes privés : les parties ignorent souvent les formes prescrites par leur loi nationale et les hommes de loi du pays ne peuvent les leur enseigner ; d'ailleurs la loi locale s'impose si les parties sont de nationalité différente.

*****PORTÉE D'APPLICATION DE LA RÈGLE « LOCUS REGIT ACTUM ».**

Acte passé par un Français à l'étranger en la forme locale.

Acte en la forme publique.
1° *Actes de l'état civil* : valablement dressés en la forme étrangère (art. 47).
2° *Mariage* entre Français ou entre Français et étrangers valablement célébré dans la forme locale (art. 170), *pourvu que les publications* aient été faites en France.
   Sanction des publications : Controv. D'après la jurisprudence, le mariage peut être annulé si les époux ont voulu obtenir la clandestinité.
   L'acte de mariage doit être *transcrit* sur les registres du domicile dans les trois mois du retour en France : pas de sanction.
3° *Testament* fait en la forme authentique étrangère vaut comme tel en France (art. 999), même si la loi locale n'exige pas un officier public pour l'authenticité.

Acte en la forme privée.
1° *Acte pour lequel la loi française admet aussi la forme privée.* — Il peut être fait en la forme étrangère, par exemple, sans formalité du double exemplaire (art. 1325), ni du bon ou approuvé (art. 1326).
   Le testament fait en la forme privée étrangère, qui n'est pas notre forme olographe, est valable. L'art. 999, qui semble exiger la forme privée olographe, s'explique historiquement (arrêt du Parlement de 1721).

Acte passé par un Français à l'étranger en la forme locale (*suite*).

Acte en la forme privée (*suite*).
2° *Acte solennel d'après la loi française.*
   Le *mariage* des Français en la forme privée étrangère (par simple consentement en Écosse, aux États-Unis) est valable (art. 170).
   Quid des autres actes solennels, contrat de mariage, adoption, donation, etc.?
   Ils peuvent aussi être faits en la forme privée étrangère ; la solennité est une question de forme, non de capacité.

Acte passé par un étranger en France en la forme française.
Cet acte est valable aux yeux des juges français même si les formes françaises sont différentes des formes étrangères.
Applications :
Mariage entre étrangers et Français ou entre deux étrangers peut avoir lieu devant notre officier de l'état civil, même si la loi nationale des époux ne connaît que le mariage religieux.
Testament valablement fait soit en la forme authentique française, soit en la forme olographe, même si elle est inconnue de la loi étrangère.
— *Quid* si la loi nationale du testateur lui interdit, même à l'étranger, l'emploi de la forme olographe? Voir p. 220.

****COMPÉTENCE DES AGENTS DIPLOMATIQUES ET CONSULAIRES.**

Les parties en pays étranger peuvent faire leurs actes en la forme authentique, suivant leur loi nationale, devant leurs agents diplomatiques et consulaires.

Actes de l'état civil. Mariage.
α) Actes de l'état civil des Français peuvent être reçus suivant les lois françaises par nos agents diplomatiques et consulaires (art. 48, C. civ.). — à condition qu'ils concernent seulement des Français.
Ainsi *mariage* entre deux Français, mais non entre un Français et une étrangère, ni entre un étranger et une Française.
Par exception, le mariage entre un Français et une étrangère peut être célébré devant nos agents dans les pays désignés par décrets (pays d'Orient) (art. 170, modif. par L. 1901).
β) Actes de l'état civil des étrangers valablement reçus et mariage de deux étrangers de même nationalité valablement célébré en France, suivant les formes étrangères, devant leurs agents diplomatiques, si ceux-ci sont compétents d'après leur loi nationale.

Actes notariés.
Les actes de la compétence des notaires et concernant des Français peuvent être reçus à l'étranger, suivant distinctions, par le chancelier du consulat, seul ou assisté du consul, ou par le consul. — De même, en vertu de conventions consulaires, pour les actes concernant certains étrangers et relatifs à des biens situés en France ou à des affaires françaises.
Ces actes ont double avantage : 1° ils sont de plein droit exécutoires en France ; 2° ils peuvent contenir constitution d'hypothèque sur des biens situés en France.
Le *testament public*, d'après l'ordonnance de 1681, doit être reçu et écrit par le chancelier du consulat, en présence du consul et de deux témoins, qui signent avec le chancelier ; d'après la jurisprudence, ces formalités se combinent avec celles du Code et de la loi de ventôse an XI (dictée par le testateur et lecture faite aux parties).

✿ Voir au tableau 16 la convention de La Haye, du 12 juin 1902, sur le mariage.

Forme des actes : Règle « Locus regit actum » (*Fin*).

***Caractère facultatif ou obligatoire de la règle « Locus regit actum ».**

Actes des Français à l'étranger.

Actes publics.
- Pour les actes faits devant les officiers publics étrangers, règle *obligatoire*.
- Pour les actes faits devant nos agents diplomatiques ou consulaires, règle *non obligatoire* et même *non facultative*.

Actes privés.
- Pour le *testament*, règle *facultative* : le testament olographe est valable (art. 999).
- Pour les autres actes, distinction :
  - actes entre Français et étrangers, règle impérative;
  - actes concernant seulement un ou des Français, règle facultative.

Actes des étrangers en France.

Actes publics.
- Pour les actes faits devant les *officiers publics* français, règle *obligatoire*.
- Pour les actes faits devant les *agents diplomatiques* ou consulaires, règle *non obligatoire* et même *non facultative*.

Actes privés.
- Règle impérative seulement pour les actes de deux étrangers de nationalité différente.
- La jurisprudence a décidé qu'elle était obligatoire pour le testament (forme olographe).

III. Substance des actes.

Les actes juridiques relatifs à l'état des personnes sont régis par le statut personnel ;

Le testament et les successions testamentaires, d'après la jurisprudence, sont régis comme les successions *ab intestat;* — d'après la doctrine, le principe de l'autonomie de la volonté devrait être suivi et, sauf indication contraire, la loi nationale du testateur devrait s'appliquer, sous réserve de l'ordre public international (substitutions, clauses immorales).

I. Règles générales.

Détermination de la loi du contrat.

Principe de l'autonomie de la volonté : la loi choisie par les parties; à défaut d'indication, présomptions :
- *a)* Si les parties ont leur domicile dans le même pays, la loi du domicile l'emporte, en principe, sur la loi nationale, et sur la loi du lieu du contrat;
- *b)* Si les parties ont leur domicile en pays différent et même nationalité, la loi nationale l'emporte, en principe, sur la loi du lieu du contrat;
- *c)* Si les parties n'ont ni même nationalité ni leur domicile dans le même pays, *lex loci contractus.* Quelle est la loi du lieu du contrat conclu entre absents?

Étendue d'application de la loi du contrat.

1° Quant aux conditions de validité du contrat, sauf :
- *a)* application du statut personnel à la capacité et, d'après certains auteurs, aux vices du consentement et à la lésion;
- *b)* application du statut réel en tant que la tradition est nécessaire pour le transfert de la propriété.

2° Quant aux effets du contrat, sans distinction entre les *effets* et les *suites* du contrat.

— Le principe de l'autonomie de la volonté est restreint par les dispositions d'ordre public absolu. — Les contrats de jeu et de pari, les sociétés d'exploitation de maisons de jeu sont-ils contraires à l'ordre public absolu? Oui. — Quid des conventions d'intérêts supérieurs à 5 0/0. Non.

****II. Contrat de mariage et régime matrimonial.**

1° Un contrat de mariage a été fait.

La loi applicable est celle qui a été choisie par les époux, expressément, ou tacitement d'après les circonstances.

L'autonomie de la volonté subit plusieurs restrictions :
- 1° Règles *d'ordre public :* clauses contraires aux mœurs, prohibition de l'art. 1390 C. civ.
- Quid des clauses dérogeant à la puissance paternelle ou maritale? Leur validité dépend du statut personnel.
- Quid des conventions changeant l'ordre légal des successions? Leur validité devrait dépendre de la loi nationale des époux; la jurisprudence leur applique les règles des successions (art. 3 al. 2 pour les immeubles).
- 2° *Inaliénabilité dotale:* la jurisprudence a le tort d'appliquer souvent le statut réel et l'art. 3 al. 2.
- 3° *Immutabilité* des conventions matrimoniales : elle dépend du statut réel personnel; — la jurisprudence applique à tort la règle *Locus regit actum.*
- 4° *Prohibition* d'un régime par la loi nationale des époux.

2° Il n'y a pas de contrat de mariage.

D'après la volonté présumée des époux, loi du domicile matrimonial applicable : solution traditionnelle (Dumoulin).

La jurisprudence applique parfois la loi nationale des époux, soit par interprétation de la volonté des époux, soit en vertu du statut personnel.

Plusieurs législations suivent le statut personnel et rattachent le régime légal à l'état des personnes et au mariage lui-même.

IV. Extinction des obligations.

Paiement.

La loi applicable est celle choisie par les parties; — faute d'indication, *lex loci solutionis :* applications à la délivrance de l'immeuble vendu, au paiement du prix, à la monnaie, etc.

Pour les matières touchant à la procédure autant qu'au paiement (offres réelles, etc.), la *lex loci solutionis* s'impose.

Prescription libératoire.

1er S. — *Loi du domicile du créancier.*
Arg. La prescription est une déchéance pour le créancier. — Rép. Ce n'est pas là le fondement de la prescription.

2e S. — *Lex loci solutionis.*
Arg. C'est au lieu où l'obligation doit être exécutée que se produit la négligence du créancier. — Rép. La prescription n'est pas destinée à punir le créancier; d'ailleurs, sa négligence se produit plutôt au lieu où il devait poursuivre le débiteur.

3e S. — *Loi du domicile du débiteur* (jurispr.).
Arg. *a)* La prescription protège le débiteur; — Rép. Non, c'est une mesure d'intérêt général.
b) C'est devant le tribunal du domicile du débiteur que s'intente l'action que la prescription paralyse; — Rép. Alors mieux vaut suivre la *lex fori.*

4e S. — *Lex fori* (syst. anglo-américain).
Arg. La prescription est un moyen de repousser l'action du créancier, elle se rattache à la procédure; — Rép. Non, c'est un mode d'extinction des obligations; d'ailleurs le créancier peut parfois choisir entre plusieurs tribunaux.

5e S. — *Loi du contrat lui-même.*
Arg. La prescription affecte la substance même de l'obligation qu'elle limite dans sa durée.
Quid si la *lex contractus* édicte une prescription plus longue que la *lex fori?* L'ordre public ne semble pas intéressé.

***I. Compétence judiciaire en matière de succession.**

Succession d'un Français laissant des biens à l'étranger ou d'un étranger laissant des biens en France. — Silence de la loi. — La jurisprudence distingue la succession mobilière et la succession immobilière.

Succession mobilière. — Tribunal de l'ouverture de la succession (domicile du défunt). Le simple domicile de fait en France de l'étranger défunt, non admis à domicile, donne compétence aux tribunaux français. — Par exception, les tribunaux français statueront sur la succession d'un Français mort domicilié à l'étranger : a) par application des art. 14 et 15; b) parce que leur incompétence est simplement relative et facultative.

Succession immobilière. — Tribunal de la situation des immeubles. Plusieurs tribunaux peuvent être ainsi compétents.

Traités. — Traités *franco-autrichien du 11 décembre 1866* (art. 2), *franco-russe du 1er avril 1874* (art. 10), *franco-suisse du 15 juin 1869* (art. 5) : tribunaux de la situation des biens pour succession immobilière, tribunaux nationaux du défunt pour succession mobilière, sauf difficultés pour le traité franco-suisse (voir page 251, note 2). — Traité *franco-belge du 8 juillet 1899* : tribunal de l'ouverture de la succession, sans distinction. — Conventions consulaires et traités de commerce conférant aux consuls étrangers des pouvoirs relatifs à l'administration des biens héréditaires laissés par leurs nationaux en France.

*****II. Conflit des lois en matière de succession.**

Application des règles générales :

Loi personnelle pour la *capacité* des successibles quant à l'exercice des droits héréditaires (acceptation, répudiation, partage) et pour la capacité de recevoir et de disposer par donation ou par testament;

Règle *Locus regit actum* pour les *formes* (acceptation, renonciation, donation et testament);

Principe de l'*autonomie de la volonté* pour l'effet des actes (partage, donation, testament), sous réserve : 1° de l'ordre public international; 2° des restrictions apportées à la faculté de disposer (réserve, irrévocabilité des donations) par la loi qui régit la succession.

Il s'agit uniquement des conflits relatifs à la dévolution des biens, à l'irrévocabilité des donations, au rapport, à la réserve et à la quotité disponible.

Hypothèses de conflits. — 1° Conflit entre la loi nationale du défunt et la loi de la situation des biens, lorsqu'un Français meurt laissant des biens à l'étranger ou un étranger meurt laissant des biens en France. 2° Conflit entre la loi nationale du défunt, la loi de son domicile et la loi de la situation des biens, si le défunt était domicilié dans un pays autre que sa patrie. Il n'y a pas à tenir compte de la loi nationale ni de la loi du domicile des héritiers, ni de la loi du pays où le défunt est mort sans y être domicilié.

I. Ancien droit.

Rareté des conflits entre la loi française et les lois étrangères par suite du droit d'aubaine. Le conflit s'élevait entre les différentes coutumes, à la mort d'un Français domicilié dans le ressort d'une coutume et laissant des biens sur le territoire d'une autre coutume.

Succession immobilière. — Coutume du lieu de la situation des biens; — règle imposée par le régime féodal.

Succession mobilière. — Coutume du domicile du défunt : *mobilia personam sequuntur; mobilia ossibus personæ inhærent.* Règle de statut personnel pour les uns (d'Argentré, Bouhier), de statut réel pour les autres (Dumoulin, Boullenois, P. Voet).

II. Droit actuel.

Doctrine. — 1er S. Loi de la situation des biens sans distinction. 2e S. Loi nationale du défunt sans distinction. 3e S. Succession immobilière : loi de la situation des biens en vertu de la règle de l'art. 3 al. 2 que le Code a adoptée avec sa portée traditionnelle; — succession mobilière loi du domicile du défunt, en vertu de la tradition (statut réel).

Jurisprudence. — Succession immobilière : loi de la situation des biens (art. 3 al. 2). — Succession mobilière : pour celle d'un Français établi à l'étranger, loi du domicile; pour celle d'un étranger établi en France, loi française en cas de *domicile autorisé*, et, en cas de simple *domicile de fait*, loi du dernier domicile de droit, c'est-à-dire, en général, loi nationale. En outre, en cas d'application de la loi étrangère, théorie du renvoi (affaire Forgo, p. 250, note 1).

Les dispositions de la loi étrangère contraires à l'ordre public absolu en France seront écartées : substitutions et aussi, d'après la jurisprudence, droit d'aînesse et privilège de masculinité.

Traités. — Traités *franco-autrichien du 11 décembre 1866* et *franco-russe du 1er avril 1874* : loi de la situation des biens pour les immeubles, loi nationale du défunt pour les meubles. Quid du *traité franco-suisse de 1869*, art. 5? Même solution.

III. Législation comparée et rationnelle.

Belgique et Hollande : système de notre jurisprudence.

Allemagne : jusqu'en 1900, en général, statut personnel et loi du domicile; depuis C. civ. 1900, loi nationale avec théorie du renvoi, sauf mesure de rétorsion.

Italie et Espagne, loi nationale.

Théoriquement, quatre systèmes possibles :

1er S. Loi de la situation pour les immeubles; loi de la situation fictive, c'est-à-dire loi du domicile du défunt, pour les meubles; | **Statut réel.**

2e S. Loi de la situation réelle pour tous les biens.

3e S. Loi du domicile du défunt pour tous les biens; | **Statut personnel.**

4e S. Loi nationale du défunt pour tous les biens.

Le statut personnel est préférable : a) Le régime successoral est en rapport étroit avec l'organisation de la famille; b) la succession doit être une comme le patrimoine et le statut réel fait plusieurs successions.

La loi nationale doit être suivie plutôt que la loi du domicile.

III. Droit de prélèvement établi par l'art. 2 de la loi de 1819.

Conditions du prélèvement. — 1° Partage d'une succession entre héritiers français et héritiers étrangers. — Quid si tous sont Français? Oui, jurispr. 2° Biens de la succession, en tout ou partie situés en France. 3° Succession réglée, au moins en partie, par la loi étrangère. 4° Héritiers français exclus, en tout ou en partie, à un titre quelconque, de la succession, en vertu des lois étrangères. 5° Héritiers français *ab intestat.*

Mode d'opérer et effets du prélèvement. — Calcul de la part qui reviendrait à l'héritier français par application de la loi française seule; calcul de la part qui lui revient par application totale ou partielle de la loi étrangère, en vertu des règles du conflit des lois; prélèvement de la différence sur les biens situés en France.

Traités. — Aucun traité n'écarte formellement l'art. 2 L. 1819. Quid du traité franco-autrichien du 11 décembre 1866? Controv. Non; il confirme simplement l'art. 1 L. 819. Quid de l'art. 5 al. 2 du traité franco-suisse de 1869? Non.

PROCÉDURE ET PREUVES

Procédure.
La *lex fori* détermine le tribunal compétent, les formes de l'assignation, les règles de l'instruction du procès, les formes du jugement et les voies de recours.
La péremption d'instance est-elle soumise aux règles de la prescription? Non : elle est soumise à la *lex fori*.
La convention de la Haye de 1896 détermine entre les Etats signataires et adhérents les règles à suivre pour la communication des actes judiciaires et extrajudiciaires.
Commissions rogatoires. — Les juges d'un pays peuvent demander à leurs collègues étrangers de procéder à des mesures d'instruction. Cette mission est purement *facultative* pour l'autorité requise. — La convention de la Haye de 1896 la rend *obligatoire* dans les rapports des Etats signataires et adhérents.

Preuves.
La *lex fori* détermine les formes d'administration de la preuve.
La *lex loci actus* régit l'admissibilité des divers modes de preuve, sauf l'application de la loi nationale des parties dans la mesure où la règle *locus regit actum* est simplement facultative.

JUGEMENTS, SENTENCES ARBITRALES, ACTES PUBLICS ÉTRANGERS

*** EFFETS EN FRANCE DES JUGEMENTS ÉTRANGERS

Hypothèque judiciaire.
Les jugements étrangers n'emportent hypothèque sur les biens situés en France qu'après y avoir obtenu l'*exequatur* (art. 2123). Voir tableau 9.

Force exécutoire.
Les jugements étrangers n'ont force exécutoire en France qu'après avoir obtenu l'*exequatur* des tribunaux français (art. 546 C. proc. civ.).

Autorité de chose jugée.
Le tribunal français, auquel l'*exequatur* est demandé, doit :
1° Vérifier la régularité en la forme du jugement;
2° Examiner si son exécution n'est pas de nature à porter atteinte à l'ordre public en France.
Mais peut-il examiner la décision au fond et la reviser ? Grande controverse.
1er Système. L'art. 121 Ord. de 1629 (Code Michaud) est encore en vigueur : le jugement rendu entre deux étrangers ou au profit d'un Français s'impose à nos tribunaux; le jugement rendu contre un Français est non avenu et le tribunal français peut statuer librement. — Rép. L'ordonnance de 1629 est abrogée par l'art. 7. L. 30 ventôse an XII.
2e Système. Système de la *revision* adopté par la jurisprudence : le tribunal français doit examiner au fond le jugement étranger, lui donner l'*exequatur* s'il est bien rendu, le réformer s'il est mauvais.
Arg. *a)* Les tribunaux français ne peuvent reconnaître autorité de chose jugée à une décision étrangère inique;
b) L'intervention du tribunal entier implique l'examen au fond;
Rép. *a)* Le droit d'examiner si le jugement étranger est inique n'implique pas le droit de le reviser;
b) L'intervention du tribunal entier se conçoit indépendamment de la revision;
c) Le tribunal français doit accorder ou refuser l'*exequatur*, non pas reviser, c'est-à-dire juger à nouveau.

Autorité de chose jugée (suite).
3e Système. Le tribunal français n'a pas le droit d'examiner au fond le jugement étranger et doit lui donner l'*exequatur* s'il est régulièrement rendu et non contraire à l'ordre public.
Rép. Cette solution désirable est peu en harmonie avec l'esprit de méfiance de nos Codes à l'égard des juges étrangers.
4e Système. Le tribunal français peut examiner au fond le jugement étranger et lui refuser l'*exequatur* s'il est inique, mais sans pouvoir le reviser.
Rép. Ce système conforme aux textes soulève une objection pratique : le porteur du jugement auquel l'*exequatur* aura été refusé ne pourra ni exécuter le jugement en France, ni en obtenir un nouveau.
Les jugements statuant sur des questions d'état ont l'autorité de chose jugée.

C'est le tribunal du 1er degré du lieu de l'exécution qui doit donner l'*exequatur*; tribunal civil, même pour un litige commercial, d'après la jurisprudence.
La demande d'*exequatur* doit-elle être faite par assignation ou par requête?

Législation comparée.
1° Pays qui suivent le système de la revision (Belgique, Pays-Bas, Suisse, Etats-Unis);
2° Pays qui reconnaissent l'autorité de la chose jugée aux décisions étrangères (Italie, Portugal);
3° Pays qui ne suivent le système de la revision que par mesure de rétorsion (Allemagne, Autriche-Hongrie, Espagne).

Traités.
Traités *franco-italien* 1760-1860, *franco-suisse* du 18 juin 1869, *franco badois* du 16 avril 1846 (étendu à l'Alsace-Lorraine par le traité de Francfort de 1871) et *franco-belge* du 8 juillet 1899 : le jugement étranger ne peut être examiné qu'au point de vue de la compétence, de la régularité en la forme et de l'ordre public, sans revision.
Traité de la Haye du 14 novembre 1896 : le jugement condamnant aux frais et dépens un demandeur étranger (dispensé de la caution *judicatum solvi*) est rendu exécutoire s'il est passé en force de chose jugée et si une expédition authentique en est produite.

*EFFETS EN FRANCE DES SENTENCES ARBITRALES ÉTRANGÈRES

En droit interne français, la sentence arbitrale est rendue exécutoire par une ordonnance du président du tribunal.
Pour la sentence arbitrale étrangère, deux systèmes :
1er Système. L'*exequatur* est donné par ordonnance du président du tribunal, en cas d'arbitrage volontaire; par le tribunal, en cas d'arbitrage forcé;
2e Système. L'*exequatur* est donné en tout cas par le tribunal.
C'est le président du tribunal d'après le *traité franco-belge* de 1899.
La sentence arbitrale, pour laquelle l'*exequatur* est demandé, est sujette à *revision*, d'après la jurisprudence, comme les jugements. — Ce pouvoir de revision lui est enlevé par le traité franco-belge de 1899; on décide qu'il en est de même des traités franco-sarde (1760-1860), franco-badois de 1846 et franco-suisse de 1869.

*EFFETS EN FRANCE DES ACTES PUBLICS ÉTRANGERS

Ils ont la force probante en vertu de la règle *locus regit actum*.
Ils n'ont la force exécutoire qu'après avoir obtenu l'*exequatur* d'un tribunal français, comme les jugements, sauf deux différences :
1° La revision d'un acte n'est pas possible;
2° Un acte même rendu exécutoire n'emporte pas hypothèque sur les immeubles situés en France.

SOCIÉTÉS ÉTRANGÈRES

Nationalité des sociétés. — Seuls le siège social et le centre d'exploitation sont à considérer. *Quid* s'ils sont en deux pays différents ? La jurispr. se prononce en faveur du siège social, pourvu qu'il soit *réel*.

Existence des sociétés étrangères en France.

Les sociétés étrangères, régulièrement constituées d'après leur loi nationale, ont de plein droit la vie juridique en France : la loi de 1857 déroge à ce principe pour certaines sociétés.

Loi du 30 mai 1857.
Avant 1857, question de savoir si les sociétés anonymes étrangères avaient besoin en France, comme les sociétés anonymes françaises, de l'autorisation du Gouvernement.
Même question en Belgique ; — loi belge de 1855.
La loi du 30 mai 1857 a un double objet :
1° Elle reconnaît l'existence en France des sociétés belges qui ont obtenu l'autorisation en Belgique ;
2° Elle donne au Gouvernement le droit de reconnaître par un décret toutes les sociétés autorisées d'un pays étranger. Une convention diplomatique équivaut à un décret ; mais *quid* de la clause de la nation la plus favorisée ? voir p. 292.
La loi de 1857 a-t-elle été abrogée par la loi du 24 juillet 1867 qui a supprimé l'autorisation préalable pour les sociétés anonymes françaises ? Controv. Non, car l'autorisation collective de la loi de 1857 pour les sociétés étrangères est toute différente de l'autorisation préalable supprimée en 1867.
La loi de 1857 s'applique, malgré son texte, même aux sociétés anonymes des pays où l'autorisation préalable a été supprimée ; — elle s'applique aussi aux commandites par actions étrangères créées avec l'autorisation de leur Gouvernement. Au contraire, dans l'opinion générale, les commandites par actions étrangères qui ne sont pas soumises à l'autorisation de leur Gouvernement existent de plein droit en France.

Condition juridique des sociétés étrangères et conflits de lois.

Sociétés ayant en France l'existence légale.
Elles peuvent exercer tous leurs droits et ester en justice en France comme les individus étrangers et avec les mêmes restrictions (application des art. 14 et 16 C. civ.).
La loi qui les régira sera, en principe, leur loi nationale, sauf obligation de se conformer à la loi française en ce qui concerne le régime de la propriété (art. 3 al. 2), les dispositions de police et de sûreté (art. 3 al. 1), la procédure et les impôts.
Ce sont les sociétés soumises à l'autorisation collective du Gouvernement français en vertu de la loi de 1857 et ne l'ayant pas obtenue.

Sociétés sans existence légale.
Elles n'ont qu'une existence *de fait* : elles peuvent être poursuivies devant nos tribunaux en la personne de leurs administrateurs et leurs actionnaires ne sont tenus que pour le montant de leurs actions. Le Gouvernement pourrait s'opposer à leur établissement en France.

Émission et négociation des actions et obligations des sociétés étrangères.

Aucune distinction entre les sociétés autorisées ou non autorisées.
Les souscriptions et émissions de leurs actions sont absolument libres ; — de même pour les obligations, sauf pour les obligations à lots.
L'admission à la cote officielle et la négociation en Bourse dépend des chambres syndicales d'agents de change, sauf interdiction du ministre des finances : la négociation suppose que le taux des actions et le montant des versements effectués sont conformes à la loi française du 1er août 1893.
Les négociations faites, autrement qu'en Bourse, sont libres.
Critique du système français : voir p. 300.

LETTRE DE CHANGE

Capacité. — Statut personnel (loi nationale), sauf jurisprudence, qui écarte la loi étrangère lorsqu'elle léserait des Français de bonne foi.

Formes. — Règle *locus regit actum* applicable (émission, endossement, aval, acceptation, protêts) ; simplement facultative.

EFFETS DE LA LETTRE DE CHANGE

Principe de l'autonomie de la volonté : à défaut de volonté exprimée, présomptions.
1re hypothèse : *Les parties ont même nationalité ou leur domicile dans le même pays.* — On suit la loi qui leur est commune : loi nationale ou loi du domicile.
2e hypothèse : *Les parties n'ont ni même nationalité ni même domicile.* — *Lex loci contractus* pour les actes et contrats ; *lex loci solutionis* pour l'exécution. — Applications :

Émission et acceptation.
Rapports du tireur avec le preneur et les endosseurs successifs : loi du lieu de l'émission.
Rapports entre le tireur (ou le donneur d'ordre) et le tiré : la loi du tiré (opinion générale).

Endossement. — Effets de chaque endossement : loi du lieu où il est intervenu, chaque endossement étant indépendant.

Aval. — Loi du lieu où l'aval a été donné ou bien loi qui régit l'engagement de l'obligé principal.

Paiement.
Validité et effets : loi du tiré.
Mode d'exécution : loi du lieu du paiement.

Défaut de paiement.
Obligations du porteur à l'égard des divers signataires : loi qui régit chaque engagement.
Taux et point de départ des intérêts moratoires : loi du lieu où la traite était payable.
Quid si la lettre de change constitue un titre exécutoire (Italie) ? En Italie, on applique la *lex loci solutionis*.
Rechange et comptes de retour : loi de chaque engagement.

Prescription. — Règle générale de la prescription : pour nous, loi du contrat, c'est-à-dire loi de chaque engagement.

FAILLITE

I. Faillite d'un étranger en France.

Un étranger qui fait le commerce en France et qui y possède tous ses biens peut être mis en faillite ou y obtenir sa liquidation judiciaire.
Mais faut-il tenir compte de sa loi nationale pour les conditions de sa déclaration de faillite et pour les règles gouvernant cette faillite ?
1er Système. La faillite dépend du statut personnel, elle modifie l'état et la capacité du failli : les conditions de fond et les effets sont donc déterminés par la loi nationale du failli.
2e Système. La faillite est de statut réel : c'est une mesure d'exécution collective des biens du débiteur.
3e Système. La faillite dépend des lois de police et de sûreté : la loi française s'applique donc aux étrangers. — En général, système de la jurisprudence.

Déclaration de faillite.
Formes et procédure de la déclaration : loi française (*lex fori*).
Quid des conditions de fond (faillite des non-commerçants, — qualité de commerçant) ? Loi nationale pour les partisans du statut personnel ; loi française, d'après la jurisprudence.

Effets.
D'après l'opinion générale et la jurisprudence, loi française (et non loi nationale), même pour les effets dans le passé (nullités des art. 446 et suiv. C. comm.).

Procédure et solutions.
Loi française (*lex fori*) détermine la procédure, les solutions de la faillite, les règles de répartition de l'actif.

II. Unité de la faillite et pluralité de faillites.

Le débiteur, Français ou étranger, a des établissements ou possède des biens en plusieurs pays, notamment en France.

A. SYSTÈME DE L'UNITÉ DE LA FAILLITE.

Exposé du système de l'unité.
1° Une seule faillite peut être déclarée; — le tribunal du domicile ou du principal établissement est seul compétent.
2° Ses effets sont universels et se produisent en tous pays où le débiteur a des biens ou fait le commerce, sans même que le jugement déclaratif étranger ait obtenu l'*exequatur* en France, sauf pour les actes d'exécution.
3° La loi qui gouverne la faillite dans le pays où elle est déclarée (la loi nationale du failli ou la *lex fori*) est seule applicable en tous pays, sous réserve de l'ordre public international.

Justification théorique.
a) L'unité du patrimoine impose l'unité de la faillite;
b) La faillite est de statut personnel : elle constitue une incapacité qui doit suivre le débiteur en tous lieux.
Cette seconde idée conduirait à appliquer aux règles de fond de la faillite, en tous pays, la loi nationale du failli; — en général, on se prononce en faveur de la loi du pays où la faillite s'est ouverte.

Avantages pratiques.
Il évite la multiplicité des frais et des procédures; — il empêche la contrariété des décisions des tribunaux ou des assemblées de créanciers.

B. SYSTÈME DE LA PLURALITÉ DES FAILLITES.

Exposé du système de la pluralité.
1° Plusieurs faillites peuvent être déclarées;
2° Chacune est purement territoriale;
3° Chacune est régie par la loi locale.

Justification théorique.
a) La faillite est d'ordre public et les lois qui la réglementent sont des lois de police et de sûreté;
b) La faillite dépend du statut réel.

Critique du système de l'unité.
1° L'unité de la faillite sera souvent écartée : a) par les règles de statut réel ou les lois d'ordre public; b) par le droit de revision de nos tribunaux à l'égard des jugements étrangers dont l'*exequatur* leur est demandé.
2° Les créanciers en France ignoreront la faillite ouverte à l'étranger et perdront leurs droits.

C. SYSTÈME DE LA JURISPRUDENCE.

Système mixte : suivant les circonstances et l'intérêt des créanciers, nos tribunaux font produire effet en France à la faillite étrangère (unité de la faillite) ou prononcent une nouvelle faillite (multiplicité des faillites).

Faillites multiples.

Hypothèses des faillites multiples.
1° Les créanciers peuvent provoquer la faillite d'un débiteur non domicilié en France, en vertu des art. 14 et 15 C. civ., s'il a des biens et fait le commerce en France. Cette faillite sera non avenue à l'étranger, où une seconde faillite s'ouvrira;
2° La faillite peut être déclarée en France, même si le débiteur est déjà en faillite dans le pays où il a son domicile ou son principal établissement, à moins que le jugement déclaratif étranger n'ait déjà obtenu l'*exequatur* en France.

Conséquences des faillites multiples.
Chaque faillite se développe isolément avec ses syndics, sa procédure, ses solutions; chaque faillite est régie par la loi locale.
Chaque faillite a-t-elle ses créanciers distincts pour la répartition? Voir p. 324.

SYSTÈME DE LA JURISPRUDENCE (*Suite*).

Faillite unique.

Effet extraterritorial de la déclaration de faillite.
Les effets de la faillite déclarée à l'étranger se produisent en France, lorsque le jugement déclaratif a reçu l'*exequatur* de nos tribunaux, qui peuvent le reviser. Toutefois, sans *exequatur*, les syndics étrangers peuvent faire des actes conservatoires et recouvrer les créances en France.
C'est la loi qui régit la faillite à l'étranger qui en détermine les conséquences en France, sauf conflit avec des règles d'ordre public absolu ou des dispositions de statut réel.
Union : existe en France sans formalité.
Concordat voté à l'étranger: opposable sur les biens situés en France seulement après *exequatur* du jugement qui l'homologue, sans distinction entre les créanciers qui l'ont ou qui ne l'ont pas voté.

Effet extraterritorial des solutions de la faillite.
Les conséquences de ces solutions sont celles admises dans le pays étranger; toutefois, la loi française détermine : a) les formes de la vente des biens du failli situés en France; b) les règles relatives aux droits de préférence.

Réhabilitation.
Seul le tribunal étranger qui a déclaré la faillite peut l'accorder. — Les incapacités électorales du failli disparaissent-elles en France sans *exequatur*? Controv., p. 325.

D. TRAITÉS.

1. *Convention franco-suisse du 15 juin 1869.*

Déclaration de la faillite.
Principe de l'*unité de la faillite* des Français établis en Suisse et des Suisses établis en France et des Suisses ou des Français établis dans leur pays et possédant des biens dans l'autre.
Compétence du tribunal du domicile.

Exterritorialité de la faillite.
Le jugement déclaratif doit être revêtu de l'*exequatur* dans l'autre pays.
La loi de l'ouverture de la faillite en détermine les effets dans l'autre pays.
Malgré l'unité de la faillite, toutes les actions ne sont pas concentrées devant le tribunal qui l'a déclarée : pour les actions personnelles mobilières, tribunal du défendeur; pour les actions concernant un immeuble, tribunal de la situation.
Le concordat ne produit effet dans l'autre pays qu'après l'*exequatur* du jugement d'homologation.
Vente des biens faite dans les formes de la *lex rei sitæ*.
Les droits de préférence dépendent tous de la *lex rei sitæ*; pour les meubles, une seule contribution au tribunal de l'ouverture de la faillite; pour les immeubles, des ordres distincts au lieu de la situation.

2° *Convention franco-belge du 8 juillet 1899.*

Déclaration de la faillite.
Unité de la faillite des Français ou des Belges établis dans l'un ou l'autre des deux pays, mais les Français ou les Belges établis dans un pays tiers peuvent être déclarés en faillite dans l'un des deux pays s'ils y possèdent un établissement commercial.
Compétence du tribunal du domicile ou du siège social pour les sociétés commerciales.

Exterritorialité de la faillite.
La faillite ouverte dans un des deux pays s'étend de plein droit dans l'autre, sauf *exequatur* pour les actes d'exécution. — Même règle pour le concordat, les sursis, concordats préventifs ou liquidations judiciaires.

Les trois conventions de la Haye, du 12 juin 1902, ratifiées par la France, l'Al-
(la troisième seulement) par l'Espagne, ont été promulguées en France par
Elles sont conclues pour cinq ans à dater des ratifications et se renouvellent, sauf

lemagne, la Belgique, le Luxembourg, les Pays-Bas, la Roumanie, la Suède et
décrets des 17 et 21 juin 1904.
dénonciation, par tacite reconduction.

**I. Convention sur le mariage.

A. Règles de fond (pages 165-168).

Principe.
Application de la loi nationale de chaque époux avec application de la théorie du renvoi.

I. *Prohibitions de la loi locale qui s'imposent.*

a) Sont empêchements simplement *prohibitifs* : les prohibitions *absolues* (sans dispense possible) existant entre parents
ou alliés, entre coupables d'adultère à raison duquel le mariage de l'un d'eux a été dissous, entre condamnés pour
avoir de concert attenté à la vie du conjoint de l'un d'eux.

Exceptions.
b) Sont empêchements avec *nullité dans le pays de la célébration :* les prohibitions résultant d'un mariage antérieur
réputé non dissous malgré divorce, ou résultant d'obstacle
d'ordre religieux.

II. *Prohibitions de la loi nationale écartées par l'ordre public local :* prohibitions d'ordre religieux. En ce cas, mariage nul dans le pays d'origine, valable dans le pays de
célébration, peut ne pas être valable pour les pays tiers.

B. Règles de forme (pages 215, 221, 223-225, 228).

Mariage en la forme locale.
Il est valable pour tous les États contractants.
Les règles de la loi nationale sur les publications doivent être
suivies ; leur inobservation ne peut entraîner la nullité dans
les pays autres que celui dont la loi a été violée.

Mariage diplomatique et consulaire.
Il est valable pour tous les États contractants, pourvu :

1° Que l'agent diplomatique ou consulaire soit autorisé par sa
loi à célébrer ce mariage, même si un seul des époux est
son ressortissant ;

2° Qu'aucun des époux ne soit ressortissant de l'État où le
mariage est célébré ;

3° Que cet État ne s'oppose pas à ce mariage diplomatique ou
consulaire ; — il ne peut s'y opposer s'il s'agit d'un mariage
qui, à raison d'un mariage antérieur ou d'un obstacle
d'ordre religieux, est contraire à ses lois et ne peut être
célébré par ses autorités (voir p. 168 et 223, note 2).

Exception générale.
Les pays qui exigent le mariage religieux peuvent ne pas
reconnaître les mariages contractés à l'étranger par leurs
nationaux ou l'un d'eux, en la forme locale ou en la forme
diplomatique, sans observation de cette prescription.

**II. Convention sur le divorce et la séparation de corps (pages 173-177).

Conflit de lois.
Le divorce (ou la séparation de corps) n'est possible qu'en cas
d'accord de la loi nationale et de la loi du lieu du procès :
soit quant à son existence, — soit quant à ses causes, à
moins qu'il n'existe deux causes, dont une admise par la loi
nationale et l'autre par la *lex fori.*
Par exception, la loi nationale est seule observée, si la *lex
fori* le prescrit ou le permet.

Compétence judiciaire.
En principe, compétence soit de la juridiction nationale des
époux, soit de la juridiction du domicile du défendeur).
Par exception, la juridiction nationale est seule compétente si
la loi nationale l'exige, à moins qu'il ne s'agisse d'un mariage
ne pouvant donner lieu à divorce (ou séparation de corps)
devant la juridiction nationale, qui le tient pour nul faute
de célébration religieuse.
La juridiction locale compétente peut ordonner des mesures
provisoires.

Effets des jugements étrangers.
Les jugements de divorce ou de séparation de corps prononcés
dans un des États contractants sont reconnus par les autres,
pourvu :
1° Qu'ils émanent d'un tribunal compétent d'après la convention ;
2° Qu'ils aient respecté les règles de fond de la convention ;
3° S'ils sont par défaut, que les règles spéciales exigées par
la loi nationale du défendeur pour reconnaître les jugements étrangers aient été suivies.

La loi nationale est la dernière loi commune aux deux époux, en cas de changement de nationalité de l'un d'eux.

**III. Convention sur la tutelle des mineurs (pages 186-188).

Principe.
Application de la loi nationale du mineur ;
Organisation de la tutelle, sur avertissement des autorités
locales, par le pays du mineur, — ou, à défaut, par les
agents diplomatiques ou consulaires de ce pays dans l'État
de la résidence habituelle du mineur, si cet État ne s'y
oppose pas.

Exception.
Si la tutelle n'est pas ou ne peut être ainsi constituée, elle
s'établit et s'exerce d'après la loi de la résidence habituelle,
au moins provisoirement jusqu'à constitution d'une nouvelle tutelle organisée par la loi nationale.

Même en ce cas, elle s'ouvre et prend fin suivant la loi
nationale.

En tout cas, l'administration tutélaire s'étend à la personne et à tous les biens,
sauf aux immeubles placés par la loi locale sous un régime foncier spécial.